栗山 田相武
율산 전상무의 독립운동

栗山 田相武
율산 전상무의 독립운동

초판 1쇄 발행 2022년 3월 15일

지은이 | 권대웅
펴낸이 | 윤관백
펴낸곳 | 도서출판 **선인**

등 록 | 제5-77호(1998.11.4)
주 소 | 서울시 마포구 마포대로 4다길 4, 곳마루빌딩 1층
전 화 | 02)718-6252 / 6257
팩 스 | 02)718-6253
E-mail | sunin72@chol.com

정 가 25,000원

ISBN 979-11-6068-700-2 93910

栗山 田相武
율산 전상무의 독립운동

권대웅

도서출판 선인

율산 전상무(栗山 田相武, 1851. 2. 14~1924. 7. 9)

경남 의령군 대의면 행정리 전경

전찬환, 『율산집(栗山集)』, 1940(4권 3책, 21.8 x 17.1cm), 1924년 율산 전상무가
서거한 뒤, 1940년 그의 아들 찬환이 간행하였다.

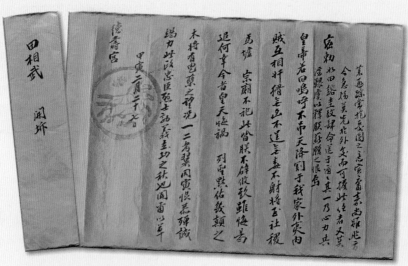

「밀칙(密勅)」(증손 전용우 소장), 1914년 2월 율산 전상무가 광무황제로부터 밀칙을 받고 국권
회복과 민족 독립에 대한 열망을 불태웠다.

율산정 현판

율산정(栗山亭, 의령군 대의면 행정리)
율산 전상무는 1908년 향리 행정의 뒷산에 밤나무를 심고 정자를 지은 다음, 도연명(陶淵明)이
살았던 율리(栗里)를 생각하며, 정자 이름을 율산정(栗山亭)이라고 했다.

율산정 현판(간재 전우)
1906년 자굴산에 들어가
청명산실을 짓고,
1907년 가을 간재에게
청명산실(淸明山室)의 현판을
써달라고 부탁하여 받았다.

율산정 편액(간재 전우)

1908년 율산정을 짓고 나서 율산은 간재에게 이 정자의 이름에 대한 글을 요청하였고, 간재는 「제율산정액자후(題栗山亭額字後)」를 지어 보냈다.

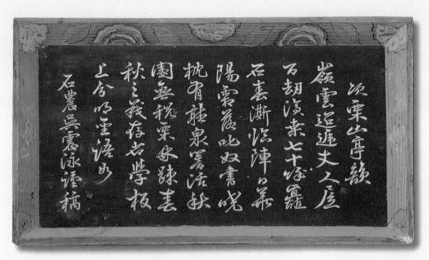

율산정 시판(석농 오진영)

동문 오진영이 쓴 율산정 차운시이다.

율산정 시판(비천 전기진)

족질 전기진이 쓴 율산정 차운시이다.

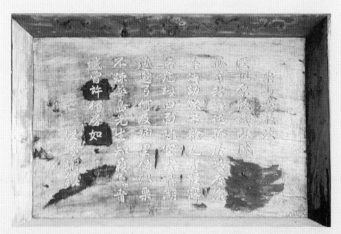

율산정 시판(종손 전익진)

종손 익진(翊鎭)이 쓴 율산정 차운시이다.

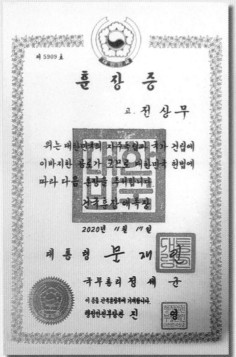

훈장증(2020. 11. 17, 건국훈장 애족장)

훈장(2020. 11. 17, 건국훈장 애족장)

국가유공자 증서
(2021. 1. 29)

율산 전상무 묘
의령군 신전리 학비봉 아래 동향으로 자굴산을 바라보고 있다.

율산 전상무 묘갈비(墓碣碑)
비문은 을사늑약 이후 벼슬을 버리고 은거한
통정대부 비서원승 김영한(金甯漢)이 지었다.

전상무 선생 구가(舊家) 전경(좌:사랑채, 중:안채, 우:곳간채)

전상무 선생 본가 입구 500년 수령의 은행나무(행정(杏亭)마을의 상징)

율산정 전경

율산정 경상남도 문화재자료 지정서
(2022년 2월 3일)

『율산 전상무의 독립운동』을 발간하며

율산(栗山) 전상무(田相武) 공은 본인의 증조부님이시다. 공은 평소 향교를 출입한 선비로서 의령 의병진의 의병장이었고, 일제 식민통치를 거부한 독립운동가였다는 것을 우리 후손들은 전해 들어 알고 있었다. 이제야 그 공적을 인정받은 것은 공이 생전에 행적을 드러내기를 원치 않았고, 우리 후손들도 그 뜻을 존중했기 때문이다. 그러나 2020년 11월 건국훈장 애족장에 추서되어 그 공적을 인정받게 되었으니 후손된 도리로 그분의 행적을 조사하여 세상에 알리는 것이 자랑스럽고 영광스럽다.

율산 공은 1851년 의령군 칠곡에서 태어나 1924년 대의면 행정에서 타계하였다. 서거하신 지 100주년이 된다. 우리 후손들은 공이 향리 행정리에 세운 율산정(栗山亭)을 문화재로 신청하여 중창하고, 공의 행적을 정리하여 『율산 전상무의 독립운동』으로 간행하게 되었다.

율산 공은 개항기 위정척사사상을 가진 선비였다. 젊어서는 과거에 응시하였고, 외세의 침략에 즈음하여 강화도조약(江華島條約)과 변복령(變服令)에 반대한 상소운동에 참여한 바 있는 유생이었고, 1895년 명성황후시해사건과 단발령에 즈음하여 전국 각처에서 의병이 일어나자 의령에서 창의한 의병장이었다. 그 뒤 자굴산에 청명산실(淸明山室)과 향리 행정리에 율산정(栗山亭)을 지어 은거하였고, 1910년 나라가 망하자 일제의 식민통치를 부정하고 독립운동에 참여하였던 독립운동가였다.

특히 공은 65세에 간재(艮齋) 전우(田愚) 문하에서 성리학을 공부하였다.

그리고 성리학의 실천윤리에 따라 일제 식민통치를 부정하였고, 광무황제의 「밀칙(密勅)」을 받은 뒤, 독립운동에 참여하였다. 공의 문집 『율산집(栗山集)』을 보면, 공이 남긴 주옥같은 글에서 이러한 사실이 증명된다. 평생을 공부에 매진하고 실천적인 삶을 살았던 올곧은 선비의 전형적인 모습을 볼 수 있다.

공은 20여 명의 증손과 30여 명의 고손이 있고, 그 아래 많은 후손이 있다. 저마다 각 분야에서 일익을 담당하여 그 직책을 빛내고 있다. 난세를 살았던 증조부 율산 공의 실천적인 삶을 이어받아 저마다 노력한 결과라고 생각한다. 우리 후손들은 공의 실천적인 삶과 정신에 따라 더욱 올바른 삶을 살았으면 한다. 공을 비롯한 선조들께서도 우리 후손들의 모습과 이 책을 볼 수 있다면, 하늘나라에서 덩실덩실 춤을 추며 기뻐하실 것이다.

이 책의 간행을 위해 자료 수집과 현장 답사를 수행해주신 권대웅 교수님, 함께 자료 발굴과 답사에 도움을 주신 전 의령군의회 전임수 의장님, 모든 뒷바라지를 마다하지 않은 전용섭 종형께 감사드린다.

2021년 12월 28일
증손 전용우(田溶宇)

『율산 전상무의 독립운동』 발간을 축하하며

율산 전상무 선생에 대해서는 2013년도 의령문화원에서 실시한 학술발표회 『의령의 인물과 학문』에서 단국대학교 조동영 교수님이 「율산 전상무의 시세계에 대한 일고찰」을 발표한 바 있다. 이때 본인은 비로소 율산 선생에 대한 기록을 접하게 되었고, 한말 및 일제강점기를 살았던 유학자이자 독립운동가였다는 것을 알게 되었다. 시간이 흘러 기억에서 잊히고 있을 즈음 2020년 11월에 건국훈장 애족장이 추서되었다는 소식을 접하고 참으로 반갑기 그지없었다.

율산 선생은 1851년에 의령군 칠곡면에서 출생하여 1924년까지 대의면 행정리에서 살았던 유생이었다. 그는 1896년 의령 의병진의 창의장이었고, 일제강점기 조국광복을 위해 평생을 바친 독립운동가였다. 그렇지만 지금까지 세상에 드러나지 않고 있었다.

율산 선생의 시문집 『율산집』 3권이 간행되어 현재까지 전해지고 있다. 옛 어른들의 문집은 한문으로 출간되어 현재 우리가 내용을 해득하려면 전문가에 의한 번역이 있어야만 가능하다. 또 자손들로서는 문집을 많은 사람이 읽을 수 있도록 번역하여 출간하기를 원하지만, 번역을 위한 경비 또한 만만찮은 것이 현실임에 답답한 심정일 것이다.

마침내 『율산 전상무의 독립운동』을 발간한다는 소식을 접하게 되었다. 본인에게 축사의 기회가 주어져 매우 기쁘게 생각한다.

저자인 권대웅 교수는 2021년 3월 현지답사를 시작하면서 의령문화원을 방문하였다. 당시 전 의령군의회 전임수의장님이 동행하여 의령군 각처를 방문하고 있을 때, 본인을 찾아 관련 자료를 요청하였다. 그렇지만 율산 선생이 서거한 지 곧 100년이 되고, 그에 관한 자료와 흔적도 이제 거의 찾아볼 수 없게 된 상황이었다. 권교수는 의령군 일원과 인근의 산청·진주·김해 등지를 답사하면서 자료를 발굴하고 조사하였다. 본인은 현지 조사 과정을 지켜보았기에 이 책에 대해 더욱 믿음이 간다.

이 책이 발간되어 많은 사람에게 전해져 의병투쟁과 항일독립운동에 바친 율산 선생의 숭고한 뜻이 세상에 널리 알려지기를 바란다. 이에 간단하나마 축사에 갈음한다.

2021년 12월 28일
의령문화원 원장 성수현

『율산 전상무의 독립운동』을 읽고

영남대학교에는 민족문제연구소라는 역사가 긴 이름난 연구소가 있다. 왜 이름난 연구소라고 하는가 하면, 지금까지 45년 동안 우리 민족의 전통 학문을 연구하는 데 필요한 매우 중요한 업적들을 많이 내놓았기 때문이다.

1978년 창립된 이래로 학술지인 『민족문화논총』을 70호 이상 지속해서 간행하여 학계에 도움을 주었을 뿐만 아니라, 연구서인 『한국문화사상대계』와 방대한 자료집 『경북지방 고문서집성』, 『경북향교자료집성』, 『영남문집해제』 등 다른 대학 연구소에서 해내기 어려운 큰일들을 줄기차게 해 내 학계의 주목을 받고 있다.

이런 큰 업적들을 내놓은 데는 이수건(李樹健)이라는 걸출한 학자가 기초를 닦아 놓았기에 가능한 일이었다. 그런데 이수건 교수가 이런 일을 할 수 있도록 보이지 않는 곳에서 오랫동안 정성을 다해 도운 제자가 있었으니, 바로 권대웅(權大雄) 교수다.

14년 동안 거의 무보수로 민족문화연구소의 연구원으로 있으면서 이수건 교수의 지도하에 자료를 발굴하여 수집·정리하고 탈초(脫草)·번역하여 책으로 출판하였다. 그러나 알고 보면 권교수의 전공 분야는 고문서 연구가 아니고, 한국독립운동사 연구이다. 워낙 이해관계를 안 따지고, 묵묵히 최선을 다하여서 해야 할 일을 수행하니까, 이수건 교수가 가장 신임할 수 있어 같이 일을 해나갔다. 어떤 면에서는 스승에 대한 섬김이고, 자기희생이었다. 이로 인해 대학의 교수로 진출한 시기를 여러 번 놓친 것도 남들이 모르는 사실이었다.

　근대 독립운동사를 전공하는 학자이면서, 어떻게 고문서 등을 연구하여 편집해 낼 수 있었을까 하는 의문을 가지는 사람이 없지 않을 것이다. 그러나 권교수는 전공 분야 한 가지 공부만 하지 않고, 공부를 아주 폭넓게 했다는 것을 알면 이 의문은 곧 풀리게 된다. 그는 독립운동사를 연구하는 데는 그렇게 절실하게 필요하지 않다고도 할 수 있는 한문 공부를 40년 이상 계속해 오고 있다. 대구의 유명한 유석우(柳奭佑), 유정기(柳正基), 이완재(李完栽) 같은 학자들 문하에서 꾸준히 한문을 배웠다. 또 이원윤(李源胤) 어른에게서 초서(草書)를 배웠고, 지금도 탈초(脫草) 모임을 계속하면서 연마하고 있다.

　권교수는 주전공인 독립운동사를 연구하여 괄목할 만한 학문적 업적을 세웠다. 중국 동북지방의 독립운동 유적지 답사도 그만큼 철저하게 장기적으로 답사한 학자가 없다. 의병운동, 계몽운동, 일제하 독립운동을 분야를 나누어 따로 연구하던 그때까지의 연구 경향을 바꾸어, 독립운동사 연구를 하나의 맥락으로 꿰뚫어 연구하는 방법을 시작하였다. 그 결과 일제하 만주를 중심으로 한 국외 독립운동을 집중적으로 연구하여 새로운 사실을 많이 밝혀냈다. 그 결과 왕산(旺山) 허위(許蔿), 한계(韓溪) 이승희(李承熙) 등을 통해서 독립운동사 연구의 새로운 경지를 개척해 냈다. 늦게나마 그의 학문적 업적이 인정되어 2014년에는 의암학술대상을 받기에 이르렀다.

　이런 연구방법을 이번에는 경남 의령 출신의 유학자이자 의병장, 그리고 독립운동가인 율산(栗山) 전상무(田相武)의 연구에 도입하여 한 권의 책으로 세상에 내놓으니, 곧 『율산 전상무의 독립운동』이다.

　율산선생은 의령에 세거하는 담양전씨(潭陽田氏) 가문에서 태어났는데, 나중에 일족인 간재(艮齋) 전우(田愚)의 문하에 들어가 공부하여, 의령을 대표하는 큰 학자로 성장하였다. 율산선생은 자신의 한 몸만 깨끗이 하여 공부만 하였던 선비가 아니고, 국가와 민족의 앞날을 걱정하는 큰 선비였다. 공부한 것을 반드시 실천에 옮기는 참된 선비였다. 1876년에 맺어진 불공정한 강화도조약 때와 1884년 변복령 반포 때는 목숨을 걸고 반대하는 강력한 상소를 올린 행동하는 유학자였다. 또 자신의 의병 활동의 회고록인 『적원일기(赤猿日記)』와 『의령전부장이청로창의록(宜寧前部長李淸魯倡義錄)』 등을 남겨 의병 활동의 역사를 연구할 수 있는 가치가 큰 자료를 남겼다.

오늘날 젊은이들에게 사표(師表)가 될 바른 학문을 하여 실천에 옮긴 인물이 바로 율산(栗山)이다. 이런 훌륭한 인물이 지금까지는 거의 묻혀 있었는데, 권교수에 의해서 새롭게 발굴되어 역사의 무대에 등장하게 되었다.

권교수는 지금까지 해 왔던 방식대로 설정된 연구과제에 대해서는 철저하게 관련 자료를 수집하고 현지답사를 하여 깊이 있는 분석을 통해서 결론을 내린다. 이번 집필 과정에서도 그의 이러한 연구방식이 그대로 실현되어 율산의 문집을 착실하게 읽고 유적을 여러 번 답사하였다. 율산에 대한 연구서로는 가장 완선(完善)한 경지에 도달하고자 노력한 사실이 저서 곳곳에 보인다.

내가 권교수를 안 것은 사실 얼마 안 되었고, 만난 것은 단 한 번인데, 처음 만나는 순간 바로 의기가 투합하였다. 공부하는 방식도 유사하여 바로 오랜 친구처럼 친밀해졌고, 대화가 저절로 이어져 나갔다.

나의 선대 고향이 의령이라 율산에 대해서 관심이 적지 않았기에 축사를 부탁하는 권교수의 유청(諛請)에 크게 사양하지 않았다. 권교수의 학문적 역정(歷程)과 율산의 위상에 대해서 학계에 진지하게 소개한다.

2021년 12월 28일
전 경상국립대학교 교수 허권수(許捲洙)

『율산 전상무의 독립운동』 집필을 마치고

이 책 『율산 전상무의 독립운동』은 의령 출신의 의병장 율산(栗山) 전상
무(田相武)의 생애와 활동에 대한 평전(評傳)이다. 율산은 1896년 의령의진
의 창의대장이었고, 일제강점기 조국광복을 위해 활동한 독립운동가였다.
2020년 11월 건국훈장 애족장이 추서되었다.

2021년 3월 율산의 증손 전용우(田溶宇) 박사가 필자에게 증조부의 평전
을 의뢰하였다. 처음 필자는 간곡히 사양하였다. 왜냐하면, 지금까지 그에
관한 연구가 「율산 전상무의 시 세계에 대한 일고찰」(2013, 조동영) 외에는 없
었고, 그가 죽은 뒤 간행된 『율산집(栗山集)』에도 1893년 이전 청년기의 행적
을 알 수 있는 기록이 없었기 때문이다. 그런데도 이 책의 집필을 응낙한 것
은 의령의진의 창의대장 및 독립운동가로서의 행적을 정리해야 한다는 생
각 때문이었다. 또 『율산집』을 검토한 결과, 그의 행적에 관한 몇 가지 단서
를 발견했기 때문이다.

필자는 이 책을 집필하는 과정에서 두 가지 작업을 병행하였다. 하나는
문집 번역이었고, 다른 하나는 현지 조사였다. 필자는 문집 번역 과정에서
얻을 수 있었던 인명과 지명에 관한 정보에 따라 현지 조사를 수행했다. 그
러나 여러 차례에 걸친 필자의 현지 조사에도 불구하고 기대했던 성과를 거
둘 수 없었다. 여러 가지 미흡한 상태에서 초고 작성을 시작하였고, 필요에
따라 다시 현지 조사를 했다.

필자는 이 책에서 율산의 1893년 이전 청년기 행적을 복원하기 위해 노

력하였다. 그는 청년기에 과거시험에 응시한 바가 있었고, 1876년 강화도 조약 체결과 1884년 변복령 반포에 반대한 상소운동에 참여한 유생이었다. 그가 간재(艮齋) 전우(田愚)를 비롯한 유학자들에게 올린 편지에서 젊은 시절 공부하지 못한 자신을 한탄했는데, 그것은 성리학에 관한 공부를 말한 것이었다. 실제로는 과거시험을 공부하여 경세론을 겸비하였고, 외세 침략에 대응한 위정척사사상을 견지한 유생이었다.

필자는 『율산집』을 읽고 번역하면서 그의 국내·외 정세에 대한 인식과 역사의식, 그리고 간결한 글쓰기에 심취되었다. 특히 의령의진의 회고록 「적원일기(赤猿日記)」와 「의령전부장이청로창의록(宜寧前部將李淸魯倡義錄)」에서 근대 전환기를 헤쳐나가는 선비의 역사 인식을 볼 수 있어 필자의 마음을 설레게 했다.

율산은 「적원일기」에서 "이것은 초옥의 가난한 선비가 마땅히 기록해야 하는 것은 아니지만, 그러나 당시의 유생이 전하지 않으면 뒷날에 역사를 쓰는 사람이 어찌 널리 채록할 수 있겠는가."라고 하였고, 「의령전부장이청로창의록」에서는 "상무(相武)는 군대에 종사하며 전말(顚末)을 목격하였다. 그래서 다만 실제 있었던 사실만 기록하고 감히 미화하지 않는다. 정의를 좋아하고 화려하게 꾸미지 않는 역사 기록자가 채택해 주기를 기다린다."라고 하였다. 여기에서 격동의 시기를 살았던 유생의 역사 서술에 대한 인식의 일면을 볼 수 있다. 실제로 있었던 역사적 사실만을 기록하고 후세에 전한다는 태도는 난세를 살았던 선비의 전형적인 글쓰기이다. 현재 어떤 역사가가 율산에 미칠 수 있겠는가?

필자는 지금까지 역사를 공부하는 과정에서 자료의 발굴과 현지답사를 통해 사실(史實)에 접근하고자 했다. 그런데 율산의 행적을 조사하는 과정에서 이토록 책 속에 갇혀 있는 사람도 있었다는 것에 놀랐다. 지금까지 아무도 관심을 보이지 않았기 때문이다. "정의를 좋아하고 화려하게 꾸미지 않는 역사 기록자가 채택해 주기를 기다린다."라고 했던, 그의 염원이 이제 드러나게 되었으니 다행이다. 필자는 더욱 숙연한 마음으로 현지답사를 통해 그 기대에 조금이나마 부응하고자 했다.

필자는 평소 글쓰기에 많은 부담을 느끼고 있었다. 이 책을 쓰면서 더 많은 부담을 떨칠 수가 없었다. 왜냐하면, 율산이 기다리던 "역사 기록자"로서 그 책임을 감당해야 한다는 것 때문이었고, 어렵게 이 책의 집필을 맡겨주신 후손의 기대에 부응해야 한다는 마음의 부담감 때문이었다.

율산은 평생 학문에 뜻을 꺾지 않고 스승을 찾아 공부하였고, 시대적 소명을 실천하기 위해 노력했던 선비였다. 그가 세상을 떠난 지 곧 100년이 된다. 이 책이 어려운 시기를 살았던 그의 행적을 세상에 드러내 인류에 회자(膾炙)하기를 바란다.

끝으로 이 책이 나올 수 있도록 지원해 주신 증손 전용섭·전용우 두 분 종형제, 필자의 자료 발굴과 현지답사에 도움을 주신 전 의령군의회 전임 수의장님, 문집의 번역과 원고 교열에 도움을 주신 김충희·남인국 두 분 박사, 그리고 축사를 해 주신 의령문화원 성수현 원장님, 전경상대학교 허권수 교수님 등 모든 분께 감사를 드린다.

2021년 12월 28일
권대웅

차례

부록

머리말

율산(栗山) 전상무(田相武, 1851. 2. 14~1924. 7. 9)는 조선왕조 말기와 대한
제국기, 그리고 일제강점기를 살았던 경남 의령 출신 유생이다. 일찍이 과
거시험에 응시한 바 있었고, 1876년 강화도조약(江華島條約) 체결과 1884년
변복령(變服令) 공포에 반대한 상소운동에 참여한 바 있는 위정척사사상(衛正
斥邪思想)을 가진 유생이었다.

율산은 1893년 봄 동학농민군 봉기에 즈음하여 민보(民堡)를 조직하고
민보군(民堡軍)을 결성하였고, 1896년 1월 의령의진의 창의장(倡義將)으로 추
대되어 의병진을 이끌었다. 1910년 경술국치 이후 일제 식민통치에 반대하
여 그 통치행위를 부정하였으며, 1914년 2월 17일 광무황제의 밀칙(密勅)을
받은 뒤, 1918년 9월 만동묘(萬東廟) 훼철(毀撤)에 반대하고 묘향(廟享)을 추진
하다가 옥고를 치렀다. 그리고 1919년 11월 조선민족대동단 의친왕(義親王)
이강(李堈) 이하 33인의 독립선언서에 서명하는 등 국권회복운동과 독립운
동에 참여한 독립운동가였다. 2020년 11월 건국훈장 애족장이 추서되었다.

이 책은 율산의 생애와 학문, 그리고 일본의 침략에 반대하고 국권을 회
복하기 위한 의병투쟁의 전개, 일제 식민통치에 반대하여 그 통치행위를 부
정한 호적법·은사금·묘적법의 거부, 그리고 조선민족대동단의 독립선언서
서명 등 독립운동의 전개를 모두 다섯 장(章)으로 나눠 편성하였다.

제1장에서는 가계와 출생, 수학과 사회적 연결망(連結網)을 정리하였다.
율산의 행적은 40대 중반인 1893년까지 알려진 것이 거의 없다. 그의 문
집『율산집』에도 40대 중반까지 그의 행적에 관한 기록은 전혀 없다. 우선
『율산집』에 나타나는 몇 가지 단편적인 기록을 정리하고 현지 조사를 통해

1851년 출생 이후 1893년까지 행적을 복원하는 데 중점을 두었다. 한편, 의령을 중심으로 권봉희(權鳳熙)·안효제(安孝濟)·정재규(鄭載圭) 등과의 교유, 전국적으로 송병선(宋秉璿)·송병순(宋秉珣)·전우(田愚) 등과의 교유를 통해서 그의 수학과 사회적 연결망을 살펴보았다. 그리고 이것이 1896년 의령의진 창의와 경술국치 이후 일제 식민지 통치 반대, 그리고 1910년대 독립운동의 전개 등에서 어떻게 작용하였는지 검토하였다.

제2장에서는 1896년 1월 14일 의령의진 창의와 부대의 편성, 의령창의장 율산의 지위와 역할, 주변 의병과의 관계, 그리고 김해전투(金海戰鬪) 등을 살펴보았다. 그가 남긴 「적원일기(赤猿日記)」와 「의령전부장이청로창의록(宜寧前部將李淸魯倡義錄)」, 그리고 진주의병장 노응규(盧應奎)와 남도선유사 신기선(申箕善)에게 보내는 편지 3건 등은 모두 의병 활동의 전말을 규명할 수 있는 중요한 자료이다. 이러한 자료의 분석을 통해 의령의진의 창의 경위와 진주의진과의 관계, 그리고 의령의진을 중심으로 편성된 의병부대가 김해전투를 수행했다는 사실 등을 분석·정리하였다.

제3장에서는 을미의병 해산 후 대한제국기 율산의 현실 참여와 외세 침략에 대응한 위정척사적 유생으로서 거취(去就)를 살펴보았다. 그는 1893년 동학농민군의 봉기에 즈음하여 민보(民堡)를 수축하고 민보군(民堡軍)을 조직하였고, 1903년 의령군수 김영기(金永基)의 요청에 따라 「의춘향약절목(宜春鄕約節目)」 13조(條)와 이미 시행되고 있던 의령향약의 환난상구조(患難相救條)를 당시의 고을 상황에 적합하도록 구체화 시킨 「환난상구장정(患難相救章程)」 13조(條)를 작성하여 올리는 등 현실에 참여하였다. 이것은 당시 창궐하였던 무장농민집단인 화적에 대응하기 위한 민보군(民堡軍) 조직의 근간이 되었다. 한편, 율산은 을사늑약 이후 간재의 처세론(處世論)을 따라 입산은거(入山隱居)를 실행하였다. 1906년 봄 자굴산(闍崛山) 은거와 1908년 향리

행정(杏亭)의 율산정(栗山亭) 건립과 은거 생활은 그 실천의 하나였다.

제4장에서는 1910년 경술국치 이후 일제 식민지 통치거부와 독립운동 참여에 관하여 살펴보았다. 그는 1910년 나라가 망한 뒤 일제의 호적(戶籍)과 은사금을 거부하였고, 1915년에는 묘적법 반대 등을 통하여 일제의 식민통치를 거부하였다. 한편, 율산은 1913년 9월부터 서북지방과 남만주의 안동현 접리수촌을 방문하여 향리의 친구 안효제(安孝濟)·노상익(盧相益)·이승희(李承熙) 등을 만나 자신도 망명하겠다고 약속하고 귀향하였다. 1914년 2월 광무황제의 「밀칙(密勅)」을 받으면서 독립운동에 대한 의지를 키웠다. 그리하여 1918년 만동묘 폐지에 반대하여 묘향을 강행하다가 체포되어 옥고를 치렀고, 1919년 11월 조선민족대동단의 독립선언서에 서명하였다. 그러나 1919년 3월 유림단의 독립청원운동(獨立請願運動), 일명 파리장서운동에는 간재와 뜻을 같이하여 서명에 참여하지 않았다. 또 1920년 이상규(李相珪)·조재학(曺在學) 등이 조직한 조선고사연구회(朝鮮古史硏究會)와 1920년 5월 조직한 인도공의소(人道公議所)에도 관심을 가졌지만 참여하지는 못했다. 그의 나이 이미 70대였고, 건강도 좋지 않았기 때문이다. 율산은 일제 식민지 통치거부와 독립운동에 참여한 보수적인 유생으로써 조선왕조의 복벽(復辟)을 고수하였다.

제5장에서는 율산의 학문과 그 실천적인 삶을 살펴보았다. 그는 평소 젊었을 때 공부하지 못한 것을 후회하여 1915년 간재의 문하에 들어간 뒤 성리학에 침잠하였다. 그는 간재의 이기심성론(理氣心性論)에 기초한 성사심제설(性師心弟說)을 적극적으로 수용하였다. 한편, 율산은 성리학적 실천윤리에 따라 일제의 식민통치를 거부하였고, 그 연장선에서 독립운동에 참여하였다. 특히 「적원일기(赤猿日記)」와 「의령전부장이청로창의록(宜寧前部將李淸魯倡義錄)」에서 볼 수 있는 역사적 사실에 대한 기록과 인식 태도는 주목된다.

그는 "실제 있었던 사실만 기록하고 감히 미화하지 않았다."라는 원칙을 고수하였다. 여기에서 난세를 살았던 보수적인 유생의 역사 인식을 확인할 수 있었다. 그뿐 아니라 율산의 학문과 실천적인 삶은 아들 찬환(纘煥)과 장손 기진(麒鎭)으로 이어졌다.

이 책은 부록으로 『율산집』에 실린 「적원일기(赤猿日記)」와 「서행일록(西行日錄)」, 의병장 노응규(盧應奎)와 남도선유사 신기선(申箕善)에게 보내는 편지 3건, 「밀칙(密勅)」과 「어칙후발(御勅後跋)」, 아들 찬환(纘煥)이 쓴 「유사(遺事)」, 오진영(吳震泳)이 쓴 「행장(行狀)」, 족질 전기진(田璣鎭)이 쓴 「묘갈명(墓碣銘)」, 『이학수종정일록(李鶴叟從征日錄)』에 실린 「의령전부장이청로창의록(宜寧前部將李淸魯倡義錄)」(전상무)을 번역하여 실었다. 그 외 「연보(年譜)」와 「가계도(家系圖)」를 첨부하였다.

필자는 이 책을 쓰면서 『율산집』에 실린 글들을 대부분 번역하여 검토하였다. 또 관련 자료의 발굴을 위해 여러 차례 현지를 방문하여 조사하였다. 그렇지만 관련 기록은 흩어지거나 없어졌고, 역사적 사실들을 기억하고 있는 사람은 없었다. 이미 많은 세월이 흘렀고, 그 후손들도 고향을 등지고 도시로 떠났기 때문이다. 『율산집』에 실린 글에서 찾을 수 있는 지명이나 인명을 조사하고 직접 찾아가 확인하는 방법밖에 없었다.

특히 필자는 율산의 40대 중반 이전의 행적을 복원하기 위해 많은 자료를 검토하였다. 『율산집』이나 『담양전씨송와공파보』에 나타나는 단편적인 기록을 통해 그가 청년기에 과거시험을 보았고, 1876년 강화도조약 체결과 1884년 변복령 공포에 즈음하여 두 차례 상소(上疏)에 참여한 바 있는 위정척사사상을 가진 유생이었다는 사실만을 확인했을 뿐이다.

제1장

전상무의 생애와
사회적 연망

제1절 가계와 출생

의령 칠곡에서 태어나다

전상무(田相武, 1851. 2. 14~1924. 7. 9)는 본관이 담양(潭陽)이고, 자는 순도(舜道), 호는 율산(栗山)이다. 젊었을 때는 우경(寓耕)이라는 호를 사용하였다. 1851년 2월 14일 경남 의령군(宜寧郡) 칠곡리(七谷里, 현 칠곡면 내조리)에서 전규봉(田奎鳳, 1813. 7. 16~1867. 3. 1)과 안동권씨(安東權氏)의 2남 3녀 중 차남으로 태어나 1924년 7월 9일 사망하였다.[1]

담양전씨의 시조는 고려 의종(毅宗) 때의 문신 충원공(忠元公) 전득시(田得時)로 관직은 좌복야참지정사(左僕射參知政事)에 이르렀고 담양군(潭陽君)에 봉해졌다. 7세에 이르러 전록생(田祿生)·귀생(貴生)·조생(祖生) 3형제는 호가 야은(埜隱)·뢰은(未隱)·경은(耕隱)으로 깊은 학문과 높은 절의로 세상에서 삼은(三隱)으로 일컬었다. 그중 문원공(文元公) 전조생(田祖生)은 관직이 찬성첨의부사(贊成僉議府事)에 이르렀다. 조선에 들어와 12세 전훈(田勳)은 단종과 세조 때 벼슬을 하지 않았고, 13세 송와(松窩) 전자종(田自種)은 지능참봉(智陵參奉)을 역임하였다. 그리고 16세 죽림(竹林) 전시국(田蓍國)은 인조(仁祖) 때 병자호란 이후 무재(茂才)로 천거되었으나 출사하지 않았다.

담양전씨 의령 입향조는 12세 전훈이었고, 16세 전시국은 의령군 칠곡면(七谷面) 내조리(內槽里)에서 죽림정사(竹林精舍)를 짓고 은거하여 죽림처사(竹林處士)로 불렸다.

---

1 『栗山集』卷4, 附錄「遺事」 및 「行狀」

세계도

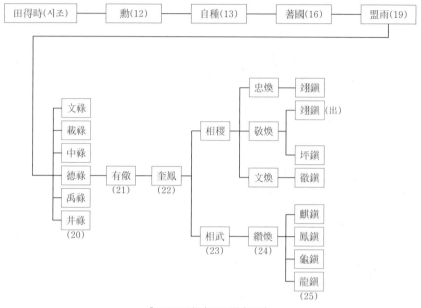

| 田得時(시조) | 勳(12) | 自種(13) | 蓍國(16) | 盟雨(19) |

文祿
載祿
中祿
德祿
禹祿
井祿
(20)

有儆
(21)

奎鳳
(22)

相稷

忠煥 ─ 翊鎭

敬煥 ─ 翊鎭 (出)
　　　 ─ 坪鎭

文煥 ─ 徹鎭

相武
(23)

纘煥
(24)

麒鎭
鳳鎭
龜鎭
龍鎭
(25)

『潭陽田氏松窩公派譜』(1998)

　　전상무는 죽림(竹林) 전시국(田蓍國)의 7대손이다. 증조부는 덕록(德祿)이고, 조부는 유경(有儆)이며, 아버지는 규봉(奎鳳)이다. 1851년 2월 규봉의 막내아들로 태어났는데, 1831년 태어난 형 상직(相稷, 1851~1905)과는 나이 차이가 스무 살이었다. 그 사이에 정장민(鄭璋民, 八溪人)·송학용(宋鶴用, 恩津人)·이수기(李壽璣, 載寧人)에게 시집간 세 명의 누이들이 있었다.[2]

　　그가 태어난 의령군(宜寧郡) 칠곡리(七谷里), 현 칠곡면(七谷面) 내조리(內槽里)는 담양전씨 집성촌이다. 처음 칠원(漆原)에서 의령(宜寧)으로 옮긴 12세 운암(雲菴) 전훈(田勳)과 그 아들 13세 송와(松窩) 전자종(田自種) 이후 14세 전

2　『潭陽田氏松窩公派譜』(1998)

내조리 전경과 자굴산(의령군 칠곡면 내조리)

활(田活), 15세 전우추(田遇秋), 16세 전시국(田蓍國)3 등이 모두 의령에서 살
았다. 21세인 그의 증조부 전덕록(田德祿)과 조부 전유경(田有儆), 그리고 부
친 전규봉(田奎鳳)은 칠곡면 내조리에 살았고, 묘도 모의(慕義)·상정(上井) 등
지에 있다.

    그처럼 율산의 선대는 12세 전훈(田勳) 이후 의령군 칠곡면을 중심으로
세거하였다. 14세 전활(田活)이 의령향안(宜寧鄕案)을 처음 닦았다고 하니 이
때부터 담양전씨 송와공파(松窩公派)가 의령지역에서 향반(鄕班)으로서 기반
을 다진 것으로 보인다.

---

3 전활 · 전우추 · 전시국의 묘는 의령군 지정면(芝正面) 독대동(篤垈洞)에 있다.

죽림정사(竹林精舍, 의령군 칠곡면 내조리)

단성에서 수학하다

율산의 아버지 전규봉은 1831년 장남 전상직과 1851년 차남 율산이 태어난 뒤, 처가가 있는 단성(丹城)의 단계(丹溪)로 이거하였다. 전규봉의 처가는 단성에 세거하고 있던 안동권씨였고, 장인은 권기하(權箕夏)였다.

율산의 외조부 신암(新菴) 권기하(權箕夏, 1790~1859)는 산직(散職)인 통덕랑(通德郎)으로 벼슬을 하지 못했지만, 재지적 기반이 공고한 사족이었다. 그의 증조부 권유(權裕)는 1801년(순조 1) 대사헌(大司憲)에 올라 벽파(僻派)의 언론을 이끌며 천주교도 박해를 선도하였던 관료였으며, 부친 권사목(權思穆)도 삼수도호부사(三水都護府使)를 역임하는 등 대대로 고위관료를 배출한

가문이었다.[4]

아버지 전규봉은 두 아들의 교육에 전력하였던 것으로 보인다. 특히 두 아들은 체격과 용모가 남달리 뛰어났다. 두 아들이 가문을 번성케 하고 성대하게 키울 수 있을 것이라 큰 기대를 걸었다. 율산의 아들 찬환(纘煥)은 『율산집(栗山集)』의 「유사(遺事)」에 다음과 같이 기록하고 있다.

> 부군은 어릴 때는 남다른 성품이 있었고, 장성하여서는 체격이 뛰어나고 용모가 빼어나 남달랐다. 백씨 경운공(耕雲公) 상직(相稷)과 함께 기격(器格)이 똑같이 우뚝하였으므로 선고(先考)께서 매우 사랑하였다. 단성(丹城)의 단계(丹溪)에 살 터를 잡은 것은 맹모삼천지교(孟母三遷之敎)를 따른 것이고, 뒤에 고향인 모의(慕義, 의령 대의면 신전리에 있었던 모아리(毛兒里)의 다른 이름이다)에 돌아와 살았는데, 이곳은 도구(陶丘) 이제신(李濟臣)과 미수(眉叟) 허목(許穆)의 문집 안에 나오는 이른바 모아리(毛兒里)이다. 동쪽으로 자굴산(闍崛山)을 짊어지고 서쪽으로는 지리산(智異山)을 대하고 있는데, 난석(亂石)과 유수(流水)는 자못 경치가 장관이다. 선고께서 일찍이 삼대에 걸쳐 형제가 적었던 일에 대해 슬퍼하였는데, 두 아들이 태어났으니 마음 가득 기뻐하며 날마다 불러 좌우에 두고 면려(勉勵)하기를 "누가 우애(友愛)롭지 않은가. 너희들은 더욱 돈독히 서로 닦고 함께 힘써 우리 가문을 번성하고 성대하게 하라."고 이르니 부군(府君)은 이 가르침을 받들어 형을 섬기기를 오직 삼가서 한결같이 춘진(椿津)[5]의 집안에서 행하던 우애를 실천하였다.[6]

전규봉이 처가 동내인 단성현 단계로 이거한 것을 두고 "맹모삼천지교(孟母三遷之敎)를 따른 것"이라고 하였다. 율산은 형 상직과는 나이 차가 20

---

4 『安東權氏霜嵒先生派譜』(卷之義)
5 춘진(春津) : 춘진(椿津)이라고도 쓰는데 우애가 돈독한 형제를 대유하는 말이다. 남북조 시대 후위(後魏)의 양춘(楊椿)과 양진(楊津) 형제가 있었다. 두 사람은 우애가 매우 돈독하여 양진이 자사(刺史)로 있을 적에 사철의 좋은 음식이 있으면 매번 서울에 있는 형인 양춘에게 인편을 통해 음식을 부쳤으며, 만약 보내지 못했으면 먼저 입에 넣지 않았다고 한다.(『北史』, 卷41, 列傳「楊播」)
6 『栗山集』卷4, 附錄「遺事」

살이었는데, 언제 단계에 옮겨 살았고, 얼마 동안 단계에서 거주하였는지 정확히 알 수 없지만, 외가가 있는 단성면 단계는 형제들이 수학하기에 좋은 교육적 여건을 갖춘 곳이었다.

율산, 과거시험에 응시하다

율산의 외조부 권기하는 1859년 사망하였고, 아버지 전규봉은 1867년 3월 사망하였다. 아버지 전규봉이 사망한 뒤, 형제는 향리 칠곡(七谷)으로 돌아온 것으로 보인다. 이때 백형 상직의 나이는 37세였고, 그의 나이는 17세였다.

이즈음 율산의 백형 상직이 상경하여 고을의 일로 3~4년 머물렀다고 한다.[7] 그때가 언제였는지 정확한 연도를 알 수 없지만, 아버지 전규봉이 사망하는 1867년 전후로 짐작된다. 고을의 일로 3~4년을 서울에서 머물렀다는 것은 선뜻 이해할 수 없는 부분이지만, 아마 과거를 보기 위해 상경했거나 벼슬길을 열기 위해 서울에 머물렀던 것으로 추측할 수 있다.

고종 연간인 1866년부터 1870년까지 5년간 『승정원일기』에 등장하는 인물로 전상직(田相稷)이 훈련원 부장(部將), 부사과(副司果), 수문장(守門將)을 역임한 기록이 있다.[8] 승정원일기에 나타나고 있는 전상직이 동명이인(同名異人)이 아닌 그의 백형이라면 아버지 전규봉과 인연이 있던 김병시(金炳始)가 1865년 병조참의가 되면서 훈련원의 말직으로 출사한 것으로 짐작된다. 그렇지만 이것은 추론에 지나지 않는다.[9]

이즈음 율산도 과거에 응시한 것으로 보인다. 『율산집』의 「유사(遺事)」와

---

7 『栗山集』 卷4, 附錄「遺事」
8 『承政院日記』, 1868년 7월 8일; 1870년 6월 3일; 7월 10일; 1872년 1월 15일 기사.
9 전상직(田相稷, 1831~1905)은 70세가 넘어 기로소(耆老所)에 들어 가선대부(嘉善大夫)의 첩지를 받았다. 그가 첩지를 받았다는 것은 한때 관직에 있었기에 가능한 것이었다.

「행장(行狀)」을 보면, 간재의 문인이었던 족질 초곡(初谷) 전은환(田殷煥, 1849 ~1908)[10]과 함께 과거에 응시하였다는 다음과 같은 기록이 있다.

> 부군은 어릴 때 문중 사람 초곡(初谷) 전은환(田殷煥)과 함께 과거 시험장
> 에 들어갔는데, 사람들이 모두 피하며 "두 사람의 큰 힘이 가히 두렵다."라고
> 하였다.[11]

율산이 언제 어떤 과거시험에 응시하는지는 명확한 기록이 없어 알 수 없다. 다만 위 기록으로 볼 때, 당당한 체격과 기품을 가진 청년이었다는 것을 알 수 있다. 그의 나이 20세 전후인 1870년대 초반으로 보인다.

집안이 기울어지다

1870년대 초반 서울에서 활동하고 있던 백형 상직이 많은 부채를 짊어지고 귀향하였다. 그의 『율산집』의 「유사」에 기록된 다음과 같은 사실이 주목된다.

> 백씨(伯氏)가 일찍이 고을의 일로 서울에서 3~4년 머물렀는데, 공의 사사
> 로운 부채(負債)가 산더미 같아서 모두 감당할 길이 없었다. 마침내 읍영(邑
> 營)의 불같은 독촉을 받게 되었다. 공은 곤란과 위험을 피하지 않고 읍영(邑
> 營)에 호소하고 3년 넘도록 도(道)의 경계를 넘어 앙진(仰津)에 머물렀다. 탄
> 식하는 한 구절의 시에 "전에 강을 건널 때 얼음 얼었는데 지금 봄이 와 물길
> 열렸네."라고 하였다. 그때 집안의 살림은 오로지 유인(孺人) 송씨(宋氏)에게
> 맡겼는데 살림이 풍부하지 않았다. 그러나 유인(孺人) 또한 농사와 길쌈을 규

---

10 전은환은 자가 내현(乃見)이고, 호가 초곡(草谷)이다. 간재 문인으로 칠곡면 내조
    리에 살았다. 젊어서 율산과 함께 수학하고 공부한 것 같다. (『潭陽田氏松窩公派
    譜』, 1998)
11 『栗山集』卷4, 附錄「遺事」및 「行狀」

주(規畫)하여 부군의 경비를 대어주었고 일을 해결하도록 하였다. 심지어 집과 솥을 팔아도 한 번도 원망치 않으니 부군은 매우 편안하게 여겼다. 그래서 큰댁으로부터 모든 제사(祭祀)를 옮겨와 모셨으며, 큰댁의 땔감과 양식이 부족하면 부군이 힘을 다해 주선하였다. 백씨가 죽자 장사지내는 절차에 따라 부군이 전력(專力)하였는데, 산을 매입(買入)하여 학봉(鶴峯)의 북쪽에 백씨 내외를 장사지내고 쌍영(雙塋)을 만들었다.[12]

백형 상직이 3~4년 서울에 머무르며 짊어진 부채는 산더미 같았다. 그는 아버지가 사망하고, 백형 상직이 서울에 머무르고 있던 3~4년 동안 가사를 책임져야 했고, 백형이 귀향한 뒤, 읍영에서 독촉하는 부채를 청산하고 향리 칠곡을 떠나 3년이 넘도록 도(道)의 경계를 넘어 합천군 청덕면(靑德面) 앙진리(仰津里)에 살았다. 이곳 앙진은 외가 안동권씨의 세거지인 부림면(富林面) 신반리(新反里)와 가까운 곳이었고, 또 이미 세상을 떠난 외조부 권기하와 외사촌 권철환(權哲煥)이 단계에 살다가 의령으로 옮겨 살았던 낙서면(洛西面) 정곡리(井谷里)와도 가까운 곳으로 낙동강을 바라보고 있는 마을이었다.[13]

어머니 안동권씨와 부인 은진송씨는 농사와 길쌈을 하였고, 율산은 부채를 갚고 해결하기 위해 전력을 기울였다. 이때 그가 직접 농사를 지었는지, 아니면 낙동강을 이용한 강상(江商)으로 상업 활동을 벌였는지 알 수 없다. 그렇지만 3년 동안 가사를 책임지고 경영하여 기울어진 가세를 경제적으로 회복하는데 전력을 기울였던 것만은 분명한 사실인 것 같다. 이런 상황에서도 그는 백형을 대신하여 집안의 모든 제사를 책임졌고, 경제적으로 큰댁을 보살폈다.

당시 율산이 앙진(仰津)에서 탄식하며 지은 시는 그가 처한 상황을 잘 말

---

12 『栗山集』 卷4, 附錄 「遺事」
13 『栗山集』 卷3, 雜著 「赤猿日記」; 『安東權氏霜嵒先生波譜』, 卷之義, 11쪽

해주고 있다. 즉 "전에 강을 건널 때 얼음 얼었는데 지금 봄이 와 물길 열렸네(昔去江氷合 今來春水開云云)"라고 하며, 나루터를 바라보며 고향으로 돌아갈 수 없는 신세를 한탄하였다.

적포교(赤浦橋, 합천군 청덕면 앙진리, 옛 앙진나루)

세상을 경영하는 기개를 가지다

율산은 간재의 문인이었던 족질 초곡(草谷) 전은환(田殷煥)과 함께 과거
시험장에 들어갔는데, 사람들이 모두 피하며 "두 사람의 큰 힘이 가히 두렵
다. (二措大氣力亦可畏也)"[14]라고 하였다. 이 기록으로 볼 때, 그는 당당한 체
격과 기품을 가진 청년으로 성장했음을 짐작할 수 있다. 그의 아들 찬환(纘
煥)이 기록한 「유사(遺事)」에서는 체구와 기량, 그리고 덕성을 다음과 같이
기록하고 있다.

> 부군은 체구(體軀)가 크고 기량(器量)이 넓고 깊어 여러 사람이 모인 곳에
> 서는 우뚝하기가 산악(山嶽)과 같고 깊이가 하해(河海)와 같아 사람들이 모
> 두 두렵게 생각하였다. 숨을 죽이고 있던 것이 풀리고, 기운이 풀리기 시작하
> 면, 큰 소리로 말하여 그치지 않는 것은 끝부분의 모습이다. "예, 예"라고 말하
> 고 곱게 복종하는 것이 먼저이고, 완강하게 다른 의견을 드러내는 것은 나중이
> 다. 모임에서 의견이 일치하여 가만히 탄식하였으니 당세에 사람들이 필적하
> 기 드문 인물이라고 하였다.
> 부군은 덕성(德性)이 혼전(渾全)하고 위의(威儀)가 엄숙(整肅)하며 언어(言
> 語)가 간묵(簡黙)하였다. 평생 일찍이 다른 사람의 과실(過失)을 말하지 않았
> 고, 윤리와 고하의 질서를 잡는 것에 관련되지 않은 것은 대부분 용서하였다.
> 비록 완고한 악인이 일부러 부군에게 거슬리는 행동을 하더라도 담담하게 자
> 제하여 얼굴빛을 바꾸지 아니하였으니 그 사람은 바로 뉘우치고 깊이 사죄하
> 였다. 그리고 서로 말하기를 "지금 세상에 황숙도(黃叔度)[15]와 같이 천 이랑
> 의 물결처럼 마음이 넓은 사람을 다시 볼 줄 몰랐다."라고 하였다.[16]

또 간재 전우의 문인이자 동문이었던 수양(首陽) 오진영(吳震泳)이 쓴 「행

---

14 『栗山集』卷4, 附錄「遺事」
15 黃叔度 : 후한(後漢) 낙양(洛陽) 사람인 황헌(黃憲)으로 인품이 훌륭하기로 소문이
   났었다.
16 『栗山集』卷4, 附錄「遺事」

장(行狀)」과 한말 1903년 비서원승(祕書院丞)을 역임한 급우재(及愚齋) 김영한 (金甯漢)이 쓴 「묘갈명(墓碣銘)」에서도 그의 체구와 덕성을 다음과 같이 기록 하고 있다.

　공은 키가 크고 모습은 위엄이 있어 산악처럼 우뚝하였고, 국량(局量)은 넉 넉하고 힘이 넘쳤다. 어릴 때 친족 은환(殷煥)과 함께 과거 시험장에 이르러 문을 열고 들어가니 여러 사람이 피하였다. 덕성(德性)은 근후(謹厚)하고 위의 (威儀)가 정숙(整肅)하였으며, 일찍이 다른 사람의 과실(過失)을 말하지 않았 다. 그러나 윤상(倫常)과 화이(華夷)에 관련된 일에는 반드시 엄격한 말로 바 로 잡았으니 여러 사람이 사랑하고 두려워하였다. 세상이 변한 뒤부터 충의로 격분하여 보국하고자 하였다.17

　타고난 성품이 효성과 우애가 있었고, 덕행을 제대로 갖추었다. 체격은 크 고 모습은 위엄이 있었고, 국량(局量)은 넉넉하고 힘이 넘쳤다. 매양 인륜과 도리를 허물어뜨리거나 화이(華夷)에 대해 분별이 없을 것 같으면 반드시 엄 정한 말로 분변(分辨)하여 바로잡기를 못을 박고 칼로 자르듯이 하니 사람들 이 모두 경탄(敬憚)하였다.18

율산은 젊을 때부터 당당한 체구와 덕성을 타고났다. 그리고 현실을 직 시할 수 있는 위정척사사상을 겸비한 선비였다는 것을 알 수 있다.

율산, 두 차례 상소를 올리다

율산은 1876년 일본과 맺은 강화도조약(江華島條約)과 1884년 변복령(變 服令) 공포에 즈음한 상소운동에 참여하였다. 그의 나이 26세와 33세에 참 여한 두 차례 상소의 내용은 알 수 없지만, 의령을 비롯한 경남 서부 일원의

---

17 『栗山集』 卷4, 附錄「行狀」
18 『栗山集』 卷4, 附錄「墓碣銘」

유생들이 올린 복합상소(伏閤上疏)였을 것으로 짐작된다.

율산은 1896년 의령의진을 해산한 뒤, 남로선유사(南路宣諭使) 신기선(申
箕善)에게 올린 편지에서, 자신을 소개하면서, 두 차례 상소운동에 참여한
것을 다음과 같이 이야기하고 있다.

> 엎드려 생각건대 저희는 비록 초야의 미천(微賤)한 사람이지만 본성(本性)
> 을 조금 갖추고 있으니 오히려 군신(君臣)의 의리(義理)와 화이(華夷)의 분별
> (分別)은 알고 있습니다. 그래서 일찍이 병자년 봄 강화조약(江華條約)을 체
> 결하는 날 궁궐 앞에서 부르짖었고, 또 갑신년 변복제(變服制)를 선포하는 날
> 도 상소를 올린 일이 있었습니다.[19]

그는 군신(君臣)의 의리(義理)와 화이(華夷)의 분별(分別)을 실천한 위정척
사사상(衛正斥邪思想)을 겸비한 유생이었다. 그가 두 번의 상소운동에 참여한
것도, 그리고 명성황후시해사건과 단발령에 항의하며 의병을 일으킨 것도
모두 위정척사론을 견지한 유생이었기 때문이다.

율산은 1896년 의령의진을 해산한 뒤, 연재(淵齋) 송병선(宋秉璿), 심석재
(心石齋) 송병순(宋秉珣), 간재(艮齋) 전우(田愚) 등과 교유하며 학문을 닦았다.
나아가 1915년 간재의 문인이 된 뒤에는 성리학적 실천윤리를 공부하는데
전력을 기울였다. 즉 그는 나이 50세가 넘어서야 성리학의 이기론(理氣論)을
공부하였고, 이를 바탕으로 난세에 처한 유생으로써 그 실천윤리를 체득하
였다.

행정(杏亭)으로 이거하다

율산은 도의 경계를 넘어 합천군 청덕면 앙진리(仰津里)에서 생활한 지 3

---

19 『栗山集』卷2, 書「與申宣諭使」(箕善 ○丙申代嶠南諸義將)

년 만에 향리 칠곡면(七谷面) 내조리(內槽里)로 귀향하였다. 칠곡면은 의령군의 진산(鎭山)인 자굴산(闍堀山) 동남쪽에 자리 잡고 있다. 즉 칠곡면은 동북부에 자리 잡은 해발 897m의 자굴산에서 발원한 소하천들이 동남쪽으로 흘러 면의 중앙을 통과하면서 형성된 고을이다.

칠곡면 내조리는 담양전씨 16세손 전시국(田蓍國)이 터전을 잡은 이후 대대로 거주했던 곳이지만, 율산이 언제까지 이곳에 거주했는지 확인할 수 있는 기록은 없다. 추측하건대 19세기 후반기 내조리를 떠나 자굴산의 서쪽 모의리(慕義里) 행정(杏亭)으로 이주한 것으로 보인다.[20]

자굴산 서쪽에 자리잡은 행정리 전경 (의령군 대의면 행정리)

---

20 행정리 담양전씨 입향조는 율산의 증조부 전덕록(田德祿, 1744~1821)이다. 원래 칠곡면 외조리에 살다가 이 마을로 이거했다고 한다.

이의정(경남 의령군 대의면 중촌리), 미수(眉叟) 허목(許穆)을 추모하기 위해 지은 정자

　　율산이 모의리 행정에 살았다는 것을 알려주는 최초의 기록은『율산집』
의 「유사(遺事)」와 「적월일기(赤猿日記)」이다. 1893년 행정에서 민보를 수축하
고 민보군을 조직하여 동학농민군에 대비하였다는 기록이나,[21] 1896년 음
력 정월 초순부터 의령에서 창의를 모색하다가 2월 16일 귀향하는데, 17일
모의리에 있는 '이의정(二宜亭)'을 방문하고 있는 기록 등이다.[22] 이의정은
미수(眉叟) 허목(許穆)을 추모하기 위해 지은 정자로 모의리 중촌(中村)에 있
다. 그 위쪽의 마을이 행정으로 미수 허목을 배향하다가 폐철된 미연서원
(嵋淵書院)이 있었던 김해허씨 집성촌이었다.[23]

21 『栗山集』卷4, 附錄「遺事」
22 『栗山集』卷3, 雜著「赤猿日記」
23 『宜春誌』卷1, 「書院」, 「樓亭」

1893년 봄 율산은 행정에서 동학농민군의 침입에 대비하여 행정(杏亭)·중촌(中村)·하촌(下村) 세 동리의 동민을 규합하여 민보군(民堡軍)을 결성하였고, 율등(栗嶝) 위 마고성(麻姑城) 옛터에 민보(民堡)를 쌓고 조약(條約)을 정했다.[24]

율산은 의령의 진산인 자굴산에 남달리 애정을 가졌다. 을사늑약 이후 1906년 봄 그는 동지 몇 사람과 함께 자굴산 정상에 있는 허물어진 암자를 수리하여 '청명산실(淸明山室)'이라 이름을 지었고, 여기에서 강회(講會)를 열고 계(契)를 만들었다.[25] 또 칠곡면 내조리에서 모의리의 행정에 이거를 한 뒤, 1908년경 전장을 마련하고 산을 개간하여 밤나무를 심은 뒤 율산정(栗山亭)을 세웠다.

그는 행정으로 이거를 한 후에도 선대로부터 세거했던 칠곡의 내조리와의 인연을 이어갔다. 내조리에는 1849년 담양전씨 종중에서 건립한 서재(書齋)가 있었는데, 그는 의령에서 창의를 도모하던 1896년 정월 20일 내조리의 '칠곡서재(七谷書齋)'를 방문하여 유숙하였고,[26] 1909년에도 칠곡에 있던 서재의 창립 60주년을 맞이하여 현판을 교체하였는데, 심석재(心石齋) 송병순(宋秉珣)에게 개액(改額)을 요청하기도 하였다.[27]

---

24 『栗山集』卷4, 附錄「行狀」
25 『栗山集』卷2, 序「淸明社修契序」; 卷3, 附錄「遺事」
26 『栗山集』卷3, 雜著「赤猿日記」
27 『栗山集』卷2, 書「上心石宋公」(秉珣)○己酉. 의령군 칠곡면 내조리에 있던 칠곡서재는 현재 민가로 사용되고 있어 그 흔적만 남아있다.

제2절 수학과 사회적 연망

젊은 시절의 행적을 찾다

1851년 의령군 칠곡에서 태어난 율산은 1831년 태어난 스무 살 연장의 백형 상직과 함께 단성현 신등(丹城縣 新等, 현 山淸郡 新等面 丹溪里)의 단계에 있는 외가로 이사하여 수학의 길로 들어섰다. 그러나 1859년 외조부 권기하가 사망하고, 1867년 3월 아버지 전규봉도 사망하자 형제는 향리 칠곡으로 귀향하였다.

율산의 외조부 권기하는 단성향교(丹城鄕校)와 의령향교를 출입하였는데, 1837년에는 의령향교의 재임(齋任)을 역임하였던 명망 높은 유생이었다.[28] 그의 집안은 단계에 있었지만, 그의 선대는 부림면(富林面) 신반(新反)에 세거한 향반으로 재지적 기반이 의령에 있었기 때문이다. 권기하는 말년에는 의령군 낙서면(洛西面) 정곡리(井谷里)에 살면서 의령향교를 출입하였을 것으로 짐작된다. 외조부 권기하의 묘가 멀지 않는 합천군 초계면 백암리(白巖里) 상촌(上村)에 있고, 외삼촌 권병추(權秉錘)의 묘도 부림면(富林面) 신반의 홍도현(紅桃峴)에 있다. 그리고 외종형 권철환(權哲煥)의 묘도 낙서면 두곡리(杜谷里)에 있다.[29] 율산이 의령의진에서 활동하던 1896년 2월 8일 외종형 권철환이 살고 있던 정곡(井谷)을 방문하는 기록으로 볼 때,[30] 외조부 권기하는 말년에 단계에서 다시 의령 정곡으로 옮겼다는 것을 짐작할 수 있다.

---

28 「추절목(追節目)」, 1897년 2월 초9일(경상대학교 남명학연구소 소장 복제본), 의령향교 소장의 향안 및 관련 서류를 복제하여 소장하고 있다. 현재 의령향교의 향안과 관련 문서는 도난 당하였고, 남명학연구소에는 관련 문서 몇 건이 남아있고, 향안을 비롯한 나머지 문건은 행방을 알 수 없다.

29 『安東權氏霜嵒先生派譜』, 卷之義, 11쪽.

30 『栗山集』卷3, 雜著「赤猿日記」

율산의 행적은 40대 중반인 1893년까지 거의 알려지지 않았다. 그의 문집『율산집』에도 40대 중반까지의 행적에 관해서는 알 수 있는 기록이 없다.[31] 이것은 향리 행정에 자리 잡기까지 잦은 이사로 기록이 없어졌기 때문이거나 특별한 사정이 있었기 때문으로 보인다. 다만『율산집』에 실린「유사」(田纘煥),「행장」(吳震泳),「묘갈명」(金甯漢), 그리고 편지 등에서 그의 행적을 알려주는 몇 가지 단편적인 기록으로 그 행적을 추정할 수 있을 뿐이다.

필자는 단편적인 기록을 정리하고 현지 조사를 통해, 1851년 출생 이후 1893년 43세까지 율산의 행적을 다시 재구성하였다. 그는 어릴 때부터 학업에 정진하였다. 그 뒤 족질 초곡(草谷) 전은환(田殷煥)과 함께 과거시험에도 응시했고, 1867년 강화도조약과 1884년 변복령 공포에 즈음하여 두 차례 상소에 참여했던 유생이었다. 그런데 이 집안에 전해지고 있는 말로는 "항상 향교를 출입하였다."라고 하지만, 그것은 40대 중반 이후인 1895년 전후부터의 일이었을 것이다.

향리의 유생들과 교유하다

향리 칠곡을 떠나 낙동강이 바라보이는 합천 앙진(仰津)에서 생활한 지 3년 만에 칠곡(七谷)으로 돌아왔다. 그 뒤 칠곡을 떠나 모의리(慕義里) 행정(杏亭)으로 이거를 하였는데, 그가 행정으로 언제 이거를 했는지는 정확히 알수 없다. 그는 행정에서 전장(田莊)을 마련하고 어머니 안동권씨와 백형 상직(相稷)을 가까이 모시고 봉양한 것으로 보인다. 그리고 백형을 대신하여 선대의 제사를 받드는 등 집안일을 전담하였다.

1894년 동학농민군 봉기와 1896년 을미의병 창의가 전국 각처로 확산

---

31 趙東永,「栗山 田相武의 詩世界에 대한 一考察」,『의령의 인물과 학문』2, 의령문화원, 2013. 이 논문에서 필자는 "출생한 이후 행적이 묘연하다."라고 쓰면서, "필시 나름의 사연이 있을 것"이라고 정리하고 있다.

하였을 때, 율산의 행적은 역사의 전면으로 부상하였다. 1893년 동학농민 군이 봉기하여 전국 각처를 짓밟자 이에 대비하기 위한 민보(民堡)를 설치하 고 민보군(民堡軍)을 조직하였다. 1895년 시작된 의병이 전국 각처로 확산하 자, 1896년 정월 의령에서 창의를 주도하였다. 또 1903년에는 군수 김영기 (金永基)의 요청에 따라 의령 고을에 "향약(鄕約)을 설립하여 오가작통(五家作 統)과 야조법(夜操法)"[32]을 실시하였다. 이러한 활동은 그가 향리에서 재지사 족(在地士族)으로써 지위와 명망을 갖추고 있었고, 또 의령향교를 출입하며 향리의 사우(士友)들과 교유하였기 때문에 가능했을 것이다.

우선 주목되는 것은 향내에 살고 있었던 석오(石梧) 권봉희(權鳳熙, 1837 ~1902)와 수파(守坡) 안효제(安孝濟, 1850~1916), 그리고 노백헌(老栢軒) 정재 규(鄭載圭, 1843~1911) 등과의 교유이다. 지역적으로 율산이 살았던 모의리의 행정을 중심으로 권봉희는 삼가(三嘉), 안효제는 입산(立山), 그리고 정재규 는 합천 쌍백의 묵동(墨洞)에 살았는데, 모두 서로 가까운 지역이었다.

권봉희는 본관이 안동이고, 자는 성강(性岡), 호는 석오(石梧)이다. 그의 가문은 병자호란 때 광주목사로 창의했던 상암(霜嵒) 권준(權濬)의 후예이다. 그는 아버지 권병석(權秉錫)과 어머니 장연노씨(長淵盧氏)의 막내로 태어났 다. 1870년(고종 7)에 과거에 급제하여, 1872년 홍문관(弘文館) 전적(典籍)을 거쳐 1892년에는 사간원(司諫院) 사간(司諫)에 임명되었다. 그동안 권봉희는 모두 여섯 차례의 상소를 올려 시정(施政)과 시폐(時弊)를 지적하였는데, 특 히 주목되는 것은 1893년 8월에 올린 「칠조구폐소(七條救弊疏)」였다. 이 상소 에서는 백성의 도탄, 재정의 고갈, 기강의 해이, 이교(吏校)의 횡행 등을 지 적하였으며, 동학이 번성하게 된 원인도 수령의 탐학 때문이라고 지적하였 다가 1893년 9월 흑산도(黑山島)로 귀양을 갔다.[33]

---

32 『栗山集』 卷4, 附錄 「遺事」
33 權鳳熙, 『石梧集』 卷2, 「七條救弊疏」; 『高宗實錄』 卷30, 1893年 8月 4日. 권대웅,

안효제는 본관이 탐진(耽津)이고, 자는 순중(舜仲), 호는 수파(水坡)이다. 1850년 3월 3일 경남 의령군(宜寧郡) 부림면(富林面) 입산리(立山里)에서 아버지 안흠(安欽)과 어머니 인천이씨(仁川李氏) 사이에서 태어났다.[34] 한주(寒洲) 이진상(李震相)의 문하에서 수학한 족형 서강(西崗) 안익제(安益濟)에게 공부하였다. 1883년 과거에 급제하여 1884년 승문원(承文院) 부정자(副正字)를 거쳐 1889년 사간원(司諫院) 정언(正言)이 되었다. 이때 명성황후(明成皇后)의 총애를 받고 있던 진령군(眞靈君)의 폐해를 지적하고 죽일 것을 주청한 상소 「청참북묘요녀소(請斬北廟妖女疏)」를 올렸다가 1893년 9월 추자도(楸子島)로 귀양을 갔다.[35]

정재규는 본관이 초계(草溪)이고, 자는 영오(英五) 혹은 후윤(厚允), 호는 노백헌(老柏軒) 혹은 애산(艾山)이다. 1843년 경남 합천에서 정방훈(鄭邦勳)의 아들로 태어났다. 1864년 장성의 기정진(奇正鎭) 문하에 들어가 본격적으로 학문에 전념하였다. 1894년 갑오경장 이후 친일파의 개혁에 거의(擧義) 통문(通文)을 내기도 하였으며, 1896년 권봉희와 함께 노응규의 진주의진에 참여하여 활동하기도 하였다. 1905년 을사늑약이 체결되자 노성(魯城: 지금의 논산) 궐리사(闕里祠)에서 최익현(崔益鉉)의 창의에 참여하고자 했으나 뜻을 이루지 못했다. 1911년 사망하였다.[36]

권봉희와 안효제는 시정을 논하는 상소를 올려 1893년 9월 각각 흑산도(黑山島)와 추자도(楸子島)에 위리안치되었다. 이때 율산은 흑산도로 떠나던

「경상도 유교지식인의 동학농민군 인식과 대응」, 『한국근현대사연구』51, 한국근현대사학회, 2009.

34 安孝濟, 『守坡集』卷8, 「家狀」 및 「行狀」

35 安孝濟, 『守坡集』卷2, 「請斬北廟妖女疏」; 『高宗實錄』卷30, 1893年 8月 4日. 권대응, 「경상도 유교지식인의 동학농민군 인식과 대응」, 『한국근현대사연구』51, 한국근현대사학회, 2009.

36 鄭載圭, 『老栢軒先生文集』附錄 卷1·2·3, 「年報」 및 「事狀」

권봉희를 9월 17일 삼가(三嘉)에 맞이하여[37] 오랜 시간 동안 시사를 논하고 시를 지어 송별하였다.[38] 1896년 정월 전국 각처에서 의병이 일어나자 율산은 권봉희·정재규 등과 함께 창의를 모의한 바 있었다.[39] 그리고 안효제와도 일찍부터 교유하였는데, 1913년 남만주의 안동현(安東縣) 접리수촌(接梨水村)에서 만난 바 있었고,[40] 귀국하면서 후일을 기약하는 시를 지어 석별의 정을 나누기도 했다.[41] 또 그는 향리 행정에서 가까운 합천 묵동의 노백헌 정재규와는 자주 내왕하였다. 1902년 정월에는 아들 찬환(纘煥)을 통해 편지를 보내는 등 같은 노론이자 형으로서 존경하는 예의를 표했다.[42]

연재(淵齋) 및 심석재(心石齋)와 교유하다

율산은 1896년 을미의병 이후, 그의 나이 50세를 넘기면서 항상 젊은 시절 학문에 전념하지 못한 자신의 처지를 한탄하였다. 그래서 충북 옥천에 은거하고 있던 연재(淵齋) 송병선(宋秉璿)과 그 아우 심석재(心石齋) 송병순(宋秉珣), 그리고 충남 공주에 은거하고 있던 간재(艮齋) 전우(田愚) 등과 교유를 확대해 나갔다.

율산은 1903년 아들 찬환을 충북 옥천군 수곡면 원계(遠溪)에 은거하고 있던 연재 송병선의 문하로 보내 공부하도록 했다. 이때 아들 찬환을 통해 보낸 편지에서 의령군 존덕재(尊德齋)의 기문을 지어 보낸 것을 치하하고 선조 전조생(田祖生)의 『경은선생실기(耕隱先生實記)』 1책을 봉정하였다. 그리고

---

37 權鳳熙, 『石梧集』 卷4, 雜著「癸巳日記」

38 『栗山集』 卷1, 詩「奉送權石梧鳳熙流黑山島」(癸巳)

39 『栗山集』 卷3, 雜著「赤猿日記」

40 『栗山集』 卷3, 雜著「西行日錄」

41 『栗山集』 卷1, 詩「訪安修撰孝濟盧正言相益李參奉承熙安衡遠鄭源度黃圭顯朴尙林李慶一於接梨寓所相與論懷臨別留贈」

42 『栗山集』 卷2, 書「與鄭老栢軒」(載圭)○壬寅

"상무는 어려서 배우지 못했고, 사는 곳 또한 변두리여서 당세 어진 군자들의 토론하는 자리에 종사하지 못하였으니, 스스로 어둡고 완고한 사람이 되는 것은 바라지 않더라도 틀림이 없습니다."라고 한탄하였다.[43]

또 그는 1909년 선대부터 살았던 칠곡서재(七谷書齋) 건립 60주년을 맞이하여 심석재 송병순이 개액(改額)한 현판을 보내주자 집안의 족질 전기진(田璣鎭)을 시켜 하례하는 편지를 올렸는데, 여기서도 젊을 때 배우지 못한 자신을 한탄하였다.[44]

1905년 을사늑약의 부당성에 대하여 반대한 연재 송병선이 순절하자 율산은 제문을 지어 애도하였다.[45] 그뿐만 아니라 1909년 심석재 송병순이 화양동 만동묘(萬東廟)의 묘향(廟享)을 복원하기 위해 전국 유림을 규합할 때, 그는 경남 일원의 각 고을 향교에 서신을 보내 만동묘 복원은 '춘추의대의(春秋之大義)'임을 강조하고 적극적으로 도와줄 것을 주장하였다.[46]

율산은 가세의 몰락으로 젊은 시절 학문에 전념하지 못한 자신의 처지를 한탄하며 적극적으로 교유의 폭을 넓혀 나갔다. 1904년에는 14살의 어린 족질 기진(璣鎭)이 간재 문하에 나아가자 그 자신도 적극적으로 간재와 교유를 시작하였다.

간재의 학문이 고을에 퍼지다

1900년대 의령에 기반을 둔 문인집단은 연재 송병선과 심석재 송병순, 그리고 간재(艮齋) 전우(田愚) 등 노론계열 학자들의 문하에서 수학하였다. 그렇지만 율산은 가세가 기울어진 이후 학문을 그만두면서 스승을 두지 못했다.

---

43 『栗山集』 卷2, 書「上宋淵齋先生」(秉璿) ○ 癸卯
44 『栗山集』 卷2, 書「上心石齋宋公」(秉珣) ○ 己酉
45 『栗山集』 卷3, 祭文「祭宋淵齋先生文」
46 『栗山集』 卷2, 書「與各邑校中」(己酉)

19세기 후반 이후 담양전씨 문중의 자제들 다수가 간재(艮齋) 전우(田愚, 1841~1922)의 문하로 들어갔다. 율산의 백형 전상직은 일찍부터 간재 전우와 교유했다. 간재가 생전에 작성했다고 하는 문인록인 『화도연원록(華嶋淵源錄)』을 보면, 의령 출신의 담양전씨가 70여 명을 차지하고 있는데, 다음 표와 같다.

간재 전우 초상(경상남도 유형문화재 제540호)

『화도연원록(華嶋淵源錄)』

의령출신 담양전씨 간재 문인

구분	이름(한자, 자, 호, 출생, 주소)
종유록(從遊錄)	전병순(田秉淳, 彝叔, 謙窩, 1816) 전시순(田蓍淳, 贊明, 栗里, 秉淳의 弟) 전은환(田殷煥, 乃見, 初谷, 1849) 전상직(田相稷, 舜弼, 耕雲, 1831) 전기오(田基五, 極見, 一醒) 전상권(田相權, 仁汝, 1846) 전구환(田九煥, 重眼, 農隱, 1854, 殷煥의 弟) 전중환(田中煥, 性乃, 春葩, 1871, 相權의 子) 전평진(田平鎭, 允章, 竹圃, 1864, 秉淳의 子)
관선록(觀善錄)	전기진(田璣鎭, 舜衡, 飛泉, 1889, 七谷面 陽泉里, 相權의 孫, 中煥의 子) 전용규(田溶奎, 元淑, , 1878, 一正洞面, 復陽里) 전용규(田溶珪, 雨現, 新庵, 1884, 一正洞面, 白谷里) 전형진(田亨鎭, 震若, , 1893, 七谷面 陽泉里, 殷煥의 姪, 璣鎭의 再從弟) 전형환(田衡煥, 孝範, 竹雲, 1893, 七谷面 軆仁里) 전기진(田麒鎭, 仁伯, , 1898, 大義面 杏亭里, 相武의 孫, 纘煥의子) 전상무(田相武, 舜道, , 1851, 大義面 杏亭里, 相稷의 弟) 전정진(田貞鎭, 安若, 野齋, 1901, 七谷面 陽泉里, 殷煥의 姪, 亨鎭의 弟) 전용기(田溶起, 如鵬, 晦東, 1902, 七谷面 陽泉里, 殷煥의 아우 九煥의 孫) 전상수(田尙秀, 熶植(悳), , 1897, 正谷面 白谷里) 전공진(田恭鎭, 君敬, , 1897, 大義面 下村里) 전진수(田縉秀, 廷益, , 1900, 大義面 下村里) 전성진(田成鎭, 就一, , 1899, 大義面 薪田里)
급문(及門)	전찬환(田纘煥, 緖重, 杏軒, 1881, 宜寧郡 大義面 杏亭里, 相武의 子) 전재진(田宰鎭, 衡萬, , 1905, 宜寧郡 七谷面 陽泉里, 璣鎭의 弟)
존모록(尊慕錄)	전용두(田溶斗) 전용린(田溶麟) 전태운(田太耘) 전병정(田炳貞) 전용식(田溶植) 전봉식(田鳳植) 전성진(田聖鎭) 전응호(田應鎬) 전찬진(田燦鎭) 전도진(田道鎭) 전영식(田永植) 전기수(田岐秀) 전용곤(田溶坤) 전용관(田溶瓘) 전용개(田溶凱) 전용상(田溶尙) 전성진(田聖鎭) 전수영(田守英) 전용서(田溶瑞) 전용문(田溶文) 전용관(田溶觀) 전용득(田溶得) 전귀진(田龜鎭) 전학수(田學秀) 전계진(田季鎭) 전두식(田斗植) 전용호(田溶鎬) 전호영(田浩永) 전덕수(田德秀) 전용해(田溶海) 전태식(田泰植) 전영식(田永植) 전용준(田容俊) 전범진(田範鎭) 전용탁(田溶倬) 전학배(田學培) 전록수(田祿秀) 전상원(田尙元) 전춘식(田春植) 전영식(田永植) 전호진(田壕鎭) 전학식(田學植) 전기운(田基蕓) 전하상(田夏相) 전성배(田性培) 전용목(田溶穆) 전중수(田重秀) 전병구(田炳九)

[비고] 『화도연원록(華嶋淵源錄)』 중 의령 출신의 담양전씨를 추출하고, 『간재선생문인록(艮齋先生文人錄)』과 『담양전씨송와공파보(潭陽田氏松窩公派譜)』(1998)를 참고하여 작성하였음.

『화도연원록』의 「종유록(從遊錄)」에는 간재와 교유하였던 담양전씨로 의령 출신의 유생은 전병순(田秉淳)과 전시순(田蓍淳), 전은환(田殷煥), 전상직(田相稷), 전기오(田基五), 전상권(田相權), 전구환(田九煥), 전중환(田中煥), 전평진

(田平鎭) 등이다. 그 밖에 의령 출신의 다른 성씨의 유생은 서기홍(徐基洪), 남문희(南文熙), 권인현(權仁鉉) 등으로 일찍부터 간재와 교유했다. 이중 주목되는 인사는 전상직과 전은환이다.

전상직(田相稷)은 율산의 형이며, 전은환(田殷煥)은 율산의 족질로 함께 과거시험을 보았던 인물이다. 또 전구환(田九煥)은 전은환의 아우이다. 부계(扶溪) 전병순(田秉淳)은 전시순(田蓍淳)의 형으로 일찍이 함양에서 부계정사(扶溪精舍)를 설립하여 문중 자제들을 교육하였다. 그리고 그 아들 전평진(田平鎭)은 의령읍지『의춘지(宜春誌)』간행의 도청(都廳)을 맡았던 인물로 일찍부터 간재와 교유하였다.

「관선록(觀善錄)」은 간재에게 집지(執贄)의 예를 행한 문인들을 기록하고 있다. 의령 출신 20여 명 중 담양전씨는 모두 12명이다. 그중 주목되는 인물은 율산(栗山) 전상무(田相武)와 초곡(初谷) 전은환(田殷煥)이다. 두 사람은 일찍이 과거시험에 함께 응시하기도 했다. 율산 전상무는 늦은 나이에 그 문하에 들었다. 그의 아들 전찬환(田纘煥)이 간재의 급문 제자이고, 손자 전기진(田麒鎭)도 1913년 간재의 문인으로 들어가 수학하였다. 율산은 아들과 손자가 간재의 문인으로 들어간 뒤, 1915년에야 그 문인이 되었다. 초곡 전은환의 동생은 전구환(田九煥)이고, 그 조카는 전형진(田亨鎭)과 전정진(田貞鎭)이고, 그 동생 구환의 손자가 전용기(田溶起)이다. 비천(飛泉) 전기진(田璣鎭)은 은환의 아우 중환(中煥)의 아들인데, 14살 때인 1904년 간재의 문인으로 입문하여 수학하였다.

「급문(及門)」제자로 의령 출신은 전찬환(田纘煥)과 전재진(田宰鎭)이다. 이들은 간재 문하에서 수학했지만, 아직 집지의 예를 행하지 못했던 사람이다. 전찬환은 전상무의 아들이고, 전찬환의 아들이 전기진(田麒鎭)이다. 전재진은 전기진의 아우이다.

「존모록(尊慕錄)」에 등재된 사람들은 문하에 들기를 청한 적이 없지만, 간재를 진실한 마음으로 존경하고 사모한 사람들이었다. 여기에 등록된 의령 출신은 77명인데, 그중 담양전씨는 모두 48명이다. 이들은 일찍이 간재와 교유했던 선비나 간재 문하에서 공부했던 문인들의 친족이다. 간재를 제향하는 의산서원(宜山書院)이 의령에 세워질 때 적극적으로 참여하였던 것으로 보인다.[47]

출처(出處)와 처신(處身)을 묻다

율산이 간재 전우와 교류하였던 사실을 보여주는 것으로는 1902년 편지가 처음이다. 의령지역에 많이 살고 있던 담양전씨들이 조상에 대한 위선 사업을 벌이는 과정에서 간재는 폭넓은 교유를 했고, 그 후손들을 문하에 받아들였다. 이 과정에서 일찍부터 율산과 간재 두 사람의 관계도 맺어진 것으로 보인다.

율산은 간재에게 1902년 「상간재선생(上艮齋先生)」(1902)을 시작으로 1921년 「상간재선생(上艮齋先生)」(1921)까지 20년간 모두 10여 차례의 편지를 보냈고,[48] 6차례의 답서[49]와 1차례의 편지[50], 1차례의 제발(題跋)[51]을 간재로부터 받았다.(그 내용에 대해서는 후술하겠다.) 이때 율산은 간재에게 현실 문제를 논의하였고, 간재는 율산에게 답장을 보내는 등 조언을 아끼지 않았다.

---

47 『華嶋淵源錄(乾)』(1962); 鄭碩謨編, 『艮齋先生文人錄』, 1934(국립중앙도서관 소장, 필사원본);『潭陽田氏松窩公派譜』(1998) 의산서원은 의령읍 서동에 있었다.
48 『栗山集』卷2, 書「上艮齋先生」(壬寅);「上艮齋先生」(乙巳);「上艮齋先生」(丁未);「上艮齋先生」(庚戌);「上艮齋先生」(辛亥);「上艮齋先生」;「上艮齋先生」(代宗中)(癸丑);「上艮齋先生」(乙卯)별지;「上艮齋先生」;「上艮齋先生」(辛酉) 등 10편
49 『艮齋集』後篇卷3, 書「答田相武」(癸丑);「答田相武」(乙卯);「答田相武」;「答田相武」(丁巳);「答田相武」(辛酉);「答田相武」(壬戌) 등 6편
50 『秋潭別集』卷2, 書「答田相武」(庚申)
51 『艮齋集』前篇續卷5, 題跋「題栗山亭額字後」(爲田舜道作)

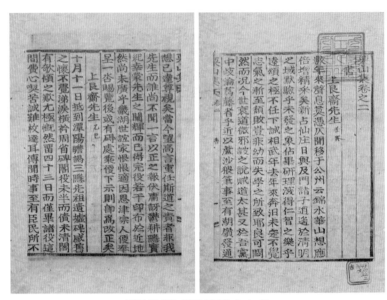

『栗山集』卷2, 書「上艮齋先生」(壬寅)

　간재는 외세의 침략에 즈음하여 주자학적 가치를 최고의 이념으로 생각하였던 유학자였다. 간재 역시 망국의 상황을 가슴 아파했지만, 예(禮)의 보존을 국가의 존망에 앞서는 것으로 인식하였다. 1905년 을사늑약 이후 망국의 상황 속에서 간재는 거지수의(去之守義)의 출처관(出處觀)에 따라 자정(自靖)과 강학(講學)의 길을 떠나 인적이 닿지 않는 고도(孤島)에서 은신하는 '둔적종신(遯跡終身)'을 택하였다. 그는 1908년 9월 서해의 고도인 왕등도(王嶝島)로 들어가 은둔생활을 시작하였고, 1912년 9월에는 계화도(繼華島)로 옮겨 1922년 죽을 때까지 은둔하였다.

　1905년 올린 편지 「상간재선생(上艮齋先生)」(1905)에서 율산은 그 심중을 다음과 같이 토로하였다.

　　요즈음 세상일을 전해 들으니, 신민(臣民)으로서 차마 말할 수 없는 것이 있게 되었습니다. 만약 참으로 이러하다면 의리(義理)가 존재하는 곳에서 장차 어떻게 처신할 수 있겠습니까? 다만 스스로 피눈물을 삼키며 어찌할 바를 모르겠습니다. 바로 문하(門下)에 달려가 의리에 맞는 처신과 입론을 어떻게 해야 하는지 듣고 싶지만, 집안일에 어려움이 많아 마음대로 할 수 없습니다. 참으로 한탄스러우나 어찌하겠습니까? 엎드려 바라옵건대 미혹함을 일깨우는 가르침을 내려주시어서 불의한 경지로 빠지지 않도록 해주십시오, 간절히 바라고 바라옵니다.[52]

이 편지에서 율산은 을사늑약에 즈음하여 망국의 사태에 직면한 선비의 의리에 맞는 '처신과 입론'에 대해 가르침을 청하였다. 곧이어 1907년 올린 편지 「상간재선생(上艮齋先生)」(1907)에서도 급변하는 세태의 변화에 대응하는 선비의 '처신과 입론'을 다시 묻고 있다.

  지금 금수(禽獸)들이 사람을 핍박(逼迫)하고, 사악하고 잘못된 말이 도리를 해침이 날로 심해지며, 우리나라의 덕망 있는 군자들이 차례로 순절(殉節)하고 있습니다. 사도(斯道)의 책임과 후학의 귀의할 곳은 우리 선생님 오직 한 분뿐입니다. 한스럽게도 문하에 몸을 맡겨 의리(義理)와 입론(立論)의 실마리를 듣지 못하고 있으니, 아랫사람으로서의 구구한 마음과 절실히 사모하는 마음이 어찌 다함이 있겠습니까?[53]

이와 같은 율산의 출처와 처신에 대한 고민은 1906년 봄 자굴산(闍崛山)에 들어가 "청명산실(淸明山室)"을 세우는 것으로 이어졌다. 그는 동지들과 더불어 강학과 예법을 토론하였고, 계를 만들어 강회(講會)를 시작하였다. 이것은 간재의 출처관(出處觀)에 따라 자정(自靖)과 강학(講學)을 실천한 것이었다.

---

52 『栗山集』 卷2, 書「上艮齋先生」(乙巳)
53 『栗山集』 卷2, 書「上艮齋先生」(丁未)

율산, 간재의 문인이 되다

율산은 그의 나이 65세가 되던 1915년 간재의 문하에 들어갔다. 이미 간재의 학문과 그 명성이 의령 일원에 널리 전파되어 담양전씨 일문의 선비들이 그 문하에 들어간 뒤였다. 1904년 집안의 족질 비천(飛泉) 전기진(田璣鎭)이 14살의 어린 나이로 간재의 문인이 되었고, 아들 찬환(纘煥)이 간재의 문인이 된 뒤, 1913년에는 손자 기진(麒鎭)도 간재의 문인으로 들어가 수학하고 있었다. 율산은 아들과 손자에 이어 1915년에 그 문인이 되었다.

당시 율산은 족질 전기진을 통해 예물과 편지를 보내고, 「팔회시지상간재선생(八悔詩贄上艮齋先生)」(乙卯)이란 시 한 수를 지어 제자의 예를 갖추었다.

> 「팔회시를 지어 간재선생께 올리다」
> 櫟栝生平事事悔 평소 생활 수정하려니 일일마다 후회되고
> 幼而不學晚尤悔 어린 시절 못 배워서 늙어 더욱 후회되며
> 未燃思煖空忙悔 불 지피지 아니하고 따스한 공상 후회되고
> 閉戶求明妄想悔 문 닫고서 밝기 구한 그 망상 후회되며
> 歲去年馳雖自悔 해가 가서 나이 드니 비록 절로 후회되니
> 朝聞夕死更何悔 아침나절 도 들으면 저녁에 죽은들 무슨 후회되랴
> 習荒或恐知難悔 젖은 습관 거칠어서 후회 알기 어렵기로
> 願向師門一改悔 사문 향해 찾아가서 한번 개회 원합니다.[54]

이에 간재는 제자 전기진을 통해 사양하는 말을 전하며, 편지로 "스승과 벗을 겸하는 사람으로 대접하겠다."라고 하였다.

> 기진(璣鎭)이 돌아와 간재(艮齋)의 말씀을 전하기를 "우경(寓耕)이라는 사람의 도량과 재능은 나보다 앞서는 것이 진실로 많으나 다만 학문과 지식이

---

54 『栗山集』卷1, 詩「八悔詩贄上艮齋先生」(乙卯)

조금 모자랄 뿐이므로 서로 처신(處身)함에 예를 다했고, 나의 마음도 미안하여 내가 사양하는 것이 좋겠다."라고 했다. 그러나 편지를 보내 말하기를 "종씨(宗氏)는 영남과 기호지방에서 노성(老成)한 선비이십니다. 사우(士友)들이 떠받들고, 다른 무리도 경탄(敬憚)합니다. 삼가 옛사람들처럼 이른바 스승과 벗을 겸하는 사람으로 대접하겠습니다."라고 하였다. 뒤에 매양 진현(進見)할 때면 말함에 공경함을 느슨하게 하지 않고, 절하면 반드시 예로써 답하니, 대체로 여러 제자와 달리 보았다. 이에 지역 안의 사우들이 모두 의춘(宜春)의 전우경(田寓耕)이 큰 덕이 있는 것을 알았다. 지산(志山) 김복한(金福漢)이 말하기를 "평소에 존양지의(尊攘之義)를 강의하시더니, 간재(艮齋)가 노우(老友)로 대접하였으니 그 현명함을 가히 알겠더라."라고 하였다.[55]

이리하여 율산은 간재의 제자가 되었다. 이때 중간에서 매개 역할을 했던 사람이 전기진이었다. 우경(寓耕)은 율산의 처음 호였다. 간재는 "우경(寓耕)이라는 사람의 도량과 재능은 나보다 앞선다."라고 하면서 그를 높이 평가하였다. 그리고 간재와 교유하였던 지산(志山) 김복한(金福漢)도 그를 '간재의 노우(老友)'로 평가하였다. 율산은 '필생의 소원'을 이루게 되었다고 기뻐하였다.

현실을 직시하다

문집 권2의 편지는 모두 64편이다. 율산이 평생 간재(艮齋) 전우(田愚)와 교유하며 보낸 편지 11편을 비롯하여, 연재(淵齋) 송병선(宋秉璿)과 그의 아우 심석재(心石齋) 송병순(宋秉珣), 노백헌(老栢軒) 정재규(鄭載圭)에게 보낸 편지 각 1편, 1896년 의령의진 해산 이후 선유사(宣諭使) 신기선(申箕善)에게 보낸 편지 1편, 의병장 신암(愼菴) 노응규(盧應奎)에게 보낸 편지 2편, 향리의 가까운 유생들에게 보낸 다수의 편지, 그리고 의령경찰서와 조선총독부에 보낸

---

55 『栗山集』卷4, 附錄「遺事」

편지 등이다.

율산의 편지는 역사적으로 중요한 사건을 겪으면서 자신이 직면한 현실적인 문제에 대해 서로의 뜻을 주고받은 것이다. 연재 송병선과 심석재 송병순, 그리고 스승 간재에게 보낸 편지는 대부분 학문과 당면한 문제에 대한 대응책을 묻는 것이다.

율산이 간재에게 보낸 첫 번째 편지는 1902년의 「상간재선생(上艮齋先生)」이다. 율산은 의령향교를 출입하며 1903년 무장농민군인 화적(火賊)에 대비한 「의춘향약절목(宜春鄕約節目)」의 제정, 선대 경은(耕隱) 전조생(田祖生)의 『경은선생실기(耕隱先生實記)』(1902)와 외가 쪽의 선조 도구(陶丘) 이제신(李濟臣)의 『도구선생실기(陶丘先生實記)』(1907) 간행 등으로 바쁜 시간을 보내고 있을 때였다. 그뿐만 아니라 지금까지 미뤄왔던 학문에 대한 열정으로 가까이 살고 있던 합천 삼가의 석오(石梧) 권봉희(權鳳熙), 의령 입산의 수파(守坡) 안효제(安孝濟), 합천 묵동의 노백헌(老栢軒) 정재규(鄭載圭) 등과 학문과 시사를 논의하고 있을 때였다.

『耕隱先生實記』(1902)　　　「先耕隱生實紀序」(田相武)

『陶丘先生實記』(1907), 「陶丘先生實紀跋」(田相武)

율산은 1902년부터 1921년까지 모두 11차례의 편지를 간재에게 올렸다. 편지의 내용은 노사(蘆沙) 기정진(奇正鎭)의 「외필(猥筆)」에 관한 문제, 의리(義理)와 출처(出處) 문제, 일제의 은사금(恩賜金)과 묘적법(墓籍法) 문제, 담양전씨 족보 간행 문제 등에 대해 조언을 요청하고 있다. 이것을 간략하게 표로 나타내면 다음과 같다.

율산이 간재에게 올린 편지(1902~1921)

년도	편지	내용	비고
1902	上艮齋先生(壬寅)	○蘆沙 奇正鎭의 猥筆에 관한 견해를 요청함	耕隱實記 1부 송부
1905	上艮齋先生(乙巳)	○義理에 맞는 處身과 立論에 관한 질의	
1907	上艮齋先生(丁未)	○義理와 立論에 대한 의견을 구함	陶丘先生實記의 서문을 요청함
	別紙	○清明山室을 짓게 된 내력과 闍崛山의 경승을 설명함	清明山室 편액을 요청함

1910	上艮齋先生(庚戌)	○綱常을 능멸하고 人倫을 무너뜨리는 날(國亡)에 대한 탄식	潭陽田氏 각파의 文行을 수집한 책의 교정을 요청함
1911	上艮齋先生(辛亥)	○門下에 들어가 處世의 義理를 듣고자 요청함	
	上艮齋先生	○일제의 稅金 賦課와 戶籍 謄錄에 관해 가르침을 요청함	繼華島를 방문할 계획을 알림
1913	上艮齋先生(癸丑)	○성인의 말씀과 망한 나라를 바로 잡을 사람으로 간재를 칭송함	
1915	上艮齋先生(乙卯)	○문인이 되어 八悔詩 한 수를 올림	
	別紙	○간재의 性師心弟의 학설을 칭송함 ○墓籍法에 대한 가르침을 요청함	
1921	上艮齋先生(辛酉)	○집안 족보에 관해 문의함	

『栗山集』卷2, 書「上艮齋先生」

율산은 의령의진의 창의 과정에서 선유사 신기선(申箕善)에게 1차례, 의병장 노응규(盧應奎)에게 2차례의 편지를 보내고 있다. 선유사 신기선에게 보낸 편지는 국왕의 애통조(哀痛詔)를 받고 해산한 의병을 관군이 탄압하고 있는 상황에 대해 항의하는 것이다. 의병장 노응규에게 보낸 편지 하나는 의령의진 창의 과정에서 창의장으로 추대한 데 대해 사양하는 것이고, 다른 하나는 안의(安義)에서 창의하여 진주성을 점령한 의병장 노응규와 의병부대의 전략을 논의하는 것이다. 그리고 의령군 주재소에 보낸 「저본군주재소(抵本郡駐在所)」(1910)는 1910년 일제가 내린 은사금의 수령을 거부한 것이고, 「저총독부(抵總督府)」(1915)는 1915년 일제가 제정 공포한 묘적법을 거부한 것이다.

그 외에도 율산은 향리 의령을 비롯한 경상우도 일원의 유생들에게 많은 편지를 보내고 있다. 그중에 주목되는 것은 1913년 국왕의 밀칙을 받은 뒤 파리장서운동, 조선민족대동단의 독립선언 등을 논의했던 의령 유생 오당(迂堂) 조재학(曺在學)과 수파(守坡) 안효제(安孝濟), 그리고 진주 유생 여인헌(與人軒) 하재화(河載華) 등에게 보낸 편지이다.

제2장

의령의진의 창의와 투쟁

제1절 의령의진의 창의

1. 전상무의 역사 인식

국내·외 상황을 통찰하다

율산은 평소 젊었을 때 학문에 전념하지 못했던 것을 안타까워했다. 그러나 그것은 성리학에 관한 공부였을 뿐, 그는 개항기를 살았던 유생으로서 상당한 수준의 학식을 갖추고 있었고, 급변하는 국내·외 정세를 통찰할 수 있는 식견도 가지고 있었다.

『栗山集』卷3, 雜著「赤猿日記」

「宜寧前部將李淸魯倡義錄」(『李鶴叟從征日錄』)

율산은 젊은 시절 족질 초곡(草谷) 전은환(田殷煥)과 함께 과거시험에 응시하였고, 두 차례의 상소(上疏)에 참여하기도 했다. 즉 1876년 강화도조약 체결과 1884년 변복령에 공포에 반대한 상소이다. 상소의 내용은 알 수 없지만, 그는 의령 출신의 관료 석오(石梧) 권봉희(權鳳熙)나 수파(守坡) 안효제

(安孝濟) 등과 같이 현실을 인식했던 유생이었고, 국내·외 정세에 대한 식견과 판단이 남달랐던 위정척사사상(衛正斥邪思想)을 가진 유생이었다.

의령의진의 진중 기록인 「적원일기(赤猿日記)」에서 율산은 당시 국내·외 정세를 매우 정확하게 기록하고 있다. 그는 서울에서 멀리 떨어진 지방에 살고 있던 유생이었지만, 조정의 정치적 상황과 서구세력의 침략, 그리고 조선을 두고 벌이는 청일 양국의 각축을 정확히 인식하고 있었다. 그는 「적원일기」에서 1884년 12월 갑신정변(甲申政變), 1894년 동학농민혁명과 청일전쟁 및 갑오개혁, 그리고 1895년 8월 명성황후 시해와 11월의 단발령까지의 국내·외 상황을 기록하였다. 나아가 1895년 12월부터 홍주의 이승우(李勝宇), 안동의 권세연(權世淵), 안의의 노응규(盧應奎), 장성의 기우만(奇宇萬), 충주의 민긍호(閔肯鎬) 등의 창의를 거론하면서 1896년 1월 7일부터 3월 8일까지 의령의진의 창의 경위와 활동을 기록하였다.

율산은 「적원일기」에서 "이것은 초옥의 가난한 선비가 마땅히 기록해야 하는 것은 아니지만, 그러나 당시의 유생이 전하지 않으면 뒷날에 역사를 쓰는 사람이 어찌 널리 채록할 수 있겠는가."라고 하면서 의령의진의 전말을 남겼다.[56] 또 그가 쓴 「의령전부장이청로창의록(宜寧前部將李淸魯倡義錄)」(전상무)에서도 "상무(相武)는 군대에 종사하며 전말(顚末)을 목격하였다. 그래서 다만 실제 있었던 사실만을 기록하고 감히 미화하지 않는다. 정의를 좋아하고 화려하게 꾸미지 않는 역사 기록자가 채택해 주기를 기다린다."라고 하였다.[57] 모두 의령의진의 전말과 율산의 역사 인식을 이해할 수 있는 귀중한 사료이다.

---

56 『栗山集』卷3, 雜著「赤猿日記」
57 「宜寧前部將李淸魯倡義錄」(전상무), 『李鶴叟從征日錄』(이하 「倡義錄」으로 씀)

갑신정변 이후의 역사를 서술하다

「적원일기」에서 율산이 기록한 갑신정변 이후의 역사는 위정척사론적인 관점에서 서술되고 있다. 그는 권봉희와 안효제, 그리고 정재규 등 의령을 비롯하여 합천 등 주변 지역에 살고 있었던 유생들의 영향을 받았다. 권봉희와 안효제는 시정을 논하고 비판하는 상소를 올려 1893년 9월 각각 흑산도(黑山島)와 추자도(楸子島)에 위리안치되었던 관료였다.

율산이 영향을 많이 받았던 인물은 권봉희이다. 그는 1893년 흑산도로 귀양을 가던 권봉희를 9월 17일 삼가(三嘉)에서 만났고,[58] 오랜 시간 동안 시사를 논하고 시를 지어 송별하였다.[59] 이러한 만남을 통해 개항 이후 국내·외 정세에 대한 식견을 넓혔을 것이다.

율산은 「적원일기」에서 1884년 12월 일어난 갑신정변을 일본의 사주를 받은 박영효(朴泳孝)와 서광범(徐光範)의 반역 사건으로 파악하였다. 그는 보수적인 유생들이 가지고 있었던 위정척사적인 관점으로 갑신정변(甲申政變)과 그 이후 일어난 일련의 사건들을 비판하였다. 또 일본으로 망명한 박영효와 서광범에 대해 "팔도의 백성들은 절치부심하여 그 고기를 먹지 못한 것을 한탄하지 않는 사람이 없다."라고 분개하였다. 그리고 박영효와 서광범을 앞세운 일본군의 진주가 불러온 청일전쟁(淸日戰爭), 갑오개혁(甲午改革), 그리고 대한제국(大韓帝國)의 선포(宣布) 등에 대해서도 크게 탄식하였다.

1894년 동학농민군의 봉기와 이를 진압하는데 청군과 일본군을 불러들인 정부의 처사를 개탄하였다. 또 율산은 동학과 동학농민군의 봉기에 대해 위정척사론적 관점에서 비판하였다. 즉 동학을 한(漢)나라의 황건적(黃巾賊)

---

58 權鳳熙,『石梧集』卷4, 雜著「癸巳日記」
59 『栗山集』卷1, 詩「奉送權石梧鳳熙流黑山島」(癸巳)

과 같다고 하였는데, 이것은 전 정언 안효제가 1893년 8월 21일 올린 상소 「청참북묘요녀소(請斬北廟妖女疏)」에서 동학과 동학교도를 좌도(左道)와 비류(匪類)에 비유한 것이나[60] 전 사간 권봉희가 같은 날 올린 상소 「칠조구폐소(七條救弊疏)」에서 사설(邪說)과 화적(火賊)에 비유한 것[61]과 비교하여 차이가 없는 내용이다. 그렇지만 율산은 일본군의 동학농민군 진압에 대해서는 매우 비판적이기도 했다.

1894년 8월과 9월 동학농민군은 진주(晉州)와 하동(河東)을 함락하였다. 이미 율산은 1893년에 마을 뒷산에 있는 마고성(麻姑城) 옛터에 민보(民堡)를 구축하고 민보군(民堡軍)을 결성하여 대비하고 있었다.[62] 그렇지만 율산은 "저들이 비록 교화를 받지 못한 백성이지만, 또한 우리 백성이다."라고 하며, "후세에 웃음거리가 됨을 면치 못할 것"이라고 하여 정부의 동학농민군 진압에 대해서 매우 회의적이었다.

또 그는 1894년 7월부터 시작된 청일전쟁의 전말을 상세하게 기술하고 있다. 동시에 갑오개혁은 "오랑캐의 법"을 따르도록 한 것이고, 대한제국의 선포에 대해서도 "우리나라로서는 통쾌한 일이나 실제로 황제를 칭할 힘이 없어 일본의 힘을 빌렸다."라는 점을 지적하며 우려하였다.

끝으로 그는 8월 20일(양 10. 8) 일본 낭인(浪人)들이 경복궁에 난입하여 저지른 명성황후시해사건(明成皇后弒害事件)과 11월 15일(양 12. 30) 공포한 단발령(斷髮令)에 대해서도 그 전말을 자세하게 기록하였다.

율산은 명성황후시해사건을 민씨(閔氏)들과 권세에 불만을 가진 세력 간의 권력투쟁으로 파악하였다. 나아가 "왜병들이 흥선대원군과 더불어 입궐하여 내전을 포위하고 갑자기 황후를 시해하였다."라고 기록하여 당시 떠도는

---

60 安孝濟, 『守坡集』 卷2, 「請斬北廟妖女疏」; 『高宗實錄』 卷30, 1893年 8月 4日.
61 權鳳熙, 『石梧集』 卷2, 「七條救弊疏」; 『高宗實錄』 卷30, 1893年 8月 4日.
62 『栗山集』 卷4, 附錄「遺事」

풍설을 사실로 받아들이고 있지만, 전혀 근거가 없는 이야기는 아니었다.

단발령에 대해서도 그는 "임금을 시해하고 나라를 탈취하는 것보다 심한 것"으로 인식하였다. 그뿐만 아니라 "날마다 각 군수는 인민에게 단발을 재촉하니 이때 전국이 들끓어 비록 평범한 사람들이라도 모두 의병을 일으켜 적을 토벌하고자 하였다."라고 평가하였다. 그는 을미의병의 원인을 명성황후시해사건과 단발령에서 찾고 있다.[63]

이처럼 율산은 「적원일기」에서 1884년 12월 갑신정변 이후 1895년 8월 명성황후시해사건과 11월 단발령 공포까지의 역사와 그 인과 관계를 기록하였다. 비록 풍설을 빌려 서술하기도 했지만, 여기에서 개항기를 살았던 보수적인 유생의 위정척사론적 역사 인식을 엿볼 수 있다.

2. 의령의진의 창의 경위

묵동(墨洞) 회의에 참가하다

1896년 정월 전국 각처에서 의병이 일어났다. 이때 율산은 "삼가(三嘉)의 사림(士林)들이 뇌룡정(雷龍亭)에 모여 일을 계획하고 있다."라는 풍문을 들었다. 정월 7일(양 2. 19) 그는 몇 사람의 동지들과 함께 뇌룡정으로 갔었는데 한 사람도 없었다. 그는 친구 유원경(柳元卿)으로부터 유생들이 합천의 묵동(墨洞)에서 아직 내려오지 않고 있다는 이야기를 들었다. 이튿날 정월 8일(양 2. 20) 그는 합천군 쌍백면 묵동을 향해 출발하였다.

---

63 『栗山集』卷3, 雜著「赤猿日記」

뇌룡정(雷龍亭)(경남 합천군 삼가면 외톨이), 남명 조식이 뇌룡정을 짓고 학문을 연구하고 제자들을 가르쳤던 곳이다.

노백헌 정재규 생가(경남 합천군 쌍백면 묵리)

묵동은 노백헌 정재규의 향리이다. 정재규의 산재(山齋)에는 삼가의 권봉희를 비롯하여 근처에 있는 고을의 선비들 몇 명이 모여 있었다. 정재규는 율산의 손을 잡고 환대하였다. 그는 정재규·권봉희 등과 함께 "대저 선비의 살신성인은 도의로 몸을 희생하는 아름다운 것(夫士之殺身成仁, 以道殉身義則美矣)"이라고 결의한 뒤 창의를 약속하였다. 그리고 그는 다음과 같은 계책을 제시하였다.

> "진양(晉陽)은 영남 우도의 울타리이나 간사한 무리가 점거한 바가 되었으니 작은 고을의 힘으로는 먼저 일어나기 어려울 것입니다. 금일의 일은 단지 의분이 솟구친 것으로 아직 임금의 명령이 없으니 저들은 반드시 여러 고을에 호령하여 군사로써 막을 것입니다. 이는 앞뒤로 적을 맞아 싸우는 것이니 비록 지모가 있는 사람이라도 역시 스스로 꾀하기 어려울 것이니 어찌 위험하지 않으리오. 또 병법서에 이르기를 '일은 먼저 움직이지 않고 흐름을 따른다.'라고 했습니다. 중대한 일일 것 같으면 어찌 가벼이 할 수 있겠습니까? 저는 비록 재주가 없으나 한때 유세(遊說)의 기술을 배웠으니 돌아가 우리 고을 선비들의 의논을 들어보겠습니다. 또 진양(晉陽)이 먼저 움직이도록 하여 진양(晉陽)에서 먼저 거의한 후에 따라서 일어날 것 같으면 경상우도 여러 고을이 모두 풍문을 듣고 스스로 움직일 것입니다. 이같이 하면 대구의 관군은 공격하지 않고서도 무너질 것이니 어찌 완전한 계책이 아니겠습니까?"[64]

율산의 계책에 정재규 등 선비들은 모두 찬성하였다. 그날 밤 그는 묵동의 정재규 집에서 묵은 뒤, 이튿날 향리 행정으로 돌아왔다.

노응규 진주를 점거하다

율산은 1월 9일 향리 행정에 돌아와 안의(安義)에서 창의한 노응규가 7일 새벽 진주성을 습격하여 점거했다는 소식을 들었다. 다음 날 10일(양 2. 22)

---

64 『栗山集』卷3, 雜著「赤猿日記」

극로(極老) 홍종성(洪鍾性)과 부장(部將) 이청로(李淸魯)를 진주로 보내 사실을
확인하였다.

신암(愼菴) 노응규(盧應奎, 1861~1907)의 자는 성오(聖五) 혹 경오(景五), 호
는 신암(愼菴), 본관은 광주(光州)이다. 1861년 경남 안의군(安義郡, 현 함양군)
안의면(安義面) 본당리(本堂里) 죽전(竹田)에서 노이선(盧以善)의 2남으로 태어
났다.[65] 그는 30세가 되던 1882년부터 면암(勉菴) 최익현(崔益鉉)을 사사(師
事)하였고, 이어서 입재(立齋) 송근수(宋近洙), 연재(淵齋) 송병선(宋秉璿)의 문
하에서 수학하였다.

노응규는 1896년 1월 7일 안의에서 승려 서재기(徐再起)를 선봉장(先鋒將)
으로 삼고, 문인 정도현(鄭道玄)·박준필(朴準弼)·최두원(崔斗元)·최두연(崔斗
淵), 전사과(前司果) 임경희(林景熙), 사인(士人) 성경호(成慶昊) 등을 규합하여
창의하였다. 그날 밤으로 진주를 공략하여 관리 수삼명(數三名)을 죽였다.
그리고 관찰사 조병필(趙秉弼), 경무관 김세진(金世鎭) 등의 관리들이 달아났
으므로 진주성을 장악하였다. 또 참서관(參書官) 오현익(吳顯益)은 진주성을
탈출, 삼가(三嘉)의 토곡(土谷)까지 도주하였으나 그곳 방수군(防守軍)에게 잡
혀 진주로 압송되었다. 그는 심문을 받던 중 대구부에 구원병을 요청하는
경무관의 서한이 발각되어 1월 18일(양 3. 1) 효수(梟首)되었다.[66]

한편, 진주부민(晉州府民)들도 봉기하여 정한용(鄭漢鎔)을 진주의병장(晉
州義兵將)으로 추대하고 성내에 주둔하고 있는 노응규의 의병진에 호응하였
다. 이리하여 노응규는 성내에, 정한용은 성외에 포진하였고, 곧이어 전 찰
방 오종근(吳鍾根)이 합세하였다. 그리고 삼가의 전수찬 권봉희(權鳳熙)와 합

---

65 許善道, 「倡義將愼菴盧應奎先生抗日鬪爭略傳」, 1967. 전상무는 「적원일기」에서 의
   령에서 안의로 옮겨갔다고 하였다. 또 다른 기록은 선대에 초계에서 안의로 옮겨
   살았다고도 한다.
66 「探査探情記」, 『駐韓日本公使館記錄』5, 國史編纂委員會, 36쪽 ; 「倡義所探情記」, 같
   은 책, 34쪽

천의 정재규(鄭載圭)를 군사(軍師)로 추대하여 진용을 갖추었다. 그 뒤 노응
규와 정한용은 각기 임금 앞으로 창의소(倡義疏)를 올렸고, 나아가 사방으로
격문을 보내 창의에 적극적으로 참여할 것을 호소하였다.[67]

향회를 열어 진주에 호응하다

의령향교(의령군 의령읍 서동리 393)

1월 10일(양 2. 22) 율산은 친구 극로(極老) 홍종성(洪鍾性)과 부장(部將) 이청
로(李淸魯)를 진주로 보내 동정을 살피도록 하였다. 그리고 1월 11일(양 2. 23)
부터 합천, 1월 13일 의령 등지를 순행하며 민심을 살핀 뒤, 1월 14일(양 2.
26) 의령읍으로 들어갔다. 이날 의령향교에서는 향내 유림이 창의를 논의하
기 위한 향회를 열었는데, 의령에서도 진주에서 의병장 노응규가 보낸 격문
에 호응하여 창의를 논의하였다. 이때 그는 다음과 같은 방안을 제시하였다.

67 許善道, 「倡義將愼菴盧應奎先生抗日鬪爭略傳」, 1967.

"진양에서 먼저 창의하였으니 우리 고을이 비록 가만히 있으려 해도 어찌 그럴 수 있겠는가? 요구에 호응하는 것도 실로 감당하기 어렵다. 또 대구의 병정이 오래지 않아 도달할 것이다. 본 고을은 두 지역 사이에 있으면서 이러기도 어렵고 저러기도 어려우니 같은 소리로 서로 호응하는 것이 좋겠다. 생각건대 우리 고을의 세력으로는 어찌할 도리가 없으니 진양 사람들이 지켜준다면 화를 면할 수 있을 것이다."68

이 향회에서는 율산의 제안에 따라 진주로 사람을 파견하였다.

1월 15일(양 2. 27) 정월 대보름 수천 명의 사람이 장대(將臺)에 모여 줄다리기 놀이로 결속을 다지고 있었는데, 대구에서 파견된 관군 5·6십 명이 들이닥쳤다. 이때의 상황을 「적원일기」에서는 다음과 같이 기록하고 있다.

갑자기 오륙십여 명의 병정(兵丁)이 대구(大邱)에서 내려와 진주(晉州)로 간다면서 고을 원을 위협하고 부형을 결박하며 돈과 재물을 토색(討索) 하니 고을이 송연해져 줄다리기 역시 하지 못하고 그만두었다. 즉시 의병소에 통기하고 고을 사람들과 읍리(邑吏)들은 모두 줄다리기하는 사람들을 몰아 저들 병정을 물리치고자 했다. 나는 "그러지 말라. 진주(晉州)의 일이 끝내 결실이 없을 것 같으면 도리어 화근을 불러올 것이니 다른 의병소에 조처를 맡기고 지휘를 따르는 것이 좋을 것이다."라고 말했다. 그날 밤 진주에서 온 사람들이 군사를 거느리고 온다고 했다. 16일 신해(辛亥), 아침을 먹은 뒤 그들도 진주의 군사가 온다는 것을 알고 도망쳤다. 이런 내용을 (진주)의병소에 다시 알려주고 군사를 돌리도록 하였다.69

이런 상황에서 향회에서 논의한 대로 율산을 비롯한 유생 몇 명이 진주로 가서 창의를 상의하기로 하였다. 1월 16일(양 2. 28) 밤 그를 비롯한 유생들은 의령읍을 출발하여 삼가(三嘉)에서 유숙하였다.

---

68 『栗山集』卷3, 雜著「赤猿日記」
69 위와 같은 책.

노응규, 율산을 의령창의장에 추대하다

1월 17일(양 2. 29) 새벽 삼가에서 출발한 율산을 비롯한 유생들이 북창점(北倉店)에 도착했을 때, 진주에서 파견된 의병들을 만났다. 진주의병들은 율산을 의령 창의장으로 삼는다는 노응규의 뜻을 전하며, "의령(宜寧)과 함안(咸安)에서 빨리 의병을 일으키기 바란다."라고 하였다. 곧이어 의령 관아에 소속된 하인 한 명이 율산을 의령창의장(宜寧倡義將)으로 추대한다는 노응규의 편지를 가져왔다. 이때의 상황을 「적원일기」에서는 다음과 같이 기록하고 있다.

> 의병부대의 사람이 말하기를 "손님이 이미 경계에서 주인을 만났으니 달리 말하는 것은 불가합니다. 하물며 의령을 지키는 것이 다른 것보다 더 급하니 함께 돌아가 의병을 일으킨 뒤에 진주로 들어가도 늦지 않을 것 같습니다."라고 하였다. 내가 말하기를 "한 고을의 선비들이 모두 주인인데 어찌 우리 한두 명이 있어야 하겠습니까?"라고 하니, 진주 사람이 웃으며 말하기를 "창의장(倡義將)을 버리고 누구와 더불어 기병(起兵)하리오."라고 하며 끝내 만류하니, 나 역시 어떻게 해야 할지 몰랐다. 얼마 후에 관청의 하인 한 명이 와서 편지 한 통을 전하는데, 서찰을 보니 진주의소(晉州義所)에서 나를 본 읍의 창의장(倡義將)으로 삼는다는 것이다. 나는 진주 사람을 보고 이르기를 "노응규장군(盧應奎將軍)의 일 처리가 어찌 이같이 경솔합니까? 사람을 쓰는 방법에는 그 얼굴을 보고, 그 말을 듣고, 그 재주를 시험한 연후에 현명하고 현명하지 못함을 알고서 임명해야 하거늘 어찌해서 평소에 알지도 못한 입장에서 경솔하게 임명하십니까?"라고 하였다. 진주 사람이 말하기를 "대면하기는 비록 처음이나 이름은 이미 잘 알고 있으니, 의리상 고사(固辭)하기 불가합니다. 그만두더라도 나중에 가서 말해도 늦지 않습니다."[70]

율산은 의령읍으로 돌아왔다. 그가 의령으로 돌아오는 도중에 의령창의

---

70 『栗山集』卷3, 雜著「赤猿日記」

장으로 추대되었다는 소문이 각처로 전해졌다. 그가 진주에서 파견된 의병들을 앞세우고 의령읍으로 행군하는 과정에서 삼가 사람들은 술과 담배를 준비하여 맞이해 주었다. 의령읍에서는 아전들이 풍악을 울려 맞이하였고, 군수도 역시 성을 나와 맞이해 주었다. 장교청(將校廳)에 진영이 머물렀는데, 군수가 친히 주연을 베풀었다.

대구 관군에 체포되다

1월 18일(양 3. 1) 장교청(將校廳)에서 군수가 주연을 베풀어 인사를 나누려고 하는데, 포성이 크게 진동하며 대구 관군이 다시 공격해 왔다. 의령으로 돌아온 율산이 창의하고 진용을 편성하기도 전에 대구 관군의 공격을 받은 것이다.

진주를 공격한 대구 관군은 1월 7일(양 2. 19) 새벽 노응규가 진주성을 습격하여 점거하자 도망친 진주경무관(晉州警務官) 김세진(金世鎭)이 대구진위대에서 지원받은 약 60여 명이었다. 『주한일본공사관기록(駐韓日本公使館記錄)』에 의하면, 이때의 정황을 다음과 같이 보고하고 있다.

> "진주부(晉州府)에서는 2월 22일경(음 1. 10) 폭도 수백 명이 봉기하자 관찰사(觀察使) · 경무관(警務官) 등은 대구로 도망하고, 2월 25일(음 1. 13) 대구에 있는 한병(韓兵) 60명이 폭도 진무(鎭撫)를 위하여 그곳으로 내려갔는데, 폭도와 싸워 패주(敗走)하였다."[71]

즉 1월 13일(양 2. 25) 대구에서 출발한 관군이 1월 18일(양 3. 1) 의령을 공략한 것이다. 이에 진주에서 온 장수는 군사를 재촉하며 떠나려 하였다.

---

71 「安東 · 驪州 · 忠州 · 晉州 등 各地 暴徒의 情況報告」, 『駐韓日本公使館記錄』8, 國史編纂委員會, 237쪽

이때 율산은 도망하려는 진주에서 온 장수를 만류하며 다음과 같은 계책을 제시하였다.

> "대저 용병법에는 먼저 적정(賊情)을 살피고, 또 승패(勝敗)를 계산한 뒤에 군사를 나아가게 하는 것이 좋을 것인데, 어찌 약속(約束)도 없이 가벼이 움직이십니까? 적이 다시 오면 저들은 반드시 군사를 더 보태고 우리의 적고 약함을 알고 있는 까닭에 갑자기 습격할 계책을 쓸 것입니다. 놀라 동요하지 말고 군사를 남문 안 장벽 사이에서 매복하고 잠깐 기다리면서 진주에 빨리 통보하고 나아가 구원하여야 합니다. 본부의 군사를 시켜 북쪽 산을 따라 동쪽으로 나아가 후방을 기습하는 모습을 보이면 저들이 비록 우리를 업신여길지라도 감히 가벼이 성으로 들어오지 못할 것입니다. 이것을 적은 병사로 많은 적을 대적하는 계책이라고 합니다."[72]

율산의 만류에도 불구하고 진주에서 온 이·오(李·吳, 조방장 李奎成과 중군장 吳鍾根) 두 사람은 부대를 이끌고 향교 뒤 북산(北山) 송림(松林)으로 도주하였다. 그는 다시 진주에서 온 장수를 찾아가 함께 대구 관군을 방어할 계책을 논의한 뒤 성안으로 들어갔다. 그러나 이미 군수의 종적은 찾을 수 없었고, 성안의 사람들도 흩어지고 없었다.

의병은 성패를 따지지 않는다

1월 18일(양 3. 1) 율산은 성안으로 진입한 대구 관군에게 체포되었다. 대구 관군은 진주 의병과 고을 사람들이 있는 곳을 물으며, "만약 바른대로 고하지 않으면 당장 죽이겠다."라고 협박하였다. 그러나 그는 "의병은 나라를 위해 원수를 갚으려는 것"이라 주장하며 항변하다가 관군의 진중에 억류되었다. 그를 비롯하여 전성규·홍극노·인견보 등의 유생, 고을 사람들과

---

72 『栗山集』 卷3, 雜著 「赤猿日記」

읍리(邑吏), 그 밖의 수십 인이 결박되어 곤욕을 치렀다. 이때 그는 진주경무관의 심문에 대응하여 다음과 같이 창의의 당위성을 주장하였다.

 "충심에서 말할 것 같으면 국가에 녹을 먹는 사람이 먼저 일어나는 것이 당
 연하거늘 어찌 서생(書生)이 일어나길 바라는가? 그러나 의(義)라는 한 글자
 는 다만 충분(忠憤)에 격동된 것이지 성패(成敗)를 따져보고 거병하는 것은 아
 니다."73

 그리고 율산은 "본 고을의 창의(倡義)는 나에게 책임"이 있다고 주장하며 억류된 다른 사람은 모두 방면할 것을 요구하였다. 이리하여 모두 방면되고 그만이 억류되었다. 1월 20일(양. 3. 3) 진주에서 원병(援兵)이 왔다. 대구 관군이 당황하는 사이에 그는 파수(把守)하는 군사를 설득하여 탈출하였다.

진주의병, 의령에 진출하다

 1월 20일(양. 3. 3) 진주 의병이 의령읍으로 들어오고, 관군은 교동(橋洞) 뒷산으로 후퇴하였다. 진주의병의 창의 이후 첫 번째 승리였다. 이때의 상황을 율산은 「적원일기」에서 다음과 같이 기록하였다.

 멀리서 진주의 의병을 보니 길을 나눠 내려온다. 원근의 마을 사람들이 뒤
 따르며 도우니 세력이 비바람 같았다. 저들이 산야를 가득 채운 것을 보았는데
 모두 진주의 의병이다. 진주의 의병들이 삼면을 둘러싸고 큰 강이 앞을 가로막
 고 있어 저들은 솥 안의 물고기와 같았다. 또 적병 한 사람은 탄환에 맞아서 죽
 으니, 저들은 당황하고 겁에 질려 계획을 세우지 못하고 마침내 죽을힘을 다
 해 포위망을 뚫고 교동(橋洞) 뒷산으로 곧바로 올라가 겨우 살길을 얻었다. 마
 침내 교동 마을 가옥에 불을 지르며 마을 사람들을 위협하고 술과 음식을 토

---

73 『栗山集』 卷3, 雜著 「赤猿日記」

색(討索) 하였다. 진주 의병이 비록 4면으로 포위하였으나, 저들은 산 위에 있고 우리는 산 아래 있으므로 포착(捕捉)할 길이 쉽지 않았다. 또 진주 의병은 인시(寅時)부터 사시(巳時)까지 70리 정도를 달려왔으니 군마(軍馬)가 굶주려 육박전(肉薄戰)을 벌일 수 없었다. 저들 병사들이 틈을 타 도주하니 역시 뒤를 추격하지 못하고 돌아와 성으로 들어왔다. 성안의 점막(店幕)은 모두 비었고, 관리들은 도망하여 아직 돌아오지 않아 군사들을 먹일 방법은 실로 주선(周旋)하기 어려웠다.[74]

또 『주한일본공사관기록』에 의하면, 진주에 파견된 정탐 관리의 보고 중, 진주 의병의 의령 공략과 승리에 대한 다음과 같은 기록도 위 「적원일기」와 함께 당시의 상황을 이해하는 데 도움이 된다.

진주경무관(晉州警務官)이 대구(大邱)에서 청병(請兵)하여 1백 명이 1일 의령군(宜寧郡)에 도착 공형(公兄)을 붙잡아서 겨우 500냥을 뺏고 또 군기(軍器)를 탈취하여 백성들을 모집, 대오(隊伍)를 정비하였다. 본군수(本郡守)는 겁에 질려 도피하였다가 향교(鄕校)에서 남모르게 창의소(倡義所)를 비밀히 살펴보게 하였는바, 서선봉(徐先鋒) 및 본주(本州) 오선봉(吳先鋒), 좌우익장(左右翼將), 중군장(中軍長) 합하여 5장(五將) 하의 졸병(卒兵) 5백 40명이 그날 밤 곧바로 의령군(宜寧郡)으로 진군하였는데, 경무병(警務兵)은 의병(義兵)이 온다는 것을 듣고 탈취한 군기(軍器)와 전량(錢輛)을 의령읍(宜寧邑)의 이름을 알 수 없는 김가(金可)의 집에 맡겨 두고 정암진(鼎岩津) 등에 나가서 출진하였으나 의병(義兵)이 사면으로 공격 포위하여 오므로 경무병(警務兵)은 냇물을 건너 도주하였다. 의병(義兵)이 경무병(警務兵) 3인을 포살(砲殺)하여 참수(斬首), 효수(梟首)하고 백달마(白達馬) 한 필로 의령읍(宜寧邑)에 들어가니 경무관이 탈취한 군기(軍器)와 전량(錢輛)을 도리어 공형처(公兄處)에 돌려주고, 곧 회군(回軍)하여 소 한 마리를 잡아 병사들에게 먹였다고 한다.[75]

---

74 『栗山集』卷3, 雜著「赤猿日記」
75 「晉州暴民 鄭漢鎔의 上疏 및 賊情探偵記 송부 건」, 『駐韓日本公使館記錄』8, 國史編

김세진이 이끄는 대구 관군은 패하여 대구로 달아났다. 이 전투에서 진주의진 선봉장 서재기(徐再起)와 진주의진 중군장 오종근(吳鍾根)은 김세진이 이끄는 "경무병(警務兵) 3인을 포살(砲殺)하여 참수(斬首), 효수(梟首)"하였고, 이들이 의령에서 "탈취한 군기(軍器)와 전량(錢糧)"을 회수하여 공형처(公兄處)에 돌려주는 등 크게 승리하였다. 그는 고을 사람들과 성 근방의 부민을 지휘하여 군사들을 위무하였다.

그날 밤 진주의병은 회군하여 진주로 돌아갔다. 율산은 회군을 만류하였으나, 진주의진의 중군장 오종근(吳鍾根)은 "밤에 수비할 대책이 있어야 하는데, 지형이 험하고 평탄함은 실제로 살피기 어려우므로 부득이 회군한다."라고 하였다. 이에 그는 크게 실망하고, 그날 밤 옛 향리에 있는 칠곡서재(七谷書齋)에 올라가 유숙하고, 이튿날인 1월 21일(양 3. 4) 향리 행정으로 돌아갔다.

제2절 의령의진의 조직과 김해전투

1. 의령의진의 조직

진주의진 조방장 이규성과 논의하다

율산은 향리 행정에서 진주의병장 노응규로부터 2차례의 편지를 받았다. 첫 번째는 1월 21(양 3. 4)일 행정에 돌아간 뒤, 편지와 말을 보내 한번 만나자는 요청이었고, 두 번째는 2월 1일(양 3. 14) "지난날 가르침은 세상을 구할 경륜이고, 한 시대를 구할 약석(藥石)이었습니다. 귀하의 고을 선비들에게 들으니 이제 몸을 추슬렀다고 하는데, 바라건대 한번 찾아오시어 잘못된 길을 바르게 가르쳐 주도록 바랍니다."라는 편지였다. 그는 2번째 편지에 대한 답장을 노응규에게 보냈다.

또 진주의진의 조방장(助防將) 이규성(李奎成)의 편지도 두 차례 받았다. 첫 번째는 2월 4일 "군무를 논의"하자는 것이었고, 두 번째는 2월 6일(양 3. 19) "본 고을 군수가 대구 병정에게 음식을 제공한 일로 바야흐로 진주에 체포되어 갔다."라고 하는 것이었다.

율산은 진주의진의 조방장 이규성의 두 번째 편지를 받은 즉시 의령향교로 갔다. 이규성은 곤양(昆陽) 출신으로 "동학교도(東學敎徒)를 토벌하여 체포한 공으로 참봉(參奉)에 제수되었다."[76]는 사람이다. 이날 그와 이규성은 의령군의 방수책(防守策)을 논의하였다. 2월 8일(양 3. 21) 이규성이 진주의진 대장소 소환되어 갔다. 율산은 마침 한가한 틈을 타 이날 오후 의령 정곡(井谷)에 있는 외종형(外從兄)을 만나고 돌아왔다.

2월 10일(양 3. 23) 진주에 갔던 이규성이 의령군이 책임져야 할 "군수전

---

76 『栗山集』卷3, 雜著「赤猿日記」

(軍需錢) 1만 냥을 분배(分排)"받아 왔다. 그러나 이규성의 걱정은 의령군의 방수책을 마련하는 것이었다. 그는 이규성과 함께 군수전 분배와 방수책을 논의하기 위한 향회를 열기로 하였다.

분배전을 논의하기 위한 향회는 2월 11일(양 3. 24)과 13일(양 3. 25), 방수책을 논의하기 위한 향회는 2월 14일(양 3. 26) 열렸다. 2월 11일 열린 향회에서는 요호(饒戶)들이 참가하지 않아 결정된 바가 없었고, 2월 13일 열린 향회에서는 의령지역 요호들에게 대략 분배(分排)를 했다.

의령의진의 진용을 편성하다

2월 14일 율산은 의령 창의소의 임원을 임명하였고, 그 뒤에도 임명한 사람이 많았다. 그러나 논의를 피해 한 사람도 참여하지 않았다. 이런 상황에 대해 그는 크게 실망하여 "이것은 잘못이다."라고 한탄하였다.

2월 16일(양 3. 29) 율산은 향리 행정(杏亭)으로 돌아갔다. 몇 날을 향리에서 보냈다. 2월 18일에는 의령 창의소가 편지와 말을 보내 등청을 독촉하였다. 그 후에도 2월 20일(양 4. 2)에는 창의소에서 사람과 말을 보냈고, 그에게 군사(軍師)를 맡아 달라 요청했다.[77]

2월 22일(양 4. 4) 율산은 창의소에 나아가 그 간의 상황을 점검하고 군무(軍務)를 논의하였다. 이때 그는 그간의 상황을 비로소 알았다. 즉 "단성(丹城) 선비 권은중(權殷重), 본 고을 사람 부장 이청로(李淸魯)가 진주의병소의 지휘를 받아 창의하고, 함안·창원·김해 등지로 향하려고 한다."라는 것이다. 이런 상황으로 미뤄보아 그가 잠시 자리를 비운 사이 의령창의소는 진주의진의 지휘를 받아 진용을 편성하고, 장차 동래를 목표로 출전하려 했

---

77 율산은 진주의병장 노응규의 요청으로 의령창의장으로 추대되어 의령의진을 이끌고 있었다. 그런데 의령의진의 진용을 편성하는 과정에서 창의소가 율산에게 군사(軍師)을 맡아달라고 요청했다는 것은 선 듯 이해할 수 없는 점이다.

다는 것을 알 수 있다.

이청로(李清魯, 1852~1916)는 본관이 전의(全義), 자는 도경(道卿), 호는 학수(鶴叟), 초명은 명로(鳴魯)이다. 1852년 부친 이기수(李驥洙)와 인주이씨(仁州李氏) 사이에서 2남 중 장남으로 경남 의령군 유곡면(柳谷面) 세간리(世干里)에서 태어났다. 이청로의 가세는 비교적 부유했으며,[78] 영남지방에서 명사(名士)의 후예로 알려져 있었다. 1888년에 내려진 교지(教旨) 2건에 따르면 통정대부(通政大夫)와 절충장군용양위부호군(折衝將軍龍驤衛副護軍)에 제수되었고, 훈련원첨정행오위부장(訓鍊院僉正行五衛部將)을 지냈다는 것을 알 수 있다. 그래서 이부장(李部將) 혹은 이첨정(李僉正)으로 불렸다. 율산은 「적원일기」에서 "이부장(李部將)은 이웃에 사는 사람으로 순후하며 장자(長者)의 풍모(風貌)를 지녔다."[79]고 하였고, 또 『이학수종정일록』에서는 "성품이 강개(慷慨)하고 의기(義氣)를 숭상하여 간국(幹局, 일을 능숙하게 처리하는 재간과 능력)이 있다.[80]"고 하였다.

권은중(權殷重, 생몰 연대 미상)은 단성(丹城) 출신의 유생이다. 본명이 권희용(權希容)이고, 자가 은중(殷重)이다.[81] 율산은 「적원일기」에서 "권은중(權殷重)은 30년 전에 머리카락을 묶기 전인 어릴 때 친구인데, 평소에 의리가 있고 용감하여 일할 수 있는 사람이다."라고 하였다. 율산이 어릴 때 외조부 권기하(權基夏)의 집이 있는 단계(丹溪)에서 수학할 때, 같은 마을에서 자란 친구였다.[82]

---

78 이청노(李淸魯)의 부친 이기수(李驥洙)대에 작성된 토지와 노비에 관한 문건에 따르면 다수의 노비와 전답을 소유하고 있었다.(권영배, 「한말 의장 이청노와 의령의병의 김해전투」, 『조선사연구』3, 조선사연구회, 1994)

79 『栗山集』卷3, 雜著「赤猿日記」

80 「倡義錄」(전상무), 『李鶴叟從征日錄』. 이청로는 을미의병 해산 뒤 서울에 올라가 활동하였는데, 1908년 3월 교남교육회 회원으로 활동하였다.(권대웅, 『근대 대구의 애국계몽운동』, 2021, 선인, 263쪽)

81 『南川先生文集』卷之二, 詩「挽權殷重」(希容)

82 필자는 전상무의 외조부 권기하와 친구 권은중의 자취를 찾기 위해 수차 현지 조

이날 동래로 출정하기 전 율산은 이청로와 권은중, 그리고 김석희(金錫
羲)와 사과 권성숙(權聲淑) 등과 함께 "술을 주문하여 통음(痛飮)하며 촛불을
켜놓고 밤새도록 세상일을 이야기하였다."[83]

2월 24일(양 4. 6) 이청로와 권은중이 동래를 향해 출정한 뒤, 율산은 함
께 출정하지 않고 의령 본진에 남아 군마(軍馬) 점검과 훈련을 이어갔다. 또
분배전(分排錢)과 군정(軍丁)에 대해 올라오는 정장(呈狀) 등 송사(訟事)를 처리
하였다. 그는 요호들이 "분배전에 대해 억울하다고 납부를 하지 않고, 이른
바 군졸은 삼백 명에 미치지 못하는데 모두 피하고자 한다."라고 어려움을
실토하면서, 그 대책을 진주조방장 이규성과 논의하였다. 2월 27일(양 4. 9)
그는 이규성과 함께 분배전과 군정(軍丁) 문제를 논의하여 장명록(將名錄)과
군액(軍額), 그리고 군수(軍需)의 분배록(分排錄)을 만들었다.[84]

2. 의령의진의 동래 출정

동래를 향해 출정하다

2월 16(양 3. 29) 이청로를 대장으로 삼고, 전상무와 권은중을 선봉(先鋒)
으로 삼은 의령의진은 동래관(東萊館, 동래의 日本領事館)을 공략하기 위해 출
정하였다. 즉 그 전말을 이청로의 「창의록(倡義錄)」(전상무)에서는 다음과 같
이 기술하고 있다.

청로(淸魯)는 전상무(田相武) 등에게 말하기를 "국모의 원수는 섬나라 오
랑캐인데, 어찌 텅 빈 성을 지키며 앉아서 바라보기만 하겠는가. 바라건대, 여

사를 했으나 그 집안을 확인할 수 없었다.
83 『栗山集』 卷3, 雜著「赤猿日記」
84 『栗山集』 卷3, 雜著「赤猿日記」

러분들은 의리를 떨쳐 충성을 다하라. 또 군사를 모아 김해부(金海府)로 달려가 동래(東萊)의 왜관(倭館)을 습격하여 저들의 두목을 무찔러 없애 불공대천지수(不共戴天之讎)를 설치(雪恥)하고자 하니 자신과 가문의 생사는 생각할 겨를이 없다.”라고 하였다. 모두 좋다고 말하여, 드디어 청로를 추대하여 의장(義將)으로 삼았다. 청로는 사양하였으나 받아들여지지 않았다. 모두 피를 마시고 맹세하였다. 드디어 병기를 약간 모아서 의도(義徒) 백여 명에게 주고, 군대의 진영을 가르치고, 그 행오(行伍)를 훈련하기를 한 달 가까이 하였다.[85]

위 「창의록」에서는 의령의진의 공격 목표, 의병진의 규모, 지휘부의 조직 등을 기록하고 있다. 즉 공격 목표는 “왜적의 소굴인 동래(東萊)의 왜관(倭館)”이었고, 의병진의 규모는 “백여 명”이었다. 그리고 지휘부의 조직은 부장 “이청로를 추대하여 의장”으로 삼고, “전상무와 권은중을 군사(軍師)”로 삼았다.

의령의진이 동래를 향해 출정한 날짜는 2월 16일(양 3. 29)로 기록하고 있으나 실제로 출발한 날짜는 2월 19일(양 4. 1)이었다.[86] 의령의진은 2월 17일(양 3. 30) 의령 읍내의 노점(路店)에서 유숙하고, 2월 16일에는 의령 남문(南門) 안에서 유숙하였다. 그리고 2월 17일에는 비가 와 출발하지 못하고 군마(軍馬)를 정돈하면서 유숙하였고, 19일(양 4. 1)에야 비로소 동래부를 향해 출발하였다.

이청로와 권은중이 동래를 향해 출정한 뒤, 율산은 함께 출정하지 않고 의령 본진에 남아 군마(軍馬)의 점검과 훈련을 이어갔다. 「창의록」을 보면, 그는 이청로에게 “뒤에 동래의 왜관으로 내려가겠다.”라고 하며 다음과 같

---

85 「倡義錄」(전상무), 『李鶴叟從征日錄』
86 전상무의 「赤猿日記」에서는 2월 24일(양 4. 6), 이청로의 「창의록」에는 2월 15일(양 3. 28) 김해로 출정한 것으로 기록하고 있다. 그 시차가 무려 열흘이나 난다. 이 두 기록은 모두 전상무의 기록인데, 날짜가 열흘 차이가 난다는 것은 이해할 수 없다. 「赤猿日記」의 기록이 3월 8일 이후 없어졌기 때문에 이 부분은 일단 이청로의 「창의록」의 날짜를 따르기로 한다.

이 당부의 말을 하고 있다.

> 원컨대 여러분들은 가벼이 나아가지 말고, 또 여러 고을에서 병사를 모아
> 천천히 입성하십시오. 그러면 나는------(판독 불가) 뒤에 동래(東萊)의 왜
> 관(倭館)으로 내려가겠습니다. 이렇게 한다면 잘못되는 일은 없을 것이니 표
> 리(表裏)가 상응(相應)하는 방법입니다."라고 하였다. 청로는 마침내 고개를
> 끄덕여 응낙하였다.[87]

군사와 군기를 확충하다

의령의진은 2월 15일 출정을 선언하였지만, 2월 19일에야 동래를 향해
출발하여 함안(咸安) 파수역(巴水驛)에 도착하였다. 2월 20일(양 4. 2) 창원 근
주역(近珠驛), 2월 21일(양 4. 3) 창원부(昌原府), 2월 22일(양 4. 4) 창원 자여
역(自如驛) 등을 거쳐, 동래를 향해 행군하였다. 이청로의 「창의록」에서는 김
해로 행군하는 과정에서 다음과 같이 군사와 군기를 확충하였다고 기록하
고 있다.

> 17일 비가 와 가지 않고 군마(軍馬)를 정돈하면서 하루를 유숙하였다. 이튿
> 날 19일 함안(咸安) 파수역(巴水驛)에 도착하였다. 역졸 중 장건(壯健)한 자
> 15명을 선발하여 각기 몽둥이 하나씩을 지니게 하였다. 20일 창원(昌原) 근주
> 역(近珠驛)에 도착하여 또 역졸 중 용감한 자 16명을 선발하여 각기 창 하나씩
> 을 지니게 하였다. 21일 저녁에 창원부(昌原府)로 들어갔다. 군수 김철규(金哲
> 奎)가 포군 50명, 장교 몇 명, 사령 몇 명, 가마 2좌, 군마 32필 등을 거창하게
> 내어 보냈다. 아침에는 무기와 식량 약간을 군용으로 지급하였다. 이청로(李
> 淸魯)는 그 의로움에 감사하고 받았다. 22일 자여역(自如驛)에 도착하여 역졸
> 중 재빠른 자 20명을 선발하여 각기 칼 한 자루씩을 지니게 하였다.[88]

---

87 「倡義錄」(전상무), 『李鶴叟從征日錄』
88 「倡義錄」(전상무), 『李鶴叟從征日錄』

의령의진은 19일 의령을 출발하여 함안에서 역졸 15명, 20일 창원에서 역졸 16명, 21일 창원부에서 포군 50명, 22일 창원 자여역에서 역졸 20명 등 모두 100여 명을 선발하였다. 의령의진의 100여 명과 합쳐 모두 200여 명이었다. 2월 23일(양 4. 5) 새벽 의령의진은 김해를 점령하였다.

3. 의령의진의 김해전투

김해를 점거하다

의령의진은 2월 23일(양 4. 5) 새벽 김해부에 입성하였다. 이때의 상황을 율산은 이청로의 「창의록」에서는 다음과 같이 기록하고 있다.

> 23일 새벽에 출발하여 정오에 김해부(金海府)로 들어가니, 김해부는 빈 관아였다. 이서(吏胥)와 군교(軍校)들이 그 소식을 듣고서 청로(淸魯)에 의탁했다. 남쪽 고을의 여러 성이 모두 춤을 추고 기뻐하여 군복을 입고 관악(官樂)을 갖추어서 5리를 나와 맞아주었다. 백성들은 길에 가득히 기쁘게 보았고, 늙은이는 종종 눈물을 흘리기도 했다. 청로는 성사(城舍)에 들어가 있으면서 군령(軍令)을 엄정히 하여 추호도 이기지 못하게 하였다. 고을의 포군 50명을 선발하여 거느리고 온 여러 병사와 함께 진세를 펼쳤다. 무기고를 열어 포, 창, 활, 칼, 몽둥이 등을 각각 재주에 따라 나누어 주고 날마다 훈련하여 허실(虛實)의 변화와 치고 찌르는 방법을 알게 하여, 아무 날에 동래로 가서 일관(日館)을 습격하려고 하였다.[89]

위의 기록에 의하면, 이청로가 지휘하는 의령의진이 김해에 입성하였을 때, 김해부의 이서(吏胥)와 군교(軍校)가 모두 투항하였고, 백성들도 연도(沿道)에 나와 환영하였다. 이청로는 군령(軍令)을 엄히 한 뒤, 김해부 소속 포

---

89 위와 같은 책.

군 50명을 선발하여 의령의진의 군사 100여 명과 합쳐 모두 200명으로 진영을 편성하였다. 그리고 동래의 일본영사관을 공격할 준비를 하였다.

이때 동래의 일본영사관은 서울의 특명전권공사 고무라 쥬타로(小村壽太郎)에게 의령의진의 김해부 점거에 대해 다음과 같은 보고를 올리고 있다.

> 지난달(3월) 29일 오전 2시 진주(晉州) 폭도(暴徒)들이 당항(當港)에서 약 70리 정도 떨어진 김해(金海)에 내습(來襲)하였다. 그 폭도들은 저쪽 진주(晉州)를 본거지(本據地)로 하는 자 일부분이 주동자가 되었고, 여기에 창원(昌原), 칠원(漆原) 및 함안(咸安) 등지의 병(兵)과 마부(馬夫) 같은 자들이 이에 가담하여 그 수가 대략 100명 내외인 것 같았다. 그들은 김해에 들어갈 때 삼삼오오 각각 따로 대오(隊伍)를 지어 잠입(潛入), 집합하였다가 관사(官舍)를 파괴하였고, 구관제하(舊官制下)에서의 이방(吏房)·책방(冊房)·형방(刑房) 등 현지방관리(現地方官吏) 9명을 포박하여 김해부(金海府)의 서남방(西南方) 10리(里)쯤에 있는 부교(浮橋)에 집합하였다.[90]

위의 보고서에서는 2월 23일(양 4. 5) 의령의진의 김해 점령을 양력 3월 29일(음 2. 16) "진주(晉州) 폭도(暴徒)"가 김해를 내습하여 점령한 것으로 파악하였다.[91] 그리고 김해부를 점령한 의병이 "관사(官舍)를 파괴하였고, 구관제하(舊官制下)에서의 이방(吏房)·책방(冊房)·형방(刑房) 등 현지방관리(現地方官吏) 9명을 포박"한 것으로 파악하였다.

그리고 동래 일본영사관은 "폭도들은 혹은 상인으로 변장하고 혹은 노동자로 가장하여 각지를 왕래하는데, 김해(金海)·구포(龜浦)·부산(釜山) 등지는 물론이고, 일부분은 당거류지(當居留地)에도 잠입하고 있는 모양"이라고 보고하였다.

---

90 「晉州暴徒 金海來襲 件 報告」, 『駐韓日本公使館記錄』8, 國史編纂委員會, 264쪽

91 3월 29일 진주 폭도가 김해부를 점령했다는 『駐韓日本公使館記錄』은 날짜의 착오가 있고, 진주 폭도는 의령 의병의 착오이다.

일본군과 전투를 벌이다

동래 일본영사관이 서울의 특명전권공사 고무라 주타로(小村壽太郎)에게 올린 보고서에 의하면, 2월 29일(양 4. 11) 오전 7시 일본군 구포수비대(龜浦守備隊)에서는 정찰병 4명을 김해방면으로 파견하여 의병의 행방을 파악하고 있었다. 동래 일본영사관은 의병의 김해 점거를 "진주(晉州)의 폭도(暴徒) 약 200명이 구포(龜浦)의 우리 수비지(守備地) 및 부산(釜山)의 거류지(居留地)를 습격할 목적으로 또다시 김해로 와서 모든 선암(仙岩)의 도선장(渡船場)을 빼앗았다."[92]고 보고하였다. 일본군은 의령의진을 진주 의병으로 파악하고 있었다.

2월 29일(양 4. 11) 오전 10시 다시 구포수비대는 정찰병 1개 분대를 김해방면으로 파견하였다. 이들은 오후 4시경 김해에 당도하여 성문(城門)으로 접근하였다. 이때 의병들은 성벽 위에 웅거하여 구포수비대 정찰병을 향해 발사하려는 자세를 취했다.[93] 이때의 상황을 이청로의 「창의록」(2월 26일)에서는 다음과 같이 기록하고 있다.

> 26일 정오 무렵 저들 무리 몇 명이 나팔(喇叭)을 불며 장차 남문을 향해 들어오려 했다. 청로는 즉각 장졸에게 조용히 준비하도록 명령하고 곧 남문 위에 홀로 서서 사납게 소리 질렀다. "너희들은 무슨 까닭으로 여기 왔는가? 물러날 것 같으면 그만둘 것이나 그렇지 않으면 토벌하여 죽일 것이다."라고 하였다. 저들 우두머리는 말없이 살펴보고는 곧 성첩(城堞)을 돌아 달아났다. 청로는 진영을 돌려 시험 삼아 총을 쏘니 저들 또한 총으로 대응하고 물러갔다.[94]

의령의진은 김해성에서 일본군과 대치하였다. 양측은 설전을 벌이면서

---

92 위와 같은 책, 265쪽
93 위와 같은 책, 265쪽.
94 「倡義錄」(전상무), 『李鶴叟從征日錄』, 이청로의 「창의록」(2월 26일)의 날짜는 착오로 보인다.

서로 탐색하였고, 서로 총을 몇 차례 발사하며 대응하였다. 곧 일본군은 김해성에서 철수하였다.

김해읍성(현 김해시 동상동), 의령의진의 이청로가 일본군 구포수비대와 싸운 곳이다.

2월 30일(양 4. 12) 전날 퇴각했던 구포수비대 정찰병 1개 분대는 다시 김해방면으로 나아갔다. 이날도 일본군은 의병과 충돌하여 퇴각하던 중, 마침 원군(援軍)을 만나 다시 김해성을 공격하여 점령하였다.

> 폭도는 원병이 온 것을 보고 퇴패(退敗)하여 창원(昌原)지방을 향해 퇴각하였다. 아병(我兵)이 전진하여 성내(城內)에 들어갔지만, 이제는 하나도 적의 그림자를 볼 수 없었다. 그래서 적이 버리고 간 쌀 대략 2~30석(石), 정기(旌旗) 몇 개, 창(槍) 몇 개 중 약간을 노획하고, 12일 오후 10시 구포(龜浦)로 돌아갔다. 이 충돌로 인해 아군(我軍)의 부상자(負傷者)는 4명으로 그중 병사(兵士)가 3명, 통역이 1명이며, 적(賊)의 사자(死者)는 4명, 부상자(負傷者)는 20명이라고 한다. 95

---

95 「晉州暴徒 金海來襲 件 報告」, 『駐韓日本公使館記錄』8, 國史編纂委員會, 265~266쪽

2월 30일 의병과 일본군 구포수비대 사이에 벌어진 전투가 이른바 '김해 전투(金海戰鬪)'이다. 일본영사관의 보고서는 김해전투를 구포수비대와 진주 의병의 전투이며, 또 의병은 싸우지도 않고 퇴각한 것으로 파악하여 보고하였다. 그러나 이청로의 「창의록」을 보면, 2월 30일 의병과 구포수비대는 육 박전을 벌인 것으로 기록하고 있다.[96] 즉 김해부성(金海府城)에 도착한 구포 수비대는 이청로에게 면담을 요청하였다. 이 과정에서 성안으로 들어온 일 본군 구포수비대 대장(隊長)은 김해부의 무기를 빌리자고 요청하였다. 그러 나 이청로가 이 요구를 거절하면서 두 진영은 육박전을 벌였다. 그 상황을 이청로의 「창의록」에서는 다음과 같이 묘사하고 있다.

> 저들 적장이 노하여 일어나 총과 칼 몇 개를 탈취하려 하였다. 청로는 즉시
> 암호를 보내 북을 한 번 울려 일제히 열 명의 장수가 앞길을 막고 복병이 좌우
> 에서 일어나 맞붙어 싸웠다. 잠깐 세 놈을 포살(砲殺)하고 두 놈을 추살(椎殺)
> 하니 나머지 적병들은 모두 성을 넘어 도주하였다. 우리 군사 여덟 사람도 다
> 치거나 넘어졌지만 끝내 생명은 보전하였다. 저들 도망하던 적들이 몸을 돌려
> 총을 쏘니 철환(鐵丸)이 청로의 가슴 옆구리로 날아들어 좌에서 우로 관통하
> 였고, 옆구리가 부러지고 가슴을 다치니 피가 샘처럼 솟아올랐다.[97]

김해전투는 을미의병기 경남지방에서 창의했던 진주의진과 의령의진이 일본군 구포수비대와 벌였던 유일한 전투이다. 이 전투에서 의령의진의 대 장 이청로는 크게 부상한 뒤, 김해성에서 물러났다.[98]

김해전투에 대해 일본군 구포수비대는 의병들이 원병이 온 것을 보자 싸우지도 않고 패퇴한 것으로 보고하였지만, 구포수비대와 의병은 치열한

---

96 이청로의 「창의록」(2월 30일)의 날짜는 착오로 보인다.
97 「倡義錄」(전상무), 『李鶴叟從征日錄』
98 「倡義錄」(전상무)에 따르면, 김해전투에서 다친 이청로가 "전상무(田相武), 권은중 (權殷重) 등에게 말하기를 '내가 살기는 어렵고 죽기는 쉬울 것 같다.'라고 하였는 데, 이것은 이청로가 의령으로 돌아온 뒤의 상황이다.

육박전을 벌였다. 이청로의 「창의록」에서는 일본군 "세 놈을 포살(砲殺)하고 두 놈을 추살(椎殺)하였다."라고 기록하고 있다. 반면 일본 측 보고서에서는 "아군(我軍)의 부상자(負傷者)는 4명으로 그중 병사(兵士)가 3명, 통역이 1명이며, 적(賊)의 사자(死者)는 4명, 부상자(負傷者)는 20명"[99]이라고 했다.

기왕의 연구에서는 김해전투를 진주의진에서 수행했다는 것도 있고, 진주의진도 김해로 진출하여 활동했다는 것도 있다.[100] 모두 면밀한 자료의 검토가 필요하다. 이런 혼란은 일본공사관의 기록이 진주의진과 의령의진의 활동을 구분하지 않고 모두 진주의병으로 파악하였기 때문이다.

4. 주변 의병진과의 관계

진주의진과 연대하다

율산은 의령의진을 이끌어 가는 과정에서 의령창의장(宜寧倡義將), 군사(軍師) 등의 직함을 가지고 활동하였다. 첫 번째, "의령창의장(宜寧倡義將)"은 1월 17일 진주에서 노응규가 편지를 보내 추대한 것이다. 이 추대에 대해 그는 다음과 같이 반응하였다.

"노응규장군(盧應奎將軍)의 일 처리가 어찌 이같이 경솔합니까? 사람을 쓰는 방법에는 그 얼굴을 보고, 그 말을 듣고, 그 재주를 시험한 연후에 현명하고 현명하지 못함을 알고서 임명해야 하거늘 어찌해서 평소에 알지도 못하면서 경솔하게 중임(重任)을 맡긴단 말인가?

율산이 창의장으로 추대된 뒤, 곧이어 의령을 점거한 대구 관군에게 체

---

99 「晉州暴徒 金海來襲 件 報告」, 『駐韓日本公使館記錄』8, 國史編纂委員會, 265~266쪽
100 朴敏泳, 「愼菴 盧應奎의 晉州義兵 抗戰 硏究」, 白山朴成壽敎授華甲紀念論叢『韓國獨立運動史의 認識』, 1991.

포되어 진중에 억류되기도 했지만, 그는 직무를 충실히 수행하여 의병진의 편성과 훈련을 시행하였다.

두 번째, "군사(軍師)"는 2월 15일(양 3. 28) 동래의 일본영사관을 공격하기 위해 편성된 이청로 부대에 권은중과 함께 추대된 것이다. 그는 이청로에게 의령 본진에 남아 급한 일들을 처리한 뒤 "동래의 왜관으로 내려가겠다."라고 약속하였고,101 곧 이청로의 뒤를 따라 김해로 들어가 김해전투에 참여하였다.

율산이 노응규로부터 "의령창의장"에 추대되었듯이 의령과 진주 두 의병진은 긴밀하게 연대하고 있었다. 1월 17일(양 3. 30) 대구 관군이 진주를 공격하기 위해 출전하던 중 의령을 점령했을 때, 진주의진은 대부대를 보내 대구 관군을 격퇴하였고, 그 뒤에도 진주의진의 조방장 이규성은 군사를 거느리고 의령을 드나들었다. 이때 그는 이규성에게 의령과 진주의 관계를 "오른쪽 어깨"로 비유하였다.

> "진주가 존속됨이 마땅한 것은 사람에게 오른쪽 어깨가 있어야 하는 것과 같습니다. 오른쪽 어깨를 절단하고도 온전한 사람은 없으니, 빨리 진주를 방어해야 하는 것은 형세가 그렇기 때문입니다. 본 고을의 형세로 말하자면 겁탈을 당한 뒤부터 인심이 안정되지 않습니다. 또 병기도 없으니 어찌하겠습니까?"라고 하고, 또 말하기를 "병기는 물론 진주에서 싣고 오는 것이 마땅합니다. 폐일언(蔽一言)하고 명일 향회를 열고 군비를 배정하고 임원을 차출하여 대사를 돈독히 함이 좋겠습니다."라고 하였다.102

의령의진은 진주의진에 크게 의지하고 있었다. 1월 17일 의령을 점거하고 있던 대구 관병을 진주의진에서 파견된 의병이 격퇴하기도 했지만, 군

---

101 「倡義錄」(전상무), 『李鶴叟從征日錄』
102 『栗山集』卷3, 雜著「赤猿日記」

사·무기 등 모든 면에서 열세를 면치 못했기 때문이다. 율산과 이규성은 군수전 분배와 방수책을 논의하기 위한 향회를 여는 등 분주하게 움직였다.

노응규에게 편지로 독려하다

율산은 창의 과정에서 두 차례 노응규의 편지를 받았고, 두 차례 편지를 보냈다. 첫 번째 편지는 1월 17일(양 2. 29) 의령창의장으로 삼는다는 것이었고, 두 번째 편지는 1월 21일(양 3. 4) 행정으로 돌아가 병든 몸을 요양하며 2월 6일(양 3. 19)까지 머물렀는데, 2월 1일(양 3. 14) "한번 만나자"라는 노응규의 간곡한 편지였다. 그는 2월 2일 노응규의 편지에 대한 답장을 보냈다. 이 첫 번째 편지에서 그는 의령창의장으로서 입장을 다음과 같이 피력하였다.

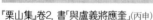

『栗山集』卷2, 書「與盧義將應奎」(丙申)

엎드려 생각건대 군무(軍務)의 체제(體制)에는 도와주는 사람이 있어야 합니다. 저는 지체가 한미한 사람으로 지혜와 학식이 얕고 어두워 여러 군자에게 이름이 나 있지 않았습니다. 그런데 어떻게 남을 말을 들으시고, 지난번에는 하나의 면(面)을 맡기시고, 이번에는 몇 폭의 간찰을 보내셨습니다. 이것은 이른바 대인(大人)은 보잘것없는 자도 버리지 않는다는 것입니다. 함께 죽는 의리는 감히 사양할 수 없지만, 수어(守禦)의 책무는 실로 감당하기 어렵습니다.[103]

즉 의령창의장으로 자신을 추대하고 지지한 데 대해 감사를 드리는 편지이다. 곧이어 2월 4일(양 3. 17)과 6일 "군무를 논의하자."라는 진주의진 조방장 이규성이 보낸 두 차례의 편지를 받은 다음에야 의령 본진으로 돌아왔다.

『栗山集』卷2, 書「與盧義將」

103 『栗山集』卷2, 書「與盧義將應奎」(丙申)

율산이 두 번째 노응규에게 보낸 편지는 3월 3일(양 4. 15)이었다. 이때는 의령의진이 2월 30일 김해전투에서 패하고 물러난 뒤였다. 이 편지에서 그는 노응규가 "세 번의 기회를 잃었고, 세 개의 피해야 할 것"을 지적하였다.[104]

첫 번째는 이미 국왕 고종의 애통조(哀痛詔)가 반포된 상황에서 노응규가 출정하지 않고 있는 것을 지적하였다. 즉 "이때 바람을 타고 북을 울리지 아니하고, 성안에 앉아 진을 치고 몇 달 동안 병사 훈련만 하면서 토끼를 쫓는 행위를 하지 아니하니, 위험하지 않은 방법으로 승리를 취하려고 하십니까?"라고 지적하였다. 두 번째는 동래 일본영사관을 공격하여 "병기(兵器)를 탈취하고, 그 재물(財物)과 곡식(穀食)을 취"할 것을 주장하였고, 세 번째는 "장군은 지휘하여 명령하는 것이 없으며, 군사는 기율(紀律)이 없으며, 싸울 준비도 없이 안락(安樂)에 빠져 있다."라는 것을 지적하였다.

이 편지는 노응규가 진주성을 점거한 뒤의 동태를 비판하는 것이었다. 율산은 먼저 군사를 거느리고 출정하여 일본군과 대적하고, 일본인의 거점인 동래의 일본영사관을 공격하여 무기와 군수품을 탈취해야 한다고 주장하였다. 그리고 진주성을 점거한 이후 노응규의 활동에 대해 직접 지적하고 비판하였다. 그가 노응규에게 편지를 보낸 뒤, 3월 6일(양 4. 18) 정한용이 진주를 떠나 삼가(三嘉)로 이진하였고, 3월 8일 관군의 공격을 받은 노응규도 진주성을 떠나 정한용과 합세하였다.

---

104 『栗山集』 卷2, 書「與盧義將」

제3절 의령의진의 해산과 성격

1. 의령의진의 해산

진주성이 관군에 함락되다

진주성 공북문(拱北門) 진주의진의 노응규가 주둔하였던 진주성의 남문.

2월 30일(양 4. 12) 김해전투에서 의령의진은 크게 패했다. 의병장 이청로도 상처를 입고 의령으로 돌아갔다. 이때 진주성에 웅거하고 있던 노응규와 정한용은 "관병이 총동원되어 진주를 습격한다."라는 풍설을 들었다. 정한용은 3월 5일(양 4. 17) 여러 장수에게 명령하여 병기·양식 등을 짊어지고 삼가(三嘉)로 퇴거하였다. 곧이어 선봉장 서재기도 500명의 군병을 거느리고 삼가(三嘉)로 퇴거하였다. 단지 노응규만이 5·60명의 병사로 진주성에 웅거(雄據)하고 있었다.

한편 삼가로 옮겨갔던 정한용은 3월 6일 조방장 이규성에게 전령을 보내 "오늘 안으로 본 고을의 군사와 함께 밤을 새워 올라와 경병(京兵)을 막겠다."라고 하면서 의령의진에 군사를 지원받고자 하였다. 경병은 진주의진이 처형한 참서관 오현익(吳顯益)의 아들이 서울에서 모집해 온 병정으로, 다시 파견된 참서관의 휘하에서 활동하였다. 당시 율산은 이규성에게 의령과 진주의 관계를 "의령이 패하면 진주가 힘든 까닭에 서로 순망치한(脣亡齒寒)의 관계"로 표현하면서 정한용의 지원 요청을 거절하였다.

> "진주가 창의하고 의령이 지킨다는 것은 함께 난관을 헤쳐나가는 의리인데 어찌 피차간에 분별이 있겠는가. 진주가 패하면 의령이 힘들고, 의령이 패하면 진주가 힘든 까닭에 서로 순망치한(脣亡齒寒)의 관계가 된다. 경상좌도의 군사가 아직 강을 건너지 않았으니 의령을 지켜야 한다. 지금 만약 서쪽으로 움직인다면 경상좌도의 군사들이 아침저녁으로 건널 것이니, 본 고을이 먼저 도륙(屠戮)될 것이다. 몇 달 이래로 한 고을의 백성들이 고역을 치르고 만금의 재물을 허비하였는데 끝내 화근을 초래하는 바탕이 된다면 그 잘못이 누구에게 있겠는가?[105]

이미 지난 1월 17일(양 2. 29)에도 율산은 이규성에게 의령과 진주의 관계를 "오른쪽 어깨"로 비유한 바 있었지만, 3월 6일(양 4. 18)에도 그는 "진주가 창의하고 의령이 지킨다는 것은 함께 난관을 헤쳐나가는 의리"라고 하여

---

105 『栗山集』卷3, 雜著「赤猿日記」

두 의병진의 연대를 강조하였다. 그리고 정한용이 진주성을 떠나 삼가로 옮긴 상황을 우려하며, 그 대책을 다음과 같이 제시하였다.

또 정한용(鄭翰鎔) 장군으로 말할 것 같으면 원래 노응규(盧應奎) 장군과 함께 사생(死生)을 결의했다고 한다. 그러나 지금 진양(晉陽)이 위급한데 입성(入城)하여 근심을 함께하지 않고 군사를 거두어 스스로를 지키고자 하니 실로 그 뜻을 알 수 없지 않은가? 누가 경병은 막을 수 없으니 군사를 이끌고 적을 피하자고 말하는가? 노응규(盧應奎) 장군과 남아서 진양을 지킨 사람은 천 명이 넘고, 정한용 장군의 군사 역시 천여 인이 된다. 경병으로 단성(丹城)에서 온 자들은 3백여 인에 불과하다고 한다. 저들이 비록 강하고 날랜 병졸이라 하나 진격하여 진양을 쳐서 빼앗지는 못할 것이다. 정한용 장군은 군사를 두 편으로 나누는 것이 나을 것이다. 절반은 삼가(三嘉)에 남게 하여 합천(陜川)의 군사와 합해 고령에서 오는 군사를 방비하고, 절반을 진주로 보내 경병의 뒤를 둘러싸고, 본 고을의 군사로는 기강(岐江)의 앙진(仰津)과 박진(泊津)을 막는다면, 이것은 완전한 대책이다. 어찌 규모가 작은 적을 보고 여러 고을을 놀라게 하는가?"106

그런데도 정한용은 "군사를 보내도록 독촉"하였고, 의령의진 내에서도 "본 진영의 군사 반은 남고 반은 보내야 한다."라는 의견이 돌았다. 율산은 크게 성을 내며 소리쳤다.

"이백 명도 되지 않은 군사를 반만 남겨두면 어디에 쓴단 말인가? 차라리 다 보내주고 성을 비우고 각자 도피한다면 고을은 소탕되겠지만 인명은 구할 수 있다. 이러든지 저러든지 나는 간섭하지 않겠다. 한결같이 주장(主將)의 명을 따르는 것이니 어찌하리오. 정한용 장군이 하려는 일은 겉으로는 수비를 말하고 있지만, 실제로는 병사를 불러 모아 자신을 호위하려는 것이다. 병법에 이르기를 적이 움직이면 주의 깊게 살펴야 하며, 적이 가까운 곳에 있으면 엄

106 『栗山集』卷3, 雜著「赤猿日記」

중하게 수비해야 한다고 하였다. 지금 듣자 하니 적이 가까운 곳에 있는데 싸울 준비는 하지 않고, 군사를 이끌고 성을 나가서 스스로 보전할 계획만을 세우려고 한다. 장군이 망령되이 행동하고 군사가 신중하지 않으니, 신중하지 못하면 반드시 패배한다. 나 역시 여기서 떠날 것이다. 어찌 앉아서 자멸하는 것을 보겠는가."

이튿날 결국 율산은 정한용의 독촉을 견디지 못하고 "3·40명의 포군(砲軍)"을 보내기로 하였다. 곧이어 그는 3월 7일(양 4. 19) 진주성이 함락되었다는 소식을 들었고, 노응규도 삼가에 진을 치고 있던 정한용 의병진으로 도망쳤다는 소식을 들었다.

3월 7일 진주성은 경병 500명, 대구 관병 200명, 모두 700명의 공격을 받고 저항다운 저항도 없이 함락되고 말았다. 이날 밤 경병 500명이 먼저 진주부로 들어왔다. 경병은 2명의 척후(斥候)를 보내 성벽(城壁)에 올라가 의병의 동정을 정찰하도록 하였는데, 성내에는 고요하여 아무런 소리도 없었다. 이에 선봉(先鋒) 200명이 곧바로 성벽을 파괴하고 성안을 향해 발포하였다. 이때 성안에 있던 노응규 부자를 비롯한 약간의 의병은 성을 버리고 남문 밖을 향해 도주하였고,107 삼가로 이동하였다.

해산 후, 관군의 탄압을 받다

진주성이 관군에게 함락되었다는 소식을 접한 의령의진도 마침내 혼란에 빠지고 말았다. 율산은 여러 장졸이 겁에 질려 어찌할 바를 모르는 상황을 수습해야만 했다.108 그의 「적원일기」에는 3월 8일(양 4. 20) 이후의 기록

---

107 「晉州 暴徒狀況을 探偵하기 위하여 派遣한 朝鮮人의 探偵日記」, 『駐韓日本公使館記錄』8, 國史編纂委員會, 272~273쪽
108 『栗山集』 卷3, 雜著「赤猿日記」, 「적원일기」의 기록은 여기에서 끝나기 때문에 의령의진의 해산 경위는 알 수 없다. 문집을 편집할 당시 이미 뒷부분이 없어진 상태였다.

이 모두 없어져 의령의진의 해산 과정에 대해서는 알 수 없다. 이청로의 「창의록」에도 의령의진 해산에 관한 기록이 없다.

의령의진과 진주의진도 해산 후 관군의 탄압을 받았다. 을미의병 때 창의하였던 거의 모든 의병이 해산하는 과정에서 관군의 탄압을 받았던 것처럼, 의령과 진주지역의 의병들도 관군의 탄압을 피할 수 없는 상황에 직면했다.

진주의병장 노응규의 경우, 3월 7일 진주성이 함락된 뒤, 삼가의 정한용을 찾아갔으나 이미 해산한 후였다. 노응규는 분함을 참지 못하고 남은 군사를 해산하였고, 함께 창의했던 선봉장 서재기(徐再起)도 안의로 돌아갔으나 이서배(吏胥輩)에게 살해되고 말았다. 그뿐만 아니라 안의에 거주하고 있던 노응규의 부친과 백씨까지 이서배에게 살해되고 가산(家産)마저 적몰 당하는 등 관청의 탄압을 받았다.[109]

의령의진의 경우에도 관군의 탄압을 피할 수 없었던 것 같다. 중앙정부가 관군을 파견하여 의병부대를 진압하는 과정에서 남로선유사(南路宣諭使)로 신기선(申箕善), 동로선유사(東路宣諭使)로 이도재(李道宰)가 임명되었다.[110] 신기선은 1월 20일(양 3. 3) 출발하여 각처를 순회하며 선유(宣諭) 하던 중, 3월 13일 나주(羅州)에서 기우만(奇宇萬)이 해산하고, 3월 15일 진주에서 노응규가 궤멸(潰滅)되어 흩어졌다는 소식을 듣게 된다. 이때 신기선은 진주의병장 노응규의 부친과 아우가 안의 이교(吏校)에게 살해되었다는 소식도 듣는다.[111]

이즈음 율산도 의령의진을 해산한 뒤, 남로선유사 신기선에게 교남제의장(嶠南諸義將), 즉 영남의 여러 의병장을 대신하여 편지를 올렸다. 그는 「여

---

109 許善道, 「倡義將愼菴盧應奎先生抗日鬪爭略傳」(1967), 22쪽
110 『高宗時代史』, 1896年 2月 27日, 「大君主가 各地 義兵에게 내린 詔勅」
111 申箕善, 『陽園遺集』, 卷17, 「奉使日記」

신선유사(與申宣諭使)」(箕善, 丙申, 代嶠南諸義將)에서 서울에서 파견된 경병의 의병 진압에 대하여 다음과 같이 항의하였다.

　　그러나 저 병정들은 위로는 성상(聖上)이 애통(哀痛)해하는 은고(恩誥)를 헤아리지 않았고, 아래로는 해산하여 돌아가는 의병의 본의(本意)를 헤아리지 않았으니, 도륙(屠戮)하는 것으로 승리로 삼고, 토벌을 일이라 여기고 있습니다. 이것이 과연 우리 어진 전하께서 노숙(老宿)한 신하를 보내 선유(宣諭)하는 본뜻이겠습니까? 만약 이처럼 하여 전날 의려(義旅)에 이름을 올린 군사들을 일일이 찾아내어 체포하면 그 화는 억지로 단발(斷髮)한 날보다 백배는 심할 것이니 장차 무엇으로 진정(鎭定)시킬 수 있겠습니까. 이는 백성을 그물질하는 것112입니다. 군사를 해산하도록 권유하고 군사를 해산한 뒤에는 뒤따라 추포(追捕)하고 엄살(掩殺)하면 백성을 속이는 것이니 무엇이 이보다 심하겠습니까.113

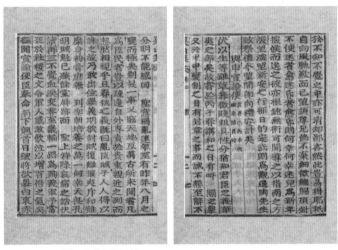

『栗山集』卷2, 書「與申宣諭使箕善」(丙申)

---

112 백성을 그물질하는 것 : 원문의 망민(罔民)은 『孟子』「梁惠王上」편에 나오는 말인데, 법망(法網)을 엄하게 하여 백성이 법의 그물에 걸리게 한다는 말이다.
113 『栗山集』卷2, 書「與申宣諭使」(箕善)

율산은 선유사가 의병의 해산을 권유하고, 의병이 해산한 뒤에는 "추포(追捕)하고 엄살(掩殺)"하는 상황에 대해 항의하였다.

3월 13일(양 4. 25) 나주에서 의병장 기우만도 남도선유사 신기선의 선유에 따라 의병진을 해산하고 귀향하였는데, 전주진위대의 군사에게 체포되어 서울의 평리원(平理院)으로 이송되어 거의 보름 동안 감금되었다가 석방되었다. 합천의 노백헌(老栢軒) 정재규(鄭載圭)와 함께 진주의진의 군사(軍師)로 참여했던 석오(石梧) 권봉희(權鳳熙)도 향리 삼가의 가산(可山)에서 은거하던 중 관청의 탄압으로 살던 집이 불태워졌다.

2. 의령의진의 성격

위정척사적 의병이다

일반적으로 을미의병은 명성황후시해사건과 단발령에 반발한 유생들이 일으킨 위정척사적(衛正斥邪的)인 의병이었다. 의령의진도 진주의진과 마찬가지로 명성황후시해사건과 단발령을 계기로 일어난 위정척사적인 의병이었다.

율산은 향리 의령 출신의 관료 석오 권봉희, 수파 안효제, 노백헌 정재규 등과 일찍부터 교유했던 척사적 유생이었다. 율산은 한때 과거에 응시하기도 했고, 국내외 정세에 대응하여 상소운동에 참여하기도 했다. 권봉희와 안효제가 관료로 출사한 뒤 두 사람의 영향으로 개항 이후 국내·외 정국을 분명히 인식하였을 것이다.

율산은 1895년 명성황후시해사건과 단발령 이후 전국적으로 의병이 일어나자 권봉희·정재규 등과 함께 창의를 논의하였다. 그는 노백헌(혹 艾山) 정재규와의 대화에서 창의를 통해 춘추대의를 밝히자는 다음과 같은 결의를 하였다.

[노백헌] "우리가 다행히 예의의 나라에 태어나서 배운 것은 성현(聖賢)이
고 읽은 것은 춘추(春秋)인데, 오백 년 기른 것이 하루아침에 어찌
금수(禽獸)의 나라에 휩쓸려 들어가겠는가. 지금 사방에서 의병을
일으키고 있는데 오직 우리 영남 우도에서만 어찌 충성스럽고 의
로운 선비가 없단 말인가. 내 의기로 죽고자 하니 자네 장차 나와
함께 기병함이 어떻겠는가."

[율 산] "나같이 아는 것과 배운 것이 없는 사람이 장차 세상을 위해 무엇
을 할 수 있겠습니까. 몸과 머리카락이 다 하도록 하겠습니다."

[노백헌] "나는 충의(忠義)를 방패로 삼아 저들의 날아오는 대포의 탄환을
대적하지 못할 것 같으면 또한 마땅히 밝은 선비의 의리를 본받아
한마음으로 죽고자 한다."

[율 산] "대저 선비의 살신성인은 도의로 몸을 희생하는 아름다운 것입니
다. 그러므로 우리 같은 모든 백면서생은 녹봉과 작위가 없으니 대
의로 죽더라도 반드시 헛된 죽음이 될 것입니다. 이는 이른바 육신
을 호랑이에게 던져주는 것이니 일을 도모하지 못하고 부질없이
죽는다면 무슨 이익이 있겠습니까. 인내하면서 일에 나아가 만에
하나의 성공이 있는 일이라도 도모함만 못 합니다. 그러다가 일을
이루지 못할 것 같으면 죽더라도 늦지 않을 것입니다."114

율산과 정재규 등은 춘추대의에 따라 창의할 것을 결의하고 헤어졌다.
결국, 권봉희와 정재규는 노응규의 진주의진에 참여하여 군사(軍師)로 활동
하였고, 율산은 향리에서 의령의진의 창의장으로 의병 활동을 주도하였다.

김해전투는 의령의진이 수행한 전투이다

의령의진은 진주의진의 절제(節制)를 받았다. 대구 관군을 격퇴한 뒤, 의
령의진에는 진주에서 파견한 조방장(助防將) 이규성(李奎成)이 상주하며 군수
품의 모집과 방수책 마련 등 군무(軍務)를 논의하였다.

114 『栗山集』 卷3, 雜著 「赤猿日記」

율산은 「적원일기」에서 "단성 선비 권은중(權殷重)과 본 고을 사람 부장 이부장(李部將, 李淸魯)이 진주의병소의 지휘를 받아 창의하고, 그다음 함안 (咸安)·창원(昌源)·김해(金海) 등지로 향하려 한다."라고 했듯이, 이청로를 대장으로 한 의령의진이 동래 일본영사관을 공격하기 위해 출정하는 과정에서 진주의진의 절제를 받기도 했다.

율산은 이청로가 동정을 위해 창원과 김해로 출정하는 과정에서 "함안· 칠원의 세력을 도운 연후에 말을 달려 나아가는 것이 좋을 것이다."라고 당부하였다. 이에 이청로와 권은중은 함안·창원 등지를 거치면서 100여 명의 역졸을 의병으로 편입하여 모두 200여 명으로 김해를 점령하였다.

율산의 「적원일기」나 이청로의 「창의록」에서는 진주의진이 군사를 파견했다거나 후원했다는 기록이 없다. 또 의령에 진주해 있던 진주조방장 이규성이 지휘하던 진주 의병이 이청로 부대를 따라 김해부로 이동해 갔다는 기록도 없다. 의령의진은 의병부대를 편성하고, 동래 일본영사관을 공격하기 위해 출정하여 김해부를 점령하기까지 독자적인 부대 편성과 의병 활동을 전개하였다.

기존의 연구에서는 단지 『주한일본공사관기록』에 따라 진주 의병이 김해에 진출했다던가, 김해전투를 진주 의병이 수행한 것으로 파악하고 있다.[115] 이것은 율산의 「적원일기」나 이청로의 「창의록」이 발굴되어 자료로 활용되기 전의 연구이다. 비록 이청로와 권은중이 진주의 절제를 받았지만, 김해 점령과 김해전투는 의령의진의 독자적인 활동이었다.

---

115 박민영, 「愼菴 盧應奎의 晉州義兵 抗戰 硏究」, 白山朴成壽敎授華甲紀念論叢『韓國獨立運動史의 認識』, 1991.

제3장

대한제국기
현실 참여와 처신

제1절 현실 참여

1. 동학농민군봉기에 대한 대응

서부 경남에 동학농민군이 들어오다

1893년 3월 보은집회 이후 경상도에서는 동학의 교세가 확산되어 각처에 접(接)이 설치되었고, 곧이어 전봉준이 고부에서 봉기한 뒤에는 경상도 지역도 동학 농민봉기의 영향을 받기 시작하였다. 경남지역의 경우 서남부 지역인 하동·진주, 서북부지역인 안의·거창·함양 등이 동학 농민봉기의 영향을 받았고, 그 중앙에 자리 잡은 의령도 예외는 아니었다.

서부 경남지역인 진주에서는 1894년 4월 말 동학도 수만 명이 들어와 소란을 일으켰고,[116] 안의·거창·함양 등지도 전라도와 접경하는 지역으로 일찍부터 동학 농민봉기의 영향을 받았는데, 6월 26일 남원의 동학농민군 이 운봉과 함양을 공략하고, 이어 안의(安義)로 들어왔다. 당시 안의 현감 조 원식(趙元植)은 동학농민군에게 연회를 베푼 후 아전과 백성들을 동원하여 기습·섬멸하였다. 동학농민군 잔여세력은 함양을 거쳐 달아났고, 조원식은 함양과 힘을 합쳐 팔랑치(八良峙)를 거점으로 방위체제를 갖추었다.[117]

서부 경남지역 곳곳에서 7월부터 동학농민군의 활동이 본격적으로 전개 되었다. 의령과 인접한 단성현(丹城縣) 단계리(丹溪里)에는 7월 15일 동학농 민군이 출몰하였고, 하동(河東)에는 7월 18일 동학농민군이 활동하기 시작 하여 8월 8일 민보군(民堡軍)과 전투를 벌이는 등 동학농민군의 활동이 각처

---

116 京第37號, 「慶尙道內東學黨景況 探聞報告」, 『駐韓日本公使館記錄』1, 國史編纂委員 會, 1986. 33쪽.
117 黃玹, 《梧下記聞》, 〈第2筆〉, (1894) 6月 26日.

로 확산하였다. 9월 1일 동학농민군은 하동을 점령하였다. 곧이어 남해(南海)·사천(泗川)·고성(固城) 등지에서도 동학농민군이 봉기하였다. 9월 10일 진주까지 장악한 농민군은 폐정 개혁과 왜적의 격퇴를 명분으로 삼았다.[118]

의령에도 동학농민군이 활동하고 있었다. 『의춘지(宜春誌)』에 의하면, 1894년 의령지역에서 활동하던 동학농민군은 선달(先達) 전중진(田中鎭)의 활약으로 "함안으로 이동하여 고을과 마을이 평안해 졌다."라고 하였고, 1894년 10월 부림면(富林面) 임창(任倉, 현재 신반리)에도 동학농민군이 활동하고 있었다.

> 10월에 임창(任倉)에서 동비(東匪)가 다시 일어나 무리를 지어 폐단을 끼치니 인심이 흉흉하였다. 낙서(洛西, 현 낙서면 전화리) 사람 이병일(李秉一)은 그 마을의 민정(民丁)을 뽑아 저들 동학당(東學黨) 열셋 집을 불태웠고, 또 내제령(來濟嶺)에서 한번 싸웠으나 도리어 패하였다. 18일 밤중에 초계(草溪)에서 영장(營將) 권병룡(權秉龍), 수찬(修撰) 권봉희(權鳳熙), 도사(都事) 권철희(權哲熙)가 기밀을 몰래 통기 하였다. 새벽에 이르러 포유사(布諭使) 전성석(全聖錫), 차윤영(車閏英), 대구영장(大邱營將) 최경백(崔景伯), 겸관(兼官) 초계군수(草溪郡守) 이찬희(李贊熙) 및 삼가(三嘉) 민병(民兵) 모두 8백여 명이 임창(任倉)을 사방으로 포위하고 총을 쏘아 불같이 공격하여 동비(東匪)로 죽인 자가 70여 급이었다. 동리에 사는 무인(武人) 권석희(權碩熙)는 재간과 능력이 있고 위세와 명망이 있었는데 음식을 내어 군사를 먹이고 군대를 포유(布諭)하였으며, 민병(民兵)을 모아 장차 동학당을 찾아 포착한 것이 많아 한 지역이 온전히 살게 되었다.[119]

---

118 南站發甲第152號,「東學黨의 檄文通牒 및 情報通知要請」,『駐韓日本公使館記錄』1, 國史編纂委員會, 1986. 139~140쪽.
119 『宜春誌』卷6,「大事略記」

동학농민군에 대응한 민보군을 조직하다

동학농민군에 대응하여 안의 현감 조원식이 갖춘 방위체제는 아전과 농민을 규합해서 결성한 민보군이다. 동학농민군 토벌에 종사한 사람들의 이름을 기록한 「동학당정토인록(東學黨征討人錄)」[120]과 동학농민군 토벌에 공을 세운 사람들의 공로를 기록한 「갑오군공록(甲午軍功錄)」[121]에 의하면, 안의현감 조원식(趙元植)과 거창군수 정관섭(丁觀燮)을 비롯하여 유생·향리·백성들이 동학농민군 진압에 가담한 것을 확인할 수 있다.

안의·거창·함양에서는 평소 선정을 베풀던 수령들이 주도하고 보수적인 유림이 결속하여 민보군을 결성하고 동학농민군의 진압에 나섰다. 거창의 경우를 보면, 수령을 중심으로 유생·백성·향리들이 동학도를 토벌하기 위해 관청의 창고를 풀고, 양반과 향리들이 돈과 곡식을 내어 군자금을 확보하였다. 그리고 동학도를 포착(捕捉)하기 위한 조약(條約)을 만들고 마을마다 파수막(把守幕)을 설치하였다.

의령지역에는 유생 율산 전상무가 동학농민군에 대비하여 민보군(民堡軍)을 결성하였다. 그는 향리 행정에서 1893년 봄부터 동학교도의 움직임에 대비하여 민보군을 결성하고 마을 뒷산에 있는 마고성(麻姑城) 옛터에 민보(民堡)를 구축하였다.

> 계사년(癸巳年; 필자, 甲午年의 誤記) 봄에 비류(匪類)가 난을 일으키자 촌락에 미칠까 두려워하여 세 동리의 동민과 더불어 봉암(蜂巖)의 율등(栗嶝) 위 마고성(麻姑城) 옛터에 민보(民堡)를 쌓고 약간의 조약(條約)을 설치하였다.[122]

---

120 〈東學黨征討人錄〉, 《東學亂記錄》(下), 韓國史料叢書10, 國史編纂委員會, 615쪽.
121 〈甲午軍功錄〉, 《東學亂記錄》(下), 韓國史料叢書10, 國史編纂委員會, 713쪽.
122 『栗山集』卷4, 附錄「遺事」

율산은 위정척사사상을 가진 유생으로 재지적 기반이 공고한 인물이었다. 19세기 후반 그는 주변 지역인 삼가(三嘉)의 석오(石梧) 권봉희(權鳳熙), 합천 묵동(墨洞)의 노백헌(老栢軒) 정재규(鄭載圭), 부림면(富林面) 입산(立山)의 수파(守坡) 안효제(安孝濟) 등의 관료 및 유학자들과 교유하였고, 의령지역에서 향론을 움직일 수 있었다. 그러므로 그는 향리인 행정(杏亭)·하촌(下村)·중촌(中村) 등 모의리(慕義里) 일원의 농민을 규합하여 민보군을 조직하였고, 이에 앞서 1896년에는 의령에서 창의할 수 있었다.

2. 「의춘향약절목」의 제정

율산, 재지적 기반을 다지다

1896년 1월 의령의진의 창의장으로 활동했던 율산은 의령지역에서 재지적(在地的) 기반(基盤)을 확고하게 다졌다. 우선 주목되는 것은 수령과의 유대관계를 공고히 하고 서신을 주고받으며 군정(郡政)에 협조적인 관계를 유지하였다.

1902년 의령군수로 부임한 김영기(金永基)가 1903년 군민들이 조세 부담에 항의하여 올린 등장(等狀)에 관해 상의하는 편지를 율산에게 보냈다. 그는 이에 답하는 편지에서 "백성의 입을 막는 것은 내(川)를 막기보다 어렵다."라고 하면서 안민(安民)의 도리(道理)를 다음과 같이 권유하였다.

안민(安民)의 도리가 처음부터 바르게 열리면 고을 백성들은 그 좋아하는 바를 따라서 한두 가지 작은 혜택에 지나지 않을지라도 온 고을이 화기애애할 것입니다. 이 같은 뜻으로 소장(訴狀)을 올린 백성을 불러 타일러 돌려보내면 자연히 시끄러움이 그칠 것입니다. 관리를 복종시키는 도리는 내 마음속을 활짝 열어 밝히고 공정하게 각각의 임무를 책임지면 위신이 어찌 더해지지 않겠습니까. 또 흉년에 조세를 바치는 것이 어려워 부담이 크다고 말하면, 담당자가 날마다 바쳐야 할 바를 살펴 오로지 상납에 힘쓰게 한다면 관리가 어찌 희롱 짓거리를 하겠으며 백성이 어찌 힘쓰지 않을 수 있겠습니까.[123]

율산은 군수의 시무(時務)를 사족의 입장에서 권유하였다. 즉 1894년 동학농민군 봉기에 대응한 민보의 결성과 1896년 의령의진을 주도하였던 유력한 사족으로써 고을의 여론에 영향력을 발휘할 수 있는 지위로 성장하였다.

율산, 고을의 향약계를 조직하다

1903년 율산은 군수 김영기(金永基)의 요청에 따라 의령 고을에 "향약(鄉約)을 설립하여 오가작통(五家作統)과 야조법(夜操法)"[124]을 실시하였다. 그 취지와 방안을 다음과 같이 제시하였다.

> 첩지(帖旨)가 도착하는 날 각자는 구습에 물든 것을 통렬하게 고치고, 다 같이 강학(講學) 과정(課程)과 습례(習禮)의 절차(節次)를 새롭게 하며, 강장(講長)의 주관 아래 기강을 세우고 착한 일을 권장하고 악한 일을 징계하며, 약장(約長)의 주관 아래 장부의 기록(記錄)과 의절(儀節)을 보고하며, 직월(直月)의 주관 아래 군약(郡約)과 면약(面約)을 모두 하나 같이 하면, 몸이 팔을 사용하듯이 하며, 팔이 손가락을 부리듯 굽혔다 펴듯이 하여 막아내는 데 이르지 않는 바가 없는 것과 같을 것이니, 지극히 다행하고 다행할 것이다.[125]

율산이 작성하여 군수에게 올린 향약은 「의춘향약절목(宜春鄉約節目)」 13조(條)와 이미 시행되고 있던 의령 향약의 환난상구조(患難相救條)를 당시의 고을 상황에 적합하도록 구체화 시킨 「환난상구장정(患難相救章程)」 13조(條)

---

123 『栗山集』卷2, 書 「答金明府」(永基, 癸卯)
124 『栗山集』卷4, 附錄 「遺事」
125 『栗山集』卷2, 書 「通諭鄉約契員」(代金候永基作)

였다.

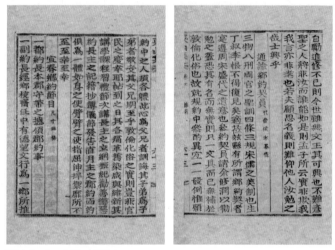

『栗山集』卷2, 書「通論鄕約契員」(代金候永基作)

무장농민집단이 등장하다

조선 후기 봉건적인 지배체제의 붕괴와 제국주의 세력의 침투가 심화하면서 몰락한 농민들도 반제반봉건운동에 뛰어들었다. 1894년의 동학농민군 봉기, 1896년의 의병 봉기를 거치면서 대한제국의 성립과 함께 무장농민집단의 활동이 전국적으로 일어났다.

무장농민집단의 이름은 달리 화적(火賊)·활빈당(活貧黨)·동비(東匪)·영학당(英學黨)·서학당(西學黨)' 등으로 불렸다. 특정 지역을 활동 범위로 하는 민란(民亂)과 달리, 전국을 활동무대로 관리와 부호, 일본인과 그에 부응하는 무리를 공격 대상으로 삼았다.

대체로 1897년부터 1905년까지 활동했던 무장농민집단은 이른바 '화적(火賊)'이었다. 이 시기 약탈을 일삼으며 활동했던 화적은 1880년대부터 등장하여 1894년 동학농민군으로도 활동했고, 1896년 을미의병 해산 이후 대한제국기에는 황해도 이남의 삼남지방(三南地方)에서 창궐했다. 전라도 지방은 지리산과 같은 산악지대 일원, 경상도는 낙동강 연변의 산악지대 일원에서 활동하였다. 의령지역은 동으로 낙동강과 서로 지리산의 중간 지점에 자리 잡고 있어 화적의 활동이 매우 빈번했던 곳이었다.

서부 경남지역에서는 의령을 비롯한 그 주변 지역 일원에서 무장농민집단의 활동이 매우 빈번하였다. 1900년 4월 의령과 멀지 않은 안의(安義)에서는 "화적당(火賊黨) 20여 명이 각기 총검을 소지하고 육십령(六十嶺) 위에 출몰하였다."라는 관찰사 이은용(李垠鎔)의 보고가 있었고,[126] 그 외 화적(火賊)과 명화적(明火賊)으로 불리는 무리가 각처에서 활동하였다.

   화적대치[火賊大熾] 안의(安義) · 거창(居昌) 등 군에 화적(火賊)이 대치(大熾)하여 겁인(劫人) 탈재(奪財) 방화(放火)하는 환해(患害)가 곳곳에 흰료(暄鬧)함에 백성이 안도(安堵)하지 못하던 중 안의(安義) 추동(秋洞)에 사는 전정언(前正言) 강필수(姜弼秀) 씨의 집에 적도가 돌입하여 그 집 사람을 타상(打傷)하고 방화(放火) 몰소(沒燒)하였다더라.[127]

   추적탈장[追賊奪贓] 초계군(草溪郡)에 명화적(明火賊) 50여 명이 각기 총검을 가지고 관청에 범입(犯入)하여 봉치(捧置)한 결전(結錢)을 겁탈(劫奪)한다고 성언(聲言)하기로 군수 민영원(閔泳原)이 포군(砲軍) 20여 명과 순교(巡校) 등을 영솔하고 이들을 의령군(宜寧郡) 신본시장(新本市場)에 추급(追及)하여 파산(破散)하고 그 약취(掠取)한 양목(洋木) 70필(匹)과 잡화(雜貨) 및 총창(銃槍) 등물을 몰수 탈환하여 실물주(失物主)에 추급(推給)하였다.[128]

---

126 『公文編案』, 1900. 4. 29, 「화적에게 피해를 입은 안의군 관내 가호에 대한 보고」
127 『皇城新聞』, 1900. 4. 26, 「火賊大熾」
128 『皇城新聞』, 1902. 2. 13, 「追賊奪贓」

『皇城新聞』, 1900. 4. 26, 「火賊大熾」　『皇城新聞』, 1902. 2. 13, 「追賊奪贓」

의령지역에는 낙동강 연변과 지리산 일원을 근거지로 활동하고 있던 화적들이 출몰하였다. 이러한 상황에서 의령군수 김영기는 동학농민군의 봉기에 대응하여 민보군을 조직하고 을미의병에서 창의를 주도했던 율산에게 민보군의 결성을 요청하였다.

향약을 제정하고 민보군을 조직하다

율산은 기존의 의령 향약을 활용하여 당시 상황에 적합하도록 절목(節目)을 제정하였다. 1903년 그가 정리한 「의춘향약절목(宜春鄕約節目)」과 「환난상구장정(患難相救章程)」(13조)은 다음과 같다.

「의춘향약절목(宜春鄕約節目)」

一, 도약장(都約長)은 본군 군수를 추대하여 향약(郡約)을 총령(摠領)한다.

一, 부약장(副約長)은 향교를 경영하는 재임(齋任) 중 덕망(德望)과 문행(文行)이 있어 한 고을이 추중(推重)하는 자로 삼아 군약(郡約)의 모든 사무를 빈틈없고 조리 있게 처리한다.

一, 군(郡)의 강장(講長)은 한 고을에서 문망(文望)과 덕망(德望) 있는 유림을 종장(宗長)으로 삼으며 춘추(春秋)로 각 면(面)의 강생(講生)을 지휘하여 군약소(郡約所)에서 행례(行禮)와 고강(考講)을 한다.

一, 군(郡)의 직월(直月)은 공정명찰(公正明察)하고 근신근간(謹愼勤幹)한 자로 삼아 장부를 주관(主管)한다.

一, 면(面)의 약장(約長)과 직월(直月)은 그 면(面)에서 영향력이 있고 공정하며 사리(事理)에 통달한 자로 삼는다. 무릇 면약장(面約長)의 일은 풍강(風綱)을 세우고 사무를 감독하며, 사송(詞訟)에 미쳐서는 먼저 권단(卷單)을 고열(考閱)하고 곡직(曲直)을 판별하여 올릴 것은 도장을 찍고 그렇지 못한 것은 불가하다는 도장을 찍어 올린다.

一, 면(面)의 강장(講長)은 그 면(面)에서 문학(文學)과 행의(行誼)가 가히 모범이 될 만 한 자로 택하여 삼는다. 각 동리의 강생(講生)을 지휘하여 매월 향회를 마칠 때 면약소(面約所)는 한 달 안에 고강(考講)한다. 독서한 바를 서로 읍례(揖禮)한 후 규약(規約) 등을 읽고 부모에게 알려 자제를 가르치며 그 우열을 비교하여 입격(入格)한 자는 군약소(郡約所)에 보고한다.

一, 향장(鄕長)은 관정(官政)의 득실(得失)에 책임이 있어 소임이 가볍지 않다. 향당(鄕堂)에는 향안봉안소(鄕案奉安所)가 있어 관계되는 바가 매우 중요하여 적합한 사람이 아니면 임치(任置)하기 불가하므로 군약소(郡約所)에서 공의(公議)로 천망(薦望)한다.

一, 각 면(面)의 집강(執綱)은 이미 혁파(革罷)되었은 즉, 면약소(面約所)가 각 동(洞)의 통장(統長)을 공천(公薦)한다. 무릇 호세(戶稅)의 공납(公納)은 관정(官庭)에 직납(直納)하며 인척(印尺)을 받아 준거(準據)로 삼는다.

一, 군약소(郡約所)의 서기(書記)는 군(郡)의 이속 중 공근(恭謹)하고 영리(伶俐)하며 문필(文筆)이 좋은 자 한 사람을 시키고 요뢰(料賴)를 준다. 파임(爬任)할 때 서원(書員) 한 자리는 면약소 사환을 전임(塡任)하여 동장(洞掌)을 시킨다.

一, 면동임(面洞任)이 하던 대로 따라 하여 부지런하지 않으면 그 약소(約所)에서 잘못을 바로잡고, 면약소(面約所)가 사사로움을 좇아 공정하지 않으면 군약소(郡約所)에서 규책(規責)하며 군약소(郡約所)의 적관(籍

官)이 사사로이 행하면 한 고을이 함께 관에 변정(卞正)을 호소한다. 또 한 약회(約會) 때에 서적(書籍)을 논벌(論罰)토록 한다.

一, 각 면(面)에서 선악(善惡)이 뚜렷하거나 사무(事務)가 크고 중요하면 그 약소(約所)에서 마음대로 바꿀 수 없고, 면(面)에서는 군(郡)에 보고하고 군(郡)에서는 관(官)에 보고하여 처리토록 한다.

一, 매번 향약회(鄕約會)를 열 때는 향약소(鄕約所)에서 실시 일자(日字)를 먼저 보고하거나 혹 정단(呈單)을 올리면 가하다. 까닭 없이 일을 핑계 로 참석하지 않는 자는 향약소(鄕約所)에서 처벌을 논의한다.

一, 각 향약소(鄕約所)는 삼적(三籍)129을 둔다. 일서(一書)는 입약(入約)을 원하는 자의 명단이고, 일서(一書)는 선행(善行)을 포장(襃獎)하는 것이 다. 그리고 일서(一書)는 선악(惡行)을 징개(懲改)하는 것이다. 매번 향 회 때 직월(直月)이 약장(約長)과 참석한 좌상(座上)에게 보고하여 상벌 (賞罰)을 의론하여 그 선행(善行)을 드러내며, 약장(鄕長)과 직월(直月) 은 악행(惡行)에 빠져 끝내 개과천선(改過遷善)하지 않으면 관(官)에 발 고(發告)하여 징치(懲治)하고 향약(鄕約)에서 축출(逐出)한다.130

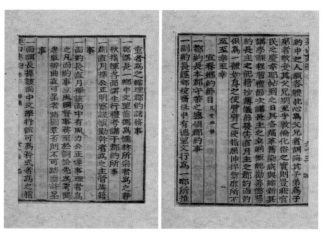

『栗山集』 卷2, 書「宜春鄕約節目」

---

129 삼적(三籍) : 입약자(入約者)의 명단을 기록한 장부와 덕업(德業)을 기록한 장부,
    그리고 과실을 기록한 장부이다. 삼적(三籍)은 직월이 관장하며 매번 약회 때 약장
    에 보고한다.
130 『栗山集』 卷2, 書「宜春鄕約節目」

「환난상구장정(患難相救章程)」(13條)

一, 각 동(洞)마다 십가작통(十家作統)은 가까운 이웃이나 집집이 필요한
것은 아니다. 한마을 안에는 부자와 가난한 자를 서로 섞어 통(統)을 만
들고, 나머지 호(戶)는 십가(十家)에 미치지 않더라도 수대로 일통(一
統)을 만든다. 통(統)마다 근간(勤幹)한 사람을 통수(統首)로 삼으며, 한
동리에 통장(統長) 한 사람을 둔다. 통장(統長)은 지패(紙牌)에 호구마
다 성명(姓名), 년기(年紀), 생업(生業)을 기록하여 통수(統首)에게 내려
준다. 통수(統首)는 곁방에 사는 사람이 있을 것 같으면 반드시 성명과
직업 나이를 쓰고 모성인(某姓人)의 곁방에 기탁(寄託)이라고 쓴다.

一, 면약소(面約所)에는 하나의 책자(冊子)를 두는데 수서기(首書記)는 각
동 통장(統長)의 성명(姓名)과 나이, 직업을 차례로 쓰고 매호의 성명과
나이, 직업을 써서 통수(統首)에 내려주고, 통수는 모동(某洞) 모호(某
戶)에 일이 있으면 약장(約長)은 책을 펼쳐 보아 손바닥을 보는 것 같이
한다.

一, 통(統)마다 십가(十家)는 힘을 합쳐 농사를 짓고 서로 품팔이를 하며 집
기(什器)와 자량(資糧)의 유무(有無)에 따라 서로 빌려주고 출입을 서로
살펴 고하며 힘껏 서로 도운즉, 통수(統首)는 공납(公納)을 시키고 통장
(統長)은 서로 논의하여 힘쓸 것을 권고하며 경계하고 타이르도록 한다.

一, 통장(統長) 및 권농관(勸農官)은 농사철이 되면 통(統) 안의 고공(雇工)
의 질병(疾病)을 살피고, 혹 농우(農牛)가 죽어 경작과 수확을 할 수 없
으면 반드시 다른 통(統)에서 힘을 빌려 나라의 땅이 황폐하지 않도록
하며, 여름의 관개(灌漑) 등의 일은 반드시 강자는 누르고 약자는 도와
균등하게 물을 대도록 하며, 상하가 강경하여 스스로 처리하지 못할 것
같으면 면약소(面約所)에 고하고 관(官)에 품의(稟議)하여 처리한다.

一, 통내(統內)의 사람이 혹 폐질(廢疾)로 생업을 포기하거나 작간(作奸)으
로 범법(犯法)하는 등의 일이 있으면, 그 통수(統首)는 통장(統長)에게
고하고, 통장(統長)은 면약소(面約所)에 고하여 징치(懲治)할 것이다.

一, 어느 통(統) 안에 부랑(浮浪)한 비류(非類)가 있다는 사실이 발견되면
그 통수(統首) 또한 검속(檢束)하지 않은 벌을 면하기 어렵다.

一, 통장(統長)은 목라(木鑼) 1개를 설치하여 급히 경계(警戒)할 일이 있으

면 징소리를 울려 장정(壯丁)을 모으고, 통수(統首)는 반드시 통내(統內)의 사람들을 거느리고 무기를 준비하여 앞다투어 급히 달려간다.

一, 매가(每家)는 반드시 철창(鐵鎗)과 목봉(木棒)을 준비하여 매일 야조(夜操) 때에 신호를 듣는 즉시 모여서 지체하지 않고 갑작스러운 일에 대비한다.

一, 통혁(痛革)과 취당(聚黨)은 상장(喪葬), 가취(嫁娶), 농역(農役), 약회(約會) 등이 아니면 명령 없이 5·6인이 까닭 없이 무뢰배와 같이 함께 모여 주사(酒肆)에서 소란을 피우거나 도박을 하거나 싸우면 그 통장(統長)은 즉시 기찰(譏察) 등 하인(下人)에게 명하여 결박(結縛)하고 면약소(面約所)에 잡아 보낸다. 수상한 사람이 그곳에 여러 명 모여 있어 한 동네가 포착(捕捉)할 수 없을 것 같으면 은밀히 이웃 동네에 기별하고 가까운 곳에 엎드려 기다리도록 한다. 통장(統長)이 먼저 힐문(詰問)하여 거주지와 거취, 이름과 신분, 행적이 있을 것 같으면 깨우쳐 보내고 그렇지 않으면 결박(結縛)하여 관에 보낸다. 행장에 검(劒)이나 포(砲) 등의 무기가 있을 것 같으면 그 이유를 불문하고 잡아 올린다.

一, 적(賊)을 보고 잡아 올린 자는 상(賞)을 주고, 적(賊)을 보고 두려워 피한 자는 벌을 준다. 물론 통장(統長), 통수(統首), 통솔(統率)이 적(賊)을 보고서 용감(勇敢)하고 지교(智巧)있게 포착(捕捉)하게 되면 다만 상전(賞錢)뿐만 아니라 마땅히 위로 보고하여 그 몸이 세상을 위해 힘썼다고 현창(顯彰)한다.

一, 농사를 서로 돕지 않고, 기기(器機)를 서로 빌려 돕지 않고, 울부짖는 소리를 듣고도 나오지 않고, 급한 경보에도 구하지 않고, 적을 보고도 피하려 하고, 상애인(常挨人)이 위지(危地)에 처(處)했을 때 구하지 않는 사람은 적율(賊律)과 같이 시행한다. 통장(統長)은 약장(約長)에 보고하고 약장은 관청에 품의하면 조사하여 처리한다.

一, 혹 민포(民砲)의 설치는 수에 구애받지 않고 요해지를 방수한다. 포군(砲軍)의 급여는 모름지기 중의(衆議)로 정하며 포군(砲軍)과 같게 한다. 혹 포도(捕盜)를 빙자(憑藉)하여 민간(民間)에 작폐(作弊)하면 그 통장(統長)은 불칙죄(不飭罪)를 면키 어렵다.

一, 도적을 막는 준비는 오로지 요부인(饒富人)이 오로지 설립하는데 무릇

방수(防守)와 조포(操捕)에 소비된다. 직월(直月)은 요호(饒戶)에 정확
히 처리하고 고르게 분배한다.

　옛날 좋은 장수가 변경을 지키는 방법은 거험(據險), 수요(守要), 견벽(堅
壁), 청야(淸野)에 지나지 않았다. 본군은 천험(天險)이다. 뒤는 고산(高山)이
고 앞은 장강(長江)이 이것이다. 본군은 천부(天府)이다. 옥야(沃野)는 비옥하
여 되로 심고 섬으로 거두니 이것이다. 가히 지리(地理)의 좋은 점을 얻었다
할 수 있으니 인화(人和)를 얻는다면 무엇이 걱정이겠는가. 대적(大賊)에도 무
사(無事)하니 농상(農桑)을 권과(勸課)하고 효제(孝悌)를 돈수(敦修)하여 급
한 일이 있으면 합심하고 힘을 합치면 방어하기에 좋다.(험거청야지술(據險淸
野之術)은 모름지기 기계궤진량지법(機械饋賑粮之法)으로 상세한 것은 민보
설(民堡說)에 있다) 규약(規約) 중 환난상구(患難相求) 한 조(條)는 오늘날 제
일 급무(急務)인 까닭에 장정(章程)을 우와 같이 정하였다.131

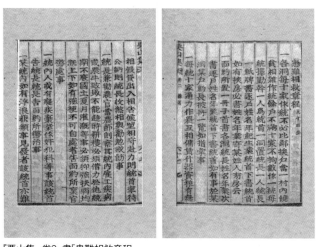

『栗山集』 卷2, 書「患難相救章程」

　율산이 정리한 「의춘향약절목」과 「환난상구장정」은 기존의 의령 향약을
근거로 삼았다. 특히 「환난상구장정」은 향약의 환난상구조(患難相救條)의 뜻

---

131 『栗山集』卷2, 書「患難相救章程」

을 살려 보완한 것이다.[132] 그는 1866년 병인양요 때 강화도를 점령한 프랑스군을 격퇴하기 위해 전국 각처에서 결성된 의병부대의 조직을 체계화시켜 향토방위에 활용하기 위해 신관호(申觀浩)가 정리한 『민보집설(民堡輯說)』을 참고하였다. 신관호는 신헌(申櫶)이다.

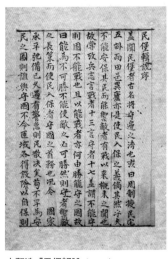

申觀浩, 『民堡輯說』(1867)

율산의 민보군 조직의 체계는 조선 후기의 오가작통제(五家作統制)를 당시 의령 고을의 실정에 적합하도록 발전시켜 십가작통제(十家作統制)로 편성한 것이었다. 일반적으로 민보군(民堡軍)이라고 하지만, 이른바 토비보방단(土匪保放團), 혹은 야조군(夜操軍)을 말하는 것이다.

---

132 『栗山集』 卷2, 書「通論鄕約契員」(代金候永基作)은 「의춘향약절목(宜春鄕約節目)」 13조(條)와 이미 시행되고 있던 의령 향약인 「남전향약연의(藍田鄕約演義)」의 환난 상구조(患難相救條)를 당시의 고을 상황에 적합하도록 구체화 시킨 「환난상구장정(患難相救章程)」 13조(條)를 포함하고 있다.

제2절 외세 침략과 입산은거

1. 청명사의 건립

을사늑약 이후 입산은거(入山隱居)하다

1905년 국권을 침탈하는 을사늑약이 체결된 뒤, 매우 실망한 율산은 간재 전우에게 처신(處身)과 입론(立論)에 대해 다음과 같은 편지로 질문하였다.

> 요즈음 세상일을 전해 들으니, 신민(臣民)으로서 차마 말할 수 없는 것이 있게 되었습니다. 만약 참으로 이러하다면 의리(義理)가 존재하는 곳에서 장차 어떻게 처신(處身)할 수 있겠습니까? 다만 스스로 피눈물을 삼키며 어찌할 바를 모르겠습니다. 바로 문하(門下)에 달려가 의리에 맞는 처신(處身)과 입론(立論)을 어떻게 해야 하는지 듣고 싶지만, 집안일에 어려움이 많아 마음대로 할 수 없습니다. 참으로 한탄스러우나 어찌하겠습니까? 엎드려 바라옵건대 미혹함을 일깨우는 가르침을 내려주시어서 불의한 경지로 빠지지 않도록 해주십시오, 간절히 바라고 바라옵니다.[133]

율산은 을사늑약에 대한 유생의 처신에 관해 간재에게 가르침을 청하고 있다. 이미 그는 "사도(斯道)에 책임을 질 만한 사람은 우리 선생님"이라고 하며, 간재의 인망과 학문에 대해 높이 존중을 표하고 있었고, 편지를 주고 받으며 교유하고 있는 상태였다.

을미의병 이후 유생들은 의병을 일으켜 왜적을 소탕하는 거의소청(擧義掃淸), 국외로 망명하여 대의를 지키는 거지수구(去之守舊), 의리를 간직한 채 치명(致命)하는 자정치명(自靖致命)을 통해 행동방안을 결정하는 출처관(出處

---

133 『栗山集』卷2, 書「上艮齋先生」(乙巳)

觀)을 적극적으로 실천하였다. 이른바 '처변삼사(處變三事)'이다.

간재의 출처관은 의병 전쟁에 불참한 것으로 이어졌고, 1905년 이후 자정론(自靖論)에 따라 '부해수의(浮海守義)'를 실천하였다. 간재는 을사늑약 체결에 반대하는 '청참오적소(請斬五賊疏)'를 올렸다가 받아들여지지 않자 서해상의 고도에서 은둔하였는데, 율산도 간재의 처세론(處世論)을 따라 입산은거(入山隱居)를 실천하였다.

자굴산에 은거하다

1906년 봄 율산은 향리 의령의 진산 자굴산(闍崛山)에 들어가 은거를 시작하였다. 그는 자신이 자굴산에 들어가는 과정을 「청명사수계서(淸明社修契序)」에서 다음과 같이 기록하고 있다.

> 아! 슬프다. 장부가 다행히 은둔하니 청명산(淸明山) 남쪽의 금정(金井) 한 구역이다. 그 땅은 세 개의 바위가 우뚝 솟아 모자(帽子)를 쓴 것 같고, 앞에 마주한 신선안(仙人案)은 형형한 금반옥국(金盤玉局)과 같고, 창룡(蒼龍)이 구슬을 물고 있는 것 같고, 백호(白虎)가 새(乙)를 끼고 있는 것 같다. 가운데 수간(數間)의 초암(草菴)이 있으니 지은 자 누구인가. 산의 중 주선(周善)이다. 병오년(丙午年) 봄에 횡당(黌堂; 鄉校)에서 열린 향약회(鄉約會)에 동지 수삼 인이 와서 이곳에서 놀았는데, 그 계정(階庭)이 무너지고 첨우(簷宇)가 날려 여러 번 탄식하니 중이 나와 말하기를 "이 암자는 풍우(風雨)로 피폐하게 되었으나 비구(比丘)가 적고 재정이 다해 보수할 수 없어 불상을 옮겨가 소슬합니다. 여러분이 다시 고쳐 독서할 곳으로 삼고자 하면 전복(顚覆)되지 않을 것이니 어찌 소위 일거양득(一擧兩得)이 아니겠습니까."라고 하였다. 마침내 그 말에 감동하여 서로 돌아보며 시키는 대로 비로소 돌을 쌓아 마당을 다지고 띠를 베어 지붕을 덮기를 한 달을 넘겨 일이 끝났다. 바야흐로 개편(改扁)을 논의하게 되었는데, 마침 회옹(晦翁; 주희의 호)이 쓴 청명산실(淸明山室) 4자를 거니 또한 우연한 일이 아니다. 이에 여러 군자와 더불어 계(契)를 만들어 책

을 읽고 학문을 힘쓰는 곳으로 삼았다.[134]

율산은 자굴산의 이름이 원래 청명산(淸明山)이었는데, 뒷날 승려들이 들어와 거주했고, 처음 중 주선(周善)이 몇 칸의 풀로 된 암자를 지었는데, 본래의 이름대로 편액을 만들었으니 '청명산실(淸明山室)'이라고 그 유래를 말하고 있다.

자굴산을 노래하다

1907년 가을 율산은 간재에게 청명산실의 현판을 써달라고 부탁하였다. 또 이 편지의 별지(別紙)에서 자굴산의 유래와 경치를 다음과 같이 설명하였다.

옛날 주부자(朱夫子)가 무이정사(武夷精舍)를 완공하지 못했을 때 말하기를 "지난 몇 년 동안 군색함이 더욱 심하여 시(詩)는 이미 써두었으나 집은 완공하여 들어가지 못했다."라고 했습니다. 지금 저의 모임은 집은 이미 완공했으나 시(詩)는 이루지 못하였으니 실로 흠이 되는 일입니다. 감히 선생님께 특별히 천근 같은 글씨를 내려주시기를 청하오니, 글을 써서 기록하고 시를 써서 걸게 된다면 어찌 다만 문미(門楣)에서만 빛날 따름이겠습니까? 이 산의 중요함이 장차 형산(衡山)과 노산(盧山)에 뒤지지 않을 것입니다. 대략 산의 형승(形勝)을 열거하여 올리니 간절히 바라옵건대 굽어살펴 주십시오.
산의 이름은 본디 청명(淸明)이나, 지금인즉 자굴(闍崛)이니 대체로 승려가 거주했기 때문입니다. 그 본래 이름을 드러내어 모임의 편액을 만들었습니다. 또 회옹(晦翁)이 쓴 청명산실(淸明山室) 4자(字)를 선생의 궤장(几藏) 속에서 얻어 현판으로 삼았으니 진실로 우연이 아닙니다. 우리의 모임[社]이 터[址]를 잡은 곳은 청명산(淸明山) 꼭대기 봉오리 아래 층암절벽(層巖絶壁) 사이입니다. 앞에는 백장(百丈)이나 되는 우뚝한 층층 바위가 있어 밝고 빛나기가 금

---

134 『栗山集』 卷2, 序「淸明社修契序」

쟁반이나 옥 바둑판 같은데 위에는 수십 인이 앉을 수 있습니다. 뒤에는 세 개의 바위가 있는데, 우뚝 솟은 중앙의 바위는 대인(大人)이 모자를 쓴 것 같고 선인이 일어나 춤을 추는 것 같습니다. 좌우 푸른 벽은 두 소매를 높이 펼친 것 같은데 좌청룡(左靑龍) 우백호(右白虎)가 됩니다. 청룡암벽(靑龍巖壁) 아래에는 용(龍)의 입 모양 같은 굴이 있는데 이름을 금정(金井)이라 합니다. 그 물은 떨어져 있는 돌을 적시고 있는데 물소리가 졸졸 나며 맑고 단맛이 있습니다. 그 아래에는 옆으로 잔도(棧道)로 길을 만들어 겨우 한 사람이 통과하여 왕래할 수 있으니 우리가 모이는 곳으로 들어갈 수 있는 길이 이것입니다. 우리의 건물에 들어가 조망(眺望)하면 서쪽으로는 지리산[方丈山] 삼봉(三峯)이 멀리 그 기이함을 드러내고, 남쪽으로는 사해남강(泗海藍江)이 있어 옷깃과 거울 같으며, 동쪽으로는 금릉고도(金陵古都)로 통하는데 구름 너머 여러 산이 용이 서리를 틀고 호랑이가 웅크리고 있는 것 같고, 18군(郡)의 천봉만학(千峰萬壑)은 꾸불꾸불 서로 얽혀있고, 산골짜기의 구름과 안개는 아침저녁으로 모습을 바꿉니다. 그 나머지 빼어난 경치는 다 거론하기 불가합니다. 부디 잘 살펴 주시기를 바랍니다.135

율산은 자굴산의 형승을 간략하게 묘사하고 있다. 즉 자굴산의 명경대(明鏡臺)와 금정(金井), 그리고 서쪽 지리산, 남쪽 남해, 동쪽 김해 등과 경남 일원 18개 군이 사방으로 펼쳐진 천봉만학((千峰萬壑)의 경승을 사실적으로 묘사하고 있다. 그 아래 절터가 있는데, 일찍이 남명 조식이 공부를 했다는 곳이다. 남명은 이 자굴산의 명경대를 "하늘 받치는 기둥 부러져 이 골짜기에 박혔다(鰲柱當年折壑中)"136라고 노래하였다.

---

135 『栗山集』卷2, 書「上艮齋先生」(丁未)
136 『南冥先生文集』卷1, 詩「明鏡臺 二首」

율산이 '청명산실(淸明山室)'을 세우고 강학을 했던 명경대 신선암이다.

신선암에 새겨진 "전상무(田相武)" 3글자.(1907년 하산할 때 새겨 두었다는 "청명유지(淸明遺址)" 네 글자는
마멸되어 보이지 않고, "전상무(田相武)" 세 글자만이 희미한 흔적으로 남아있다.)

청명산실을 세우고 수학하다

율산은 청명산, 즉 자굴산 신선암에 청명사(淸明社)를 짓고, 그 이름을
'청명산실(淸明山室)'이라고 하였으며, 경전과 예법을 토론하는 강학을 위한
결사(結社)를 세웠다. 그리고 계(契)를 만들어 그 비용으로 삼았다.

그리고 간재에게 "감히 선생님께 특별히 천근 같은 글씨를 내려주시기
를 청하오니, 글을 써서 기록하고 시를 써서 걸게 된다면 어찌 다만 문미(門
楣)에서만 빛날 뿐이겠습니까?"[137]라고 하며, 편액을 요청하였다. 그리고
「청명사수계서(淸明社修契序)」를 짓고, 좌목(座目) 8조(條)를 정했다.

---

137 『栗山集』卷2, 書「上艮齋先生」(丁未)와 「別紙」

청명사수계서(淸明社修契序)

　대저 명승(名勝)은 천지(天地)의 굳게 숨겨둔 비밀스러운 물건인데, 반드시 그 사람을 기다린 후 전해진다. 그런 까닭에 난정(蘭亭)138은 왕사(王謝) 제공(諸公)139이 모이는 곳이고, 향산(香山)은 백유(白劉)140 제노(諸老)가 만나는 곳이라 하였다. 저들은 모두 강개(慷慨)하고 뜻을 잃은 선비로서 산수에 숨어 살며 한가하게 글을 짓고 주연을 베풀었다. 동진(東晉)과 만당(晚唐) 때에는 오히려 일할 만한데도 이같이 했는데, 하물며 우리들의 금일(今日)에 있어서야. 아! 슬프다. 장부가 다행히 은둔하니 청명산(淸明山) 남쪽의 금정(金井) 한 구역이다. 그 땅은 세 개의 바위가 우뚝 솟아 모자(帽子)를 쓴 것 같고, 앞에 마주한 선인안(仙人案)은 형형(瑩瑩)한 금반옥국(金盤玉局)과 같고, 창룡(蒼龍)이 구슬을 물고 있는 것 같고, 백호(白虎)가 새(乙)를 끼고 있는 것 같다. 가운데 수간(數間)의 초암(草菴)이 있으니 지은 자 누구인가. 산의 중 주선(周善)이다. 병오년(丙午年) 봄에 횡당(黌堂)에서 열린 향약회에 동지 수삼 인이 와서 이곳에서 놀았는데, 그 계정(階庭)이 무너지고 첨우(簷宇)가 날려 여러 번 탄식하니 중이 나와 말하기를 "이 암자는 풍우(風雨)로 피폐하게 되었으나 비구(比丘)가 적고 재정이 다해 보수할 수 없어 불상을 옮겨갔고 소슬합니다. 여러분이 다시 고쳐 독서를 할 곳으로 삼고자 하면 전복(顛覆)이 되지 않을 것이니 어찌 소위 일거양득(一擧兩得)이 아니겠습니까."라고 하였다. 마침내 그 말에 감동하여 새로 돌아보며 시키는 대로 비로소 돌을 쌓아 마당을 다지고 띠를 베어 지붕 덮기를 한 달 넘겨 일이 끝났다. 바야흐로 개편(改扁)을 논의하게 되었는데, 마침 회옹(晦翁)141이 쓴 청명산실(淸明山室) 4자를 거니

---

138 난정(蘭亭) : 중국 절강성 회계현 산음(山陰) 지방에 있던 정자이다. 동진(東晉) 때에 많은 명사가 그곳에서 모임을 하고 놀았는데, 왕희지(王羲之)가 이곳에 여러 명사와 삼월 삼짇날 수계(修禊)하고 지은 난장서(蘭亭序)가 유명하다.

139 왕사(王謝) ; 육조(六朝) 시대 망족(望族)인 왕씨(王氏)와 사씨(謝氏) 집안에서 배출된 걸출한 자손들을 가르치자는 말, 특히 진(晉)나라 사현(謝玄)이 "지란옥수(芝蘭玉樹)가 집안 섬돌에 피어나 향기를 내품는 것처럼 하겠다."라고 숙부 사안(謝安)에게 대답한 고사가 유명하다.『晉書』권79, 列傳「謝安」

140 백유(白劉) ; 백거이(白居易)가 항주자사(杭州刺史)로 있을 때, 왕숙문(王叔文)·유종원(柳宗元) 등과 함께 정치 개혁에 나섰다가 실패한 뒤 소주자사(蘇州刺史)로 된 유우석(劉禹錫)의 교유를 두고 세칭 '백유(白劉)'라고 한다.

141 주희의 호

또한 우연한 일이 아니다. 이에 여러 군자와 더불어 계(契)를 만들어 책을 읽고 학문을 힘쓰는 곳으로 삼았다. 대개 이 집에 오르면 가슴이 시원하다. 높이는 서산의 청표(淸飈)를 잡을 것 같고, 시계(視界)는 탁 틔어 멀리 동해의 명월을 바라볼 수 있으며, 앞 산비탈에서 고비를 캘 수 있으니 가히 탄복(歎服)하고 앙모(仰慕)할 만하다. 남쪽으로는 산이 축수(祝壽)하여 무너지거나 어질어지는 것 없이 동쪽으로 달리니 긴 바람 같다. 노래가 끝났다고 누구를 원망하고 누구를 탓하리오. 다시 서로 경계하고 깨우쳐 말하기를 "무릇 우리 동지들은 천명에 순응하고 기다려 두 갈래 세 갈래로 갈라지지 말라. 신인(神人)에게 한 맹세를 어길 것 같으면 욕됨을 씻을 수 없을 것이다." 대략 8조를 서술하여 좌에 붙인다.[142]

一, 무릇 우리 동지들은 마땅히 각기 평소의 뜻을 삼가 지켜 종신토록 절대로 외부의 허황한 화려함에 물들지 말고 산수의 꾸짖음과 성냄을 취한다.

一, 무릇 입사(入社)와 독서(讀書)는 성스러운 경전을 존중하고 믿으며 늙어서도 힘쓴다. 잡서를 보고 궁벽스러운 것을 찾아 괴이한 일에 이르지 말라.

一, 각기 모름지기 사치와 욕심을 참고 절약과 검소를 숭상하라. 성색(聲色)과 취미(臭味)는 삶을 망각하고 행동을 무너뜨리는 것이다.

一, 서로 바른 도리를 충고(忠告)하고, 욕된 일을 참고 견디며, 온화하고 공경함을 힘쓰라. 앉은 자리에서 싸움이 일어나며 어깨가 부딪쳐 분란이 일어나게 하지 말라.

一, 제가(諸家)의 자제(子弟)들로 조금이라도 배우고자 하는 자는 반드시 이곳에 와서 책을 읽어라. 담박한 음식에 힘든 공부지만 전심전력하여 끝내 그 학문을 마치도록 하라.

一, 춘추에 모여 놀 때 대략 배반(盃盤)을 베푼다. 반드시 계물(契物)은 불리고 분별하여 쓰라.

一, 사직(社直)은 반드시 산승(山僧)으로 삼고, 주부자(朱夫子)가 거느린 도사(道士)가 운곡(雲谷)을 지킨 고사(故事)를 따른다.

---

142 『栗山集』卷2, 序「淸明社修契序」

一, 계회(契會)의 날짜는 매년 4월 보름과 8월 그믐으로 정한다.[143]

율산이 구상한 결사(結社)는 유학을 공부하는 선비들이 입사(入社)하여 독서(讀書)하는 수양처(修養處)로 삼는다는 것이었다. 그 대상은 의령 일원에 흩어져 있는 여러 가문의 자제(子弟)들이었다.

율산이 자굴산에 '청명산실(淸明山室)'을 열자 의령 일원의 유생들이 찾아들었다. 일찍이 의령의진 창의에 앞서 시국을 논하고 함께 창의에 참여했던 극로(極老) 홍종성(洪鍾性)을 비롯하여 신반의 권삼현(權參鉉), 삼가의 권명희(權命熙), 합천 묵동의 정형규(鄭衡圭), 권재달(權載達), 의령 입산의 안석제(安錫濟), 김인락(金麟洛), 허찬(許巑) 등의 유생들이었다. 이들은 자굴산의 경승과 청명산실을 설립한 그의 고귀한 뜻을 시로 노래하였다.

율산의 자굴산 은거와 청명산실 설립은 의령을 비롯한 각처에서 명성을 얻었다. 그렇지만 이미 나라의 운명은 기울어졌고, 일본인들의 영향이 각처에 미치는 상황에서 그들의 의심과 정탐을 피할 수 없었다. 그가 1908년경 의령군수 이년하(李年夏)의 편지를 받고 하산(下山)을 결심한 것도 일본인들의 간섭 때문이었다.[144] 결국, 그는 자굴산을 내려와 향리 행정으로 돌아오지 않을 수 없었다.

2. 율산정의 건립

밤나무를 심고 율산정을 건립하다

1908년경 자굴산에서 내려온 율산은 향리 행정의 뒷산에 밤나무를 심고 율산정(栗山亭)을 세웠다. 그리고 율산정에서 계를 만들어 자손들과 고을 청

---

143 『栗山集』卷2, 序「淸明社修契序」
144 『栗山集』卷2, 書「答李明府」(年夏, 丁未, 1907)

년들에게 강학(講學)하며 예(禮)를 가르쳤다.145 이때 율산은 직접 「우인계서 (友人契序)」를 지었다.

「우인계서(友人契序)」

나는 재주도 없고 덕도 없는 사람인데, 어찌하여 빨리 죽지 아니하여 이처럼 상전벽해가 된 망극한 변화의 시대를 만났던고? 스스로 돌아보건대 세상에 용납되지 못하였으므로 한가롭게 경전을 들고 자손을 데리고 산으로 들어가 집을 짓고 살면서 고사(枯死)하려고 하였다.

인근에 사는 시골 수재(秀才)가 때로는 찾아와 책 다래끼를 메고서 가르침을 청하면서 "오래 갈 정자와 서책을 갖추는 것은 자본이 없으면 안 되겠습니다."라고 하였다. 그들은 각자 약간의 재물을 내서 계를 만들고, 나에게 계의 이름을 명명하고 서문을 지어달라고 하였다. 나는 놀라서 답하기를 "이렇게 쇠약하고 우매한 사람이 제군들을 가르치더라도 도움이 되는 바가 없을 것이다. 그리고 정자가 보존되고 보존되지 않은 것은 재물의 유무(有無)에 있는 것이 아니고 배움의 흥폐(興廢)에 있는 것이다. 지금 황금 백 상자가 있더라도 배움에 뜻이 있는 사람이 없으면 황폐한 건물이 되고 말 것이다. 비록 초가집 몇 채라도 진실로 배움에 뜻 있는 사람이 있다면 장차 학교와 학당이 될 것이다. 어찌 이 정자가 쉽게 낡아 못 쓰게 될 것이라 두려워하는가. 그러나 책을 구입하려는 계획은 참으로 좋은 것이다. 예전에 송우암(宋尤庵) 선생께서 "『주자어류(朱子語類)』를 옷을 팔아 구입하였다."라고 하니 참으로 배움을 좋아하신 것이다. 지금 제군들이 이러한 분위기의 세상을 만나서 능히 고인(古人)의 일을 본받으니, 내가 글재주가 없다는 이유로 사양할 수 없구나. 애오라지 한마디 하여서 제군들이 힘쓰도록 하겠다."라고 하였다.

무릇 이끌어주고 권장하는 것은 스승의 일이다. 절차탁마하고 의리를 말하는 것은 벗의 도리이다. 용감하게 힘쓰고 전진하는 것은 자기의 노력이다. 만약 널리 여러 책을 구하여 때때로 강습하고 마음속으로 기뻐한다면 훌륭한 친구들이 머지않아 찾아올 것이다. 그렇다면 어찌 스승의 교화를 기다린 뒤라야 얻는 것이 있으리오. 증자(曾子)께서 "군자는 학문으로서 벗을 모으고, 벗으로

---

145 『栗山集』卷4, 附錄「遺事」및 「行狀」

서 인을 보완한다.[君子以文會友, 以友輔仁]"이라고 하셨다. 나는 그 말에서 계(契)의 이름을 지어 '우인(友仁)'이라고 하고, 제군들과 만년을 함께하면서 더욱 빛나게 하는 바탕이 되고자 한다.146

위 「우인계서」는 율산정을 짓고 나서, 마을과 문중의 자제들을 위한 서당을 열고, 서당을 운영하는데 필요한 경비를 조달하기 위한 계의 서문이다. 율산은 학교와 학당으로 율산정을 설립하였다.

그는 당시의 심정을 「율산정원운(栗山亭原韻)」에서 "산에 들어가 고사하기로 마음을 처음 정했고, 밤나무 심어 생계 삼을 계획했으니 역시 엉성하다."(入山枯死心初定 種栗資生計亦疎)라고 탄식하였다. 그 소서(小序)에서 율산정을 세운 내력을 다음과 같이 설명하고 있다.

"세상이 말할 수 없을 만큼 변해 가는데 부합할 수 없고 또한 집에 있으면서 사람들을 상대하기 싫어서 청명산(清明山) 정상에 허름한 암자를 보수하여 그곳에서 일생을 마칠 계획을 세웠으나 마침내 풍조(風潮)의 내몰린 바가 되어 암자를 철폐하고 산에서 내려왔다. 어느 날 마을 뒤 계곡을 지나다가 밤나무 아래서 쉬게 되었는데, 문득 도정절(陶靖節)의 율리(栗里)가 생각이 났다. 그래서 이곳에다 두어 칸의 집을 지어 주변에다 밤나무를 심고 정자 이름을 율산정(栗山亭)이라 하였다."147

율산은 자굴산에 흩어져 자생하는 밤나무를 옮겨 심고 정자를 지은 다음, 도연명(陶淵明)이 살았던 율리(栗里)를 생각하며, 정자 이름을 율산정(栗山亭)이라고 했다.

---

146 『栗山集』 卷2, 序 「清明社修契序」
147 『栗山集』 卷1, 詩 「栗山亭原韻」(並小序)

율산정(의령군 대의면 행정리)

호 '율산(栗山)'을 얻다

율산정을 짓고 나서 그는 간재에게 이 정자의 이름에 대한 글을 요청하였다. 이에 간재는 「제율산정액자후(題栗山亭額字後)」를 지어 보냈다.

「題栗山亭額字後 爲田舜道作」(율산정 현판, 간재 전우)

「율산정 편액의 자의(字義)에 대한 후기, 전순도를 위해서 짓다.(題栗山亭額字後 爲田舜道作)」

율(栗)이 경근(敬謹)함이 되고148, 산(山)이 간지(艮止)가 되는 것149은 모두 경전에서 이미 나타나 있다. 『자서(字書)』에서 "온갖 곡식이 실하고 쭉정이가 되지 않음을 율(栗)이라고 한다."라고 하였다. 또 말하기를 "산(山)은 펼치고 생산하는 것이니, 기운을 펼쳐서 만물을 생산하는 것이다."라고 하였다. 불교 서적에서 율(栗)을 이름하여 독가(篤迦)라 하였다. 『어류(語類)』에서는 "산(山)은 안정되고 독실함이 인(仁)과 유사하다."라고 하였다. 크도다! 율산(栗山)의 뜻이여! 어진 우경(寓耕) 종인이 산중에 집을 짓고 밤나무를 많이 심었는데 그 집을 이름하여 율산정(栗山亭)이라고 하였다. 내가 그것을 듣고 율산(栗山)의 의미를 써서 벽에 걸어서, 날마다 경건함에 머물고 독실함에 종사하여 일어나고 펼쳐 생산하는 쓰임을 베풀도록 하고자 한다.

천사율(天師栗)은 오직 청성산(靑城山)에 만 있다. 그 껍질은 옥처럼 결백하고, 새가 깃들지 않고, 벌레가 생기지 않으며, 열매는 밤처럼 생겼는데 맛이 좋다. 오직 홀로 방을 차지한 것은 마치 꿀밤과 같으니 특이하게 여겨진다.

지금 보건대, 세상 풍조가 매우 나빠서 사람들은 가만히 머물러 있지를 못하고 있다. 나는 전우경(田寓耕)이 독방율(獨房栗)이 되어 청성산(靑城山)에 우뚝 서서 중도를 행하여 홀로 바른길을 가는 군자150가 되기를 바란다.

청성산은 자굴산이다. 간재는 율산을 "청성산(靑城山)의 독방율(獨房栗)"이라고 했다. '율산(栗山)'이라는 호도 도톨밤[獨房栗] 때문에 붙여진 것이다.

율산의 삶은 이 율산정에서 1923년 죽을 때까지 이어졌다. 1910년 나라가 망한 경술국치 이후 호적(戶籍)과 은사금(恩賜金) 거부, 그리고 묘적법(墓

---

148 경근(敬謹)함이 되고 : 《의례》〈사혼례(士昏禮)〉에 "신부가 대추와 밤이 든 광주리를 들고 가서 절하고."라고 한 주에 "조율(棗栗)을 사용하는 것은 조에서 조기(早起)의 뜻을, 율(栗)에서 경근(敬謹)의 뜻을 취한 것이다."라는 말이 있다.

149 산(山)이 간지(艮止)가 되는 것 : 《주역(周易)》 간괘(艮卦) 단사(彖辭)에서 "간은 그침이다[艮止也]"라는 말이 있는데, 간괘(艮卦)는 산(山)을 상징하는 괘이다.

150 중도를 행하여 홀로 돌아오는 군자 : 《주역》〈복괘(復卦)〉 육사(六四) 효사(爻辭)에 "중도로 나아가 홀로 돌아오도다[中行獨復]"라는 말이 있다. 소인들이 득세하는 어려운 환경 속에서 외롭게 분투하며 바른길을 가는 것을 말한다.

籍法)과 만동묘(萬東廟) 폐향 반대 등을 통해 일제 식민통치를 부정하고 거부하였다. 그뿐만 아니라 1913년 망명 계획과 1914년 광무황제의 밀칙(密勅)을 받은 이후 1919년 조선민족대동단의 독립선언서 서명에 참여하여 국권의 회복과 민족의 독립에 대한 열망을 이어갔다.

제4장

일제 식민통치의 반대와
독립운동

제1절 일제 식민통치의 반대

1. 호적과 은사금 거부

한국인, 일제의 병합과 지배에 반대하다

1910년 8월 대한제국의 국권을 강탈한 일제는 무단 폭압 정치를 시행하였다. 그런데도 일제의 한국병합과 지배에 반대하는 단체와 개인의 투쟁은 지속해서 나타났다. 1910년 이후에도 남은 의병들은 불굴의 항전을 계속하였고, 애국지사들은 일제의 통치하에서 생존을 거부하고 자결·순국을 통해 민족적 각성을 촉구하였다. 그뿐만 아니라 호적 거부·납세 거부·은사금 거절 등을 통해 일제의 식민통치를 반대하였다.

일제는 강제합병 한 달 뒤인 9월 29일 대한제국의 관리와 귀족, 그리고 양반 유생, 노인 등에게 각기 은사금(恩賜金)을 지급한다는 발표를 하였고,[151] 10월 7일부터 지급을 시작하였다.[152] 또 10월 5일에는 「조선귀족령(朝鮮貴族令)」을 발표하여 조선의 귀족 49명을 선정하였고, 10월 8일에는 48명에게 작위를 수여하였다.[153]

일제는 대한제국의 관리에서 퇴직하는 자들에게는 퇴관은사금(退官恩賜金)을 지급하였고, 군인들에게도 은사금을 지급하였다. 그리고 노유(老儒)·절부(節婦)·환과고독(鰥寡孤獨) 등에게는 이른바 상치은사금(尙齒恩賜金)·포상금(褒賞金)·구휼금(救恤金) 등의 명목으로 주어졌는데, 은사공채(恩賜公債)라는 증서로써 지급하였다.[154]

---

151 『慶南日報』, 1910. 10. 7, 「恩金下賜」
152 『慶南日報』, 1910. 10. 9, 「恩債辭令交附」
153 『慶南日報』, 1910. 10. 9, 「授爵式擧行」; 1910. 10. 11, 「受爵新貴族」
154 『朝鮮總督府官報』, 1910. 10. 8, 및 1910. 11. 3.

일제는 한국병합 이후 은사금과 작위를 내리고 연일 계속되는 축하연을 벌였다. 이런 상황에서 나라를 빼앗긴 민족적 절망에 직면한 우국지사들은 은사금 수령을 거부하였고, 나아가 자결·순국을 통해 일제와는 한 치의 타협도 불가하다는 것을 천명(闡明)하였다.

1910년 9월 1일 충남 금산군수 홍범식(洪範植)과 성주군수가 합병 소식을 듣고 자결·순국하였으며, 9월 6일 감찰 권용하(權龍河), 9월 8일 전판돈녕부사 김석진(金奭鎭), 9월 10일 전남 광양의 매천(梅泉) 황현(黃玹), 9월 17일 전종정원경(前宗正院卿) 이면주(李冕宙), 9월 23일 의병장 이근주(李根周), 9월 24일 경북 안동의 유도발(柳道發), 10월 10일 경북 예안의 전공조참의 이만도(李晚燾), 10월 16일 충남 공주의 오강표(吳剛杓), 10월 23일 경북 예안의 이현섭(李鉉燮) 등이 자결·순국하였다. 그 후에도 전국 각처에서 순국 자가 연이어 나타났다.[155]

한편, 자결·순국은 결행하지 않았지만, 작위 거절과 은사금 거부, 그리고 점차 시간이 지나면서 세금(稅金)·호구조사(戶口調查)·전표(田標)·묘표(墓標) 등 모든 일제의 통치행위를 부인할 뿐만 아니라, 일본의 국경일의식참가거부(國慶日儀式參加拒否)를 비롯하여 평생 상복(喪服)으로 하늘을 보지 않고 죽은 유생도 있었다. 물론 일제 경찰의 회유와 핍박은 70세 이상의 고령자들에게도 예외가 없었다.

자결·순국은 일제의 식민통치를 거부하는 강력한 의사 표시였고, 한국민들에게 민족적 각성을 촉구하여 항일독립운동의 국민적 기반을 조성하는 것이었다.

---

155 『續陰晴史』, 卷14, 1910. 9. 1; 宋相燾, 『騎驢隨筆』, 162~194쪽.

율산, 호적과 은사금을 거부하다

1910년 10월 8일 총독 데라우치 마사다케(寺內正毅)가 은사금 분배에 대해 발표한 뒤, 경상남도에 배분된 은사금 총액은 160만 6천 원이었고,[156] 의령군에 배분된 은사금은 5만 6천 4백 원이었다.[157] 이와 같은 은사금은 양반기로(兩班耆老)에 분급되었는데, 이에 반대하여 거절한 유생은 전국적으로 20여 명에 이르렀다.[158] 경남 각 군에서는 은사금 수여식이 거행되었는데,[159] 분급된 은사금은 우편국의 저금으로 유도되었다.[160]

은사금을 분배하는 과정에서 양반유생기로(兩班儒生耆老)는 각 경찰서에서 배급하기도 하였다.[161] 각 군 경찰서가 은사금을 배분하는 과정에서 양반 유생 중 일부 인사는 수령을 거부하기도 하였다. 의령군에서 은사금을 거부한 양반 유생은 수파 안효제와 율산 전상무 등이었고, 합천군에는 쌍백면 묵동의 노백헌 정재규와 초계면 무릉의 시암 이직현 등이었다.

경남 의령의 안효제는 1905년 을사늑약에 반대하는 상소를 올린 전직 관료였다. 그는 1910년 국권 상실에 즈음하여 7일간 단식하고 일제의 은사금을 거부하여 창녕경찰서에 구속되었다.[162] 또 의령의 이웃 고을인 합천의 노백헌(老栢軒) 정재규(鄭載圭)도 1910년 11월 일제가 헌병분견소에서 2차례에 걸쳐 은사금 수령을 강요하자, "이처럼 괴롭게 하면 장차 내 머리를 잘라서 보내겠다."라고 크게 꾸짖으며 거부하였다.[163] 또 합천 초계의 시암(是

---

156 『慶南日報』, 1910. 10. 13, 「各道恩金總額」
157 『慶南日報』, 1910. 10. 13, 「慶南恩金分額」; 『每日申報』, 1910. 10. 21, 「朝鮮總督府관보/告示/慶尙南道府郡配與額」
158 『慶南日報』, 1911. 2. 13, 「9千中20人」
159 『慶南日報』, 1911. 3. 3, 「丹城恩金授與式」
160 『慶南日報』, 1911. 3. 28, 「恩金一部貯蓄」
161 『慶南日報』, 1911. 4. 1, 「兩班現金送付」
162 『守坡集』 卷3, 雜著 「昌狂日記」
163 『老栢軒集附錄』 卷3, 「墓表」

菴) 이직현(李直鉉)도 1910년 11월 주재소에서 은사금을 받아가라는 편지를 받고, "너희들은 어찌하여 은사금을 주겠다는 것인가. 너희들이 말하는 소위 은사금의 은(恩)자는 나에게는 욕(辱)자이다."라고 소리쳐 물리쳤다.[164]

율산도 1910년 나라가 망한 뒤 호적(戶籍)을 거부하였고,[165] 의령경찰서에서 은사금을 보내오자 이것도 거부하였다. 이에 의령경찰서에서 집요하게 은사금 수령을 강요하였고, 그는 두 차례에 걸쳐 편지를 보내 거부하였다.

「본군주재소(抵本郡駐在所)」(1910)

나는 대한(大韓)의 유민(遺民)으로 나라가 망했으나 죽지 못하고 모질게 참아서 이 지경에 이르렀는데 그 죄를 감히 피하려 하겠는가. 병으로 궁벽한 산속에 엎드려 지내면서 고사(枯死)하겠다고 맹세(盟誓)하였다. 뜻하지 않게 며칠 전에 본면(本面) 면장(面長)이 진주부(晉州府)로부터 전치(轉致)한 이른바 일본의 은사금(恩賜金)이 병들어 누운 나를 깜짝 놀라게 하였다. 강한 어조로 물리쳤는데, 지금 본군(本郡) 주재소(駐在所)로부터 또 이것을 보내왔다. 스스로 자신을 되돌아보니, 일본에서 내려주는 것을 받을 수 있는 의리가 전혀 없어, 이에 또다시 돌려보내니 양해하고 처리하라.[166]

율산은 대한의 유민으로 일본이 주는 것을 받을 수 있는 의리가 전혀 없다는 것을 강조하며 거부하였다. 이에 다시 의령경찰서에서 받을 것을 강요하자, 또 편지를 보내 의리에 비춰 볼 때 받을 수 없다고 다음과 같이 설파하였다.

---

164 『是菴文集』卷10, 雜著「却金顚末」
165 『栗山集』卷4, 附錄「遺事」, 유사에서는 호적을 거부했다고 기록하고 있으나 직접적인 자료는 없다.
166 『栗山集』卷1, 書「抵本郡駐在所」(庚戌)

「재차(再次)」

대저 주고받는 도리는 하나같이 의리에 비춰봐야 한다. 오늘 받지 않는 것
은 의리에서 나온 것이다. 오직 의리에 있는 것이라면 비록 형벌을 받고 죽을
지라도 후회하지는 않을 것이다. 이런 까닭에 남의 나라는 빼앗기 쉬워도 남의
뜻은 빼앗기 어렵다. 비록 천만번 보내오더라도 죽기를 맹세하고 받지 않을 것
이니, 다시는 번거롭게 하지 말라.167

그는 두 번째 편지에서도 '남의 나라는 빼앗기 쉬워도 남의 뜻은 빼앗기
어렵다. 비록 천만번 보내오더라도 죽기를 맹세코 받지 않을 것이니, 다시
는 번거롭게 하지 마라.'고 하면서 거부하는 결연한 의지를 밝혔다.

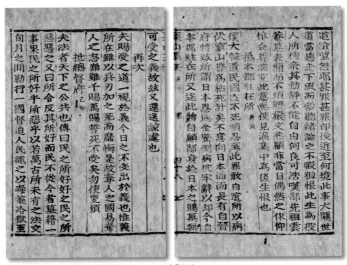

『栗山集』卷1, 書「抵本郡駐在所」(庚戌) 및 「再次」

---

167 『栗山集』卷2, 書「抵本郡駐在所」(庚戌)

2. 묘적법 거부

묘적법에 대해 반대하다

율산은 1915년에도 일제의 묘적법(墓籍法)에 반대하였다. 일제는 1912년 6월 발표한 조선총독부령 제123호 '묘지(墓地), 화장장(火葬場), 매장(埋葬) 화장 취체규칙'을 1915년 1월부터 각도별로 실시한다는 방침을 정했다. 이에 따라 조선인은 선대 묘의 소재지, 위치 등의 묘적(墓籍)을 경찰관서에 제출하도록 하였다.

경남 창녕경찰서는 묘적법에 반대하는 각 문중의 종손 및 지손(支孫)을 설득하다가 여의치 않자 3월 20일까지 묘적을 제출하지 않는 자는 무주총(無主塚)으로 간주하여 모두 굴총(掘冢)하겠다고 협박하였다.[168]

이러한 상황은 의령을 비롯한 경남 일원도 마찬가지였다. 의령에서 멀지 않은 합천 초계의 시암(是菴) 이직현(李直鉉)도 묘적법에 반대하였다. 당시 합천주재소 일본인 순사 가도오간이치로(加藤歡一郎)에게 편지를 보내 거부한다는 뜻을 밝히고, 주변 고을의 유림과 좌담회를 열고, "홀로 죽어서는 아니 되니 죽음으로 거부하라."고 하였다.[169]

묘적법에 관한 여론은 의령지역에서도 비등해진 것 같다. 율산은 족손 전용두(田溶斗)에게 보낸 편지에서, "묘적은 의리에 관계되는 것이므로 위력과 협박으로 시행하는 것은 불가하니 뜻을 굽히지 않을 것이다."라고 하는 강력한 뜻을 피력하였다.

상무가 진주에서 산으로 돌아와 문을 닫고 잠적할 때, 친한 벗이 찾아와 산 밖의 소식을 들었다. 저들 무리가 주군에 횡행하여 꺼릴 것이 없으니 참으로

---

168 『每日申報』, 1915. 3. 13, 「墓籍屈와 妄設」(昌寧)
169 『是菴文集』 卷10, 雜著 「示日查加藤歡一郎」 및 「墓籍從不從辨」

몹시 분격(忿激)하고 통탄(痛歎)하기 그지없다. 묘적(墓籍) 한 조항은 크게 의리에 관계되는 것인데, 위력과 협박으로 불의하게 하거나 어떻게 생각하는지도 모르고 시키는 것은 불가하니 상무는 단연코 굽히지 않을 것이다.[170]

나아가 그는 조선총독부에 묘적을 거부하는 편지를 보내 자신의 견해를 밝히는 한편, 그 부당성을 다음과 같이 지적하였다.

「저총독부(抵總督府)」(1915)

대저 법(法)이란 천하(天下)의 공공(公共)이다. 경전(經傳)에 이르기를, "백성이 좋아하는 것을 좋아하고, 백성이 싫어하는 것을 싫어해야 한다."하였고, 또 이르기를, "위에서 내리는 명령이 백성들이 좋아하는 것에 반대되는 것이면 백성들은 그 명령을 따르지 않는다."라고 하였다. 이번에 묘적(墓籍)에 관한 이 한 가지 일은 과연 백성들이 좋아하는 것인가, 아니면 싫어하는 것인가? 세상 만고(萬古)에 있지도 않은 법문(法文)을 가지고 순월(旬月) 사이에 한 나라 안에서 강제로 시행하더니, 백성들을 다그쳐서 매질하거나 차가운 감옥에다 가둠으로써 사람을 죽게까지 하고 있다. 또 이보다 더 심할 때는 만약 호적(戶籍)에 등록하지 않으면 무덤을 강제로 파내버리겠다고 하니 백성을 보호한다는 행정이 진정 이런 것인가?

그 또한 설명하자면 옛날에 있었던 임진년(壬辰年)의 난리에 우리의 2릉(二陵)을 파헤치고 우리의 5묘(五廟)를 불태웠으니 이는 우리와 함께 할 수 없는 원수이다. 그 유독(流毒)이 남아 다 없어지지 아니하였는데 또다시 오늘날에 행하고자 하는구나. 슬프다. 동쪽 땅을 둘러싸고 있는 선왕의 옛 신하들의 영혼이 어찌 오늘날 일본이 있다는 것을 알리오. 만약 이미 멸망한 사람의 자손에게 억지로 하고 싶지 않은 일을 시킨다면, 신의 섭리와 사람의 정리로 헤아려보건대 울적하고 고통스러운 마음이 마땅히 어떠하겠는가?

나 상무(相武)의 조선(祖先)은 우리 성조(聖朝) 오백년(五百年)을 지내오는 동안 크고 작은 관작(官爵)을 거치면서 절의(節義)와 덕행(德行)이 혁혁하여 기술(記述)할만한 것이 적지 않은데, 지금 와서 후손(後孫)의 필설(筆舌)로 신

---

170 『栗山集』卷2, 書「答田文若」(溶斗, 1915)

하가 될 수 없는 나라의 호적(戶籍)에 혼입(混入)시키는 것을 차마 할 수 있는가? 이런 짓을 차마 한다면 그 무슨 짓인들 차마 하지 못하겠는가? 게다가 충신은 두 임금을 섬기지 않는다는 것이 만국(萬國)의 공통된 이념이다. 자신의 호적을 납입(納入)시키는 것도 차마 못 할 일인데, 더구나 조선(祖先)의 백골(白骨)을 모셔다가 두 임금의 신하로 만들라는 말인가? 불충(不忠)하고 불효(不孝)한 일이 그 무엇이 이보다 심한 것이 있겠는가? 이러한 불충하고 불효한 죄를 짊어지고서 어찌 단 하루라도 이 세상에서 숨을 쉬며 살아가는 것을 용납할 수 있겠는가? 비록 나 상무는 몸이 망가지고 뼈가 가루가 되는 한이 있더라도 맹세코 불충하고 불효한 경우에 빠져들지 않을 것이다. 그렇게 하는 것만이 다른 날 지하에 가서 조상님들을 뵐 수 있을 것이기 때문이다.

만약 나의 말이 법률(法律)을 위반하고 정치(政治)를 함부로 논의했다고 지목하여 죄안(罪案)으로 삼는다고 할지라도 나는 감히 처벌을 기다리고 있을 것이다. 그러나 삼군(三軍)의 장수는 빼앗을 수 있어도 필부(匹夫)의 뜻은 빼앗을 수 없는 법이니 정의로운 마음이 끓어오르고 있는데 어찌 법률을 위반했다는 처벌 따위가 두려워서 머리를 숙이고 명령에 따르겠는가. 나 상무는 조선(祖先)을 위하여 한번 죽을 뿐이니 명교(名敎) 중의 죄인(罪人)이 되는 것을 원하지 않는다.171

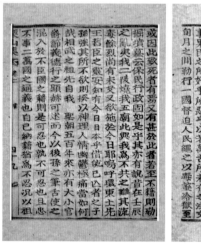

『栗山集』卷2, 書「抵總督府」(乙卯)

171 『栗山集』卷2, 書「抵總督府」(乙卯)

율산은 일본이 요구하는 대로 조상의 묘를 묘적에 올리는 것은 두 임금을 섬기는 것과 같은 것이고 불충하고 불효한 일이라고 역설하였다. 나아가 "삼군(三軍)의 장수는 빼앗을 수 있어도 필부(匹夫)의 뜻은 빼앗을 수 없다." 라고 항변하였다.

간재에 가르침을 청하다

1915년 율산은 간재의 문하에 들어가 문인이 되었다. 그는 스승 간재에게 편지를 보내 묘적법의 부당함을 설파하고 가르침을 청했다. 이때 간재는 율산에게 "묘적(墓籍)은 세력이 궁박하여 임시방편을 따르는 일"이라고 위로의 편지를 보냈다. 다시 그는 죽음으로 묘적법을 거부한다는 뜻을 밝히며, 다음과 같이 가르침을 청했다.

> 또 미리 이 뜻[일제에 저항하는 뜻]을 배포(排布)하는 것은 자기의 마음 역시 끝내 보존하기 어려운 까닭에 죽음으로 거부합니다. 그러나 만약 나라에 지극한 변화의 지점에 이르러 부득이할 것 같으면 마땅히 짐작하는 바가 있을 것이지만, 생각건대 풀기 어려운 일이 또 있을 것입니다. 조상 중에 임진왜란에 절개를 지켜 죽은 사람의 자손으로 감히 원수국의 묘적(墓籍)에 올린다면 신의 섭리(燮理)나 사람의 정리(情理)에 있어 더욱 마땅히 어떠하겠습니까. 다시 지당한 가르침을 내려주십시오. 엎드려 바랍니다.172

그는 이 편지에서 묘적법은 신의 섭리와 사람의 정리에 어긋나는 풀기 어려운 문제임을 지적하였다. 그리고 곧이어 보낸 편지에서도 묘적법에 대한 자신의 변함없는 마음을 털어놓으며 다시 가르침을 요청하였다.

선대의 묘(墓)를 묘적(墓籍)에 올리지 않는 일은 아직 이것을 굳게 지키고

---

172 『栗山集』卷2, 書「上艮齋先生」(乙卯)

있습니다. "그러나 무덤이 붕괴되고 목을 자르는 변고에 이르게 되면 어찌할 것인가?"라고 말씀하시니 갑자기 모골(毛骨)이 송연(竦然)합니다. 만약 변고를 당하고서도 제멋대로 돌아보지 않을 것 같으면 표범과 이리의 마음에 가깝고, 머리를 숙이고 조용히 묘적(墓籍)에 들어가면 이적(夷狄)의 행동을 면치 못할까 두렵습니다. 어떻게 처신해야 할지 모르겠습니다. 옛날 서서(徐庶)[173]가 어머니를 위해 억지로 자신의 몸을 조조(曹操)에게 투신한 것은 효(孝)입니다. 조선의 사육신이 가족의 도륙을 돌보지 않은 것은 의(義)입니다. 선생님께서 앞뒤로 반복해서 가르쳐주신 것은 저의 의(義)에 대한 대처가 중도(中道)를 벗어난 것임을 생각하신 것입니다. 그래서 이처럼 측은해하시니 비록 제가 불민하지만, 어찌 가슴에 새겨 감사하지 않겠습니까? 그래도 명확한 지시를 받지 못하여 마음이 항상 불편합니다. 다시금 바라옵건대 효(孝)와 의(義)를 모두 온전히 하는 가르침을 내려주십시오. 간절히 바라옵니다.[174]

율산은 묘적법이 효(孝)와 의(義)에 어긋나는 이적(夷狄)의 행위이므로 끝내 타협할 수 없다고 하였다. 그리고 간재의 분명한 가르침을 청했다.

3. 만동묘 폐향 반대

만동묘가 철폐되다

만동묘(萬東廟)는 명나라의 신종(神宗)과 의종(毅宗)의 신위를 봉안하여 제사를 지내던 사당이다. 1689년 우암(尤庵) 송시열(宋時烈)이 사사(賜死)될 때 유명(遺命)을 받은 제자 권상하(權尙夏)가 1704년 창건하였다. 충북 괴산군 청천면(靑川面) 화양동(華陽洞)에 있는 이 사당은 관찰사를 비롯한 유림이 매년 봄과 가을에 묘향(廟享)을 봉행하였다.

---

173 서서(徐庶): 삼국 시대의 인물이다. 그는 제갈량(諸葛亮)과 함께 유비(劉備)를 도와 대업을 이루려 하였는데, 조조(曹操)가 서서의 어머니를 인질로 삼고서 서서를 부르자 "지금 노모를 잃고서 마음속이 어지러워 보탬이 되지 못할 것이니 작별할까 한다."라고 하고는 유비를 떠나 조조에게 갔다.

174 『栗山集』卷2, 書「上艮齋先生」

만동묘는 유생들의 집합소가 되어 그 폐단이 서원보다 심하였다. 1865
년 대원군에 의해 철폐되었다가 1873년 대원군이 권좌에서 물러나자 부활
하였다. 1907년 일본군이 의병을 진압하는 과정에서 의종의 친필을 모셨던
환장암(煥章庵)과 운한각(雲漢閣)이 불탔고, 1908년 통감 이토 히로부미(伊藤
博文)가 만동묘를 철폐하고, 그 재산을 국가 또는 지방관청으로 귀속시켰다.
1918년에는 조선총독부가 묘향(廟享)마저 폐지하였다.

만동묘 묘향에 앞장서다

1908년 9월 심석재(心石齋) 송병순(宋秉珣)이 만동묘가 철폐되고 묘향을
봉행할 수 없다는 말을 듣고 복사(復祀)를 논의하였다. 이때 경남지역 일원의
유생들이 이 논의에 참여하였는데, 율산은 1909년 충북 영동의 활산(活山)에
있던 창계유회소(滄溪儒會所)에서 송병순의 통첩(通牒)을 받았다. 곧이어 그는
의령을 비롯한 경남 일원의 각 고을 향교에 다음과 같은 통문을 보냈다.

여각읍교중(與各邑校中, 1909)

근년 이래 만동묘(萬東廟)에 재향(祭享) 하는 일로 활산(活山)의 창계유회
소(滄溪儒會所)에서 통첩(通牒)이 있었습니다. 무릇 우리나라에 유관을 쓰고
그 옷을 입은 자로 누가 이 일의 흥폐(興廢)가 세도와 관련이 있다 하지 않으
리오. 하물며 지금 세상이 변하여 층층이 위태로워져 모든 법도가 다 폐지되고
있습니다. 그러나 오직 황묘(皇廟) 제향(祭享)은 위로부터 물려받은 사림의 명
이니 이 어찌 우리 사림의 책임이 아니겠습니까. 이에 본 통문의 뜻을 모든 군
자에게 두루 고하니 엎드려 바라옵건대 밝게 살펴 주십시오. 이적(夷狄)이 중
국에 들어와 제왕의 왕통이 끊어지고 황묘(皇廟)가 우리나라에 출현하였으니
존화(尊華)의 의리가 이 왕통으로 밝혀졌으며, 여러 왕이 대통을 서로 전하였
으니 이 의리는 성인이 말하는 춘추의 대의입니다. 만약 대통이 한번 끊어지고
대의가 한번 어두워지면 나라는 망하고 사람은 사라져 천지가 마침내 잘못될
것입니다.

오호라! 이 만동묘가 우리나라에 지어진 까닭은 우암 선생이 고심한 존양(尊攘)의 공로로 하늘과 땅이 함께 영원할 것입니다. 신종황제(神宗皇帝)가 군사를 일으켜 우리나라를 구한 은혜로 백성들이 지금까지 잊지 않고 있으며, 의종황제(毅宗皇帝)가 사직에 몸을 바쳐 제왕의 왕통이 지하로 떨어지지 않았습니다. 두 황제의 영령이 우리나라에서 묘향(廟享) 되었으니 이는 씨가 될 과일은 먹지 않는다는 뜻[碩果不食之義]으로 뒷날 밝은 날을 다시 회복할 수 있는 바탕이 될 것입니다.

옛 선대의 왕이 이 만동묘를 받들어 모시도록 관리들에게 향축을 보내 제사를 지내고 나라의 기강으로 삼아 장차 사기(士氣)를 진작시켰습니다. 오호라! 지금 그리하지 않고 황폐하게 하면 이적(夷狄)이 어찌 짓밟지 않겠으며, 사설(邪說)이 어찌 위세를 부리지 않겠습니까. 이는 진실로 어진 사람과 뜻있는 선비들의 통탄한 마음일 것입니다.

하물며 지금 사전(祀典)을 내리지 않으니 그 책임은 오로지 사림(士林)에게 있습니다. 바라건대, 모든 군자는 각자 경계하는 마음으로 의로운 힘을 보태 이 만동묘 제향이 영구히 없어지지 않도록 하여 황은(皇恩)을 잊지 않도록 할 것 같으면, 어두워진 대의(大義)를 밝혀 땅 밑의 엷은 빛을 머잖아 회복하여 한 조각 동쪽 나라가 뒷날 제국이 되고 스승이 될 것입니다.175

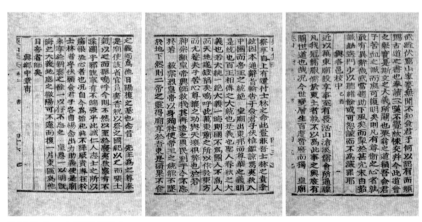

『栗山集』卷2, 書「與各邑校中」

---

175 『栗山集』卷2, 書「與各邑校中」

위 통문에서 율산은 만동묘의 묘향은 존왕양이(尊王攘夷)에 따른 춘추대의(春秋大義)를 밝히는 데 있다고 역설하였다. 이것은 단순히 보수 유림의 모화사상(慕華思想)에서 비롯된 것으로만 평가할 수는 없는 것이다.

이러한 유림의 노력으로 1909년과 1910년 만동묘의 묘향이 이어졌다. 1910년 율산은 송병순 등과 함께 존화계(尊華契)를 조직하고 만동묘 묘향을 주관하였다. 1905년 12월 음독 자결한 연재 송병선에 이어 1912년 2월 송병순이 자결 순국한 뒤, 만동묘 묘향은 율산을 비롯한 시암 이직현 등 경남 출신의 유림이 봉행하였다.

이직현(李直鉉, 1850. 2. 12~1928. 4. 10)은 본관이 합천(陜川)이고, 자는 필서(弼瑞)이고, 호는 시암(是菴), 혹은 일중처사(日中處士)라 하였다. 1850년 경남 합천군 초계면 상대리 657번지, 일명 무릉리(武陵里)에서 아버지 이규문(李奎文)과 어머니 강진안씨(康津安氏)의 4남 1녀 중 4남으로 태어났다. 이직현은 노사 기정진의 문인으로 1895년 을미의병이 안동을 비롯하여 각처에서 일어나자 적극적으로 참여할 것을 독려하는 통문을 발하였고,[176] 1905년 을사늑약이 체결되자 오적의 척결을 부르짖는 서고문(誓告文)을 발하였다.[177] 1910년 나라가 망한 뒤 일제의 은사금을 물리쳤으며,[178] 호적과 호세를 거부하였다.[179] 1914년 2월 만동묘 묘향 금지에 항의하는 2차례의 편지를 조선 총독 데라우치 마사다케(寺內正毅)에게 발송하였으며,[180] 1915년에는 묘적법을 반대하는 편지를 보냈다.[181] 1918년 조선 총독 하세가와 요

---

176 『是菴文集』卷10, 雜著 「告士友文」(乙未 12月)

177 『是菴文集』卷10, 雜著 「誓告同志」(乙巳 11月)

178 『是菴文集』卷10, 雜著 「却金顚末」

179 『是菴文集』卷10, 雜著 「日人以戶籍戶稅事來詰書以責之」

180 『是菴文集』卷10, 雜著 「抵日使寺內正毅」(甲寅 2月) 및 「再抵寺內正毅」

181 『是菴文集』卷10, 雜著 「墓籍從不從辨」

시미치(長谷川好道)에게 만동묘 묘향 폐지에 항의하는 편지를 발송,[182] 같은 해 9월 만동묘 묘향을 주도하였다.[183] 그리고 1919년 11월 조선민족대동단의 독립선언서에 서명하였다. 이직현은 일제의 침략과 통치를 거부하는 불굴의 투쟁을 벌였다. 당시 개벽사(開闢社)에서 발간한 잡지 "개벽(開闢)"에서는 "초계(草溪)의 이직현(李直鉉) 씨라 하는 학자는 참 완고(頑固) 중 철저한 완고(頑固)다."라고 평가하기도 하였다.[184]

일중정(日中亭, 경남 합천군 초계면 상대리 657번지, 무릉리) 일중 이직현이 만년을 보낸 정자이다.

---

182 『是菴文集』卷10, 雜著「抵日使長谷川好道」(戊午)
183 『是菴文集』卷10, 雜著「華陽日記」
184 『開闢』第34號,「慶南雜話」, 開闢社, 1923.

만동묘 묘향 폐지에 반대하다

시암 이직현의 『화양일기(華陽日記)』에 의하면, 조선총독부가 만동묘 묘향을 폐지하였다는 소식이 경상우도 일원에 알려진 것은 1918년 여름이었다. 즉 만동묘 묘향을 받드는 유사 정술원(鄭述源)과 송주헌(宋柱憲)이 괴산경찰서에 구속·수감되었다는 소식이 이직현을 비롯한 경남지역의 유생들에게 전파되었다.[185] 이에 이직현은 조선 총독 데라우치 마사다케에게 편지를 보내 강력하게 항의하였고, 율산도 진주 유생 박태형(朴泰亨)으로부터 이 소식을 듣고, "만동묘(萬東廟) 일은 이 무슨 변고인가. 듣고서도 깨닫지 못하겠습니다."라고 분개하였다.[186]

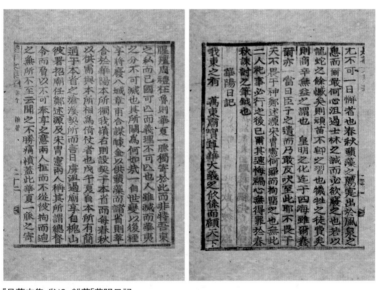

『是菴文集』卷10, 雜著「華陽日記」

---

185 『是菴文集』卷10, 雜著「華陽日記」
186 『栗山集』卷2, 書「答朴允常」(泰亨, 1918)

1918년 6월 29일 삼가의 안동권씨 재실 한천재(寒泉齋)에서 경상우도 유생들이 회합하였다. 이직현은 조카 이원택(李源澤)을 보냈는데, 유생들은 이직현을 묘향(廟享)의 대표로 추대하였다. 이리하여 7월 7일에는 한천재에 모였던 유생들이 초계 무릉리(武陵里) 이직현의 선대 재실에서 다시 회합하였다. 이 회합에는 율산을 비롯하여 조재학(曺在學)·권재철(權載轍)·박태형(朴泰亨)·권재직(權載直)·류백년(柳栢年)·권재춘(權載春)·이지구(李枝求) 등의 유생들이 참여하여 만동묘 묘향의 주관으로 이직현을 선정하였다. 이때 이직현은 율산에게 함께 하기를 청했다. 그리고 7월 26일에는 의령의 담양전씨 재실 옥휘정(玉輝亭)에서 만동묘 묘향의 제수(祭需)와 그 경비를 논의하였다.

이직현은 만동묘 묘향을 주관하기 위해 8월 28일 향리 초계를 출발하여 안의·지례·김천·추풍령 등지를 거쳐 9월 4일 화양동 풍천재(風泉齋)에 도착하였다. 율산은 하루 전날인 27일 이직현이 보낸 편지를 받고 의령을 출발하여 같은 날 풍천재에 도착하였다.[187]

9월 5일 이직현·전상무 등은 전국 각 고을로 보내는 통문 「고각성사림문(告各省士林文)」과 조선 총독에게 보내는 편지 「저일사장곡천호도(抵日使長谷川好道)」를 작성하여 보냈다. 전국 각 고을로 보낸 통문은 『시암문집』에 실린 「고각성사림문(告各省士林文)」[188]과 국사편찬위원회가 고문서로 소장하고 있는 「통문」[189]이 있는데, 그 내용은 같으나 국사편찬위원회 소장의 통문은 묘향에 참석한 이직현 외 22명의 이름이 연서된 것이다. 『시암문집』을 간행할 때, 연서된 인명을 삭제하고 실은 것으로 보인다.

---

187 『是菴文集』 卷3, 書 「答田舜道」(1919), "직현은 금일 직지(直指)·화양(華陽)으로 갈 것이니 속히 출발하여 풍천재(風泉齋)에서 서로 만나기를 바랍니다."
188 『是菴文集』 卷10, 雜著 「告各省士林文」
189 국사편찬위원회 소장 통문(자료번호 KM5307)

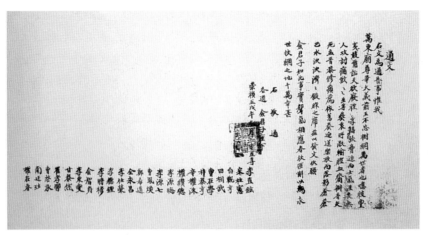

통문(通文, 국사편찬위원회 소장, 자료번호 KM5307)

「통문」

이 글을 통고합니다. 우리가 만동묘를 수호하려는 대의(大義)는 우리의 전왕(前王)을 잊지 못하여 강상(綱常)을 만세에 세우고자 합니다. 아! 저 진실로 오랑캐가 감히 하늘을 두려워하지 아니하고 제향(祭享)을 폐지하려고 터무니없는 말로 속이고 협박하여 선비들의 기개가 떨어져 부당함을 공격하고 성토하는 사람이 없으니 통탄하고 통탄합니다. 우리는 충심으로 피를 토하는 격분으로 제수와 향을 갖추어 죽음을 무릅쓰고 맹렬히 나아가 공경히 옛날과 같이 신위(神位)를 맞이하고 보내드리는 곡을 연주하며 제향을 드리고, 푸른 낙영산(落影山)의 산세와 파곶(巴串)의 맑은 물가에서 경건히 준조(餕胙)하고자 합니다. 이에 통문을 발합니다.

여러 군자께서는 이 사실을 알고 소리와 기운이 서로 응하여 춘추(春秋)의 대의(大義)로 게으름을 떨치고 길이 세상에 강상(綱常) 세우기를 천만번 엎드려 바랍니다.

공경히 통지합니다.

각도 첨군자 좌하

숭정 5무오(1918) 9월 3일, 생등

이직현(李直鉉), 송주헌(宋柱憲), 백관형(白觀亨), 전상무(田相武), 조재학(曺在學), 박태형(朴泰亨), 신권수(辛權洙), 권찬덕(權纘德), 이원회(李源晦), 이원칠(李源七), 조봉환(曺鳳煥), 정희도(鄭希道), 전영창(全永昌), 이사영(李仕榮), 이덕종(李德鍾), 이시목(李時穆), 김지정(金智貞), 이동섭(李東爕), 감태휴(甘泰休), 최효습(崔孝習), 조계승(曺啓承), 남정규(南廷珪), 권재춘(權在春)

이 통문은 일제가 강제한 만동묘 묘향 폐지의 부당성을 지적한 것이었고, 만동묘 묘향은 춘추의 대의를 밝혀 강상을 바로 세워 조선의 독립을 실현하기 위한 것이라고 강조하였다.

9월 6일 남해의 묵정회(墨正晦), 창원의 감태휴(甘泰休), 함안의 이종홍(李鍾弘)과 조계승(曺啓承), 합천의 이동섭(李東爕), 의령의 권재달(權載達)과 권용현(權龍鉉) 등이 차례로 도착하였다. 이어서 조선인 순사 3~4명이 방문하여 조선 총독에게 보내는 항의문과 각처 사림에게 보내는 통문을 요구함으로 보여주었다. 그리고 개좌식(開座式)을 열어 분제관(分祭官)을 임명하였는데, 삼헌관으로 이직현, 전상무, 송주헌을 임명하였다. 이때 일본인 순사 십여 명이 총칼을 휴대하고 나타나 송주헌과 전상무를 체포하고자 하였다. 이에 이직현이 나서서 막았지만, 유생들은 청천주재소(靑川駐在所)로 연행되었다.

9월 7일 율산을 비롯한 유생들은 괴산경찰서(槐山警察署)로 이동하여, 9월 7일부터 심문을 받기 시작하였다. 9월 11일까지 이어진 심문에서 일본 경찰들은 회유와 협박, 그리고 기만적 수법을 동원하여 만동묘 묘향을 저지하고자 하였다. 그렇지만 유생들의 저항은 완강하게 이어졌고, 결국 일본 경찰은 이들을 방면하고 말았다.

9월 12일 만동묘로 돌아오는 길에 우암 송시열의 종택을 거쳐 9월 13일 화양동의 풍천재로 돌아왔다. 결국, 9월 14일 간소한 절차로 만동묘 묘향을

올렸고, 풍천재로 돌아와 하룻밤을 묵은 뒤, 15일 귀향하였다.[190]

만동묘 묘향은 일제의 방해 책동으로 소기의 성과를 거두지 못한 채 간소한 절차로 끝나고 말았다. 그렇지만 이것은 1910년 나라가 망한 뒤 호적 거부·납세 거부·은사금 거절 등을 통해 일제의 식민통치 행위와는 한 치의 타협도 불사하겠다는 유생들의 의지를 보여준 또 다른 방법이었다.

1908년 만동묘 묘향의 복사(復祀)와 1918년 만동묘 묘향 철폐에 대한 반대는 율산이 주도한 반일투쟁으로 주목된다. 그는 의령을 비롯한 경상우도 일원의 연재 송병선과 그 아우 심석재 송병순, 그리고 노사 기정진 등의 문인 이직현·조재학·박태형 등과 연대하여 일제 식민통치의 부당성을 지적하고 이에 저항한 대표적인 인물이었다.

---

190 『是菴文集』卷10, 雜著「華陽日記」

제2절 독립운동의 전개

1. 국외 독립운동기지 건설

서북지방을 여행하다

1913년 음력 9월 1일부터 10월 21일까지 율산은 서북지방을 여행하였다. 가을이 시작되면서부터 겨울에 들어설 때까지 50일간이었다. 그는 간재 전우가 은거하고 있던 계화도를 방문한 뒤, 황해도 연안·수안·서흥 등지와 평안남도 상원·평양·의주 등 서북지방을 거쳐, 남만주 안동현(安東縣) 접리수촌(接梨水村)을 방문하고 향리 의령으로 돌아왔다. 여행 목적은 담양 전씨 족보 간행을 위한 자료를 수집하기 위해 종족을 찾아 나선 것이었고, 한편으로는 남만주 안동현(安東縣) 접리수촌(接梨樹村)에서 독립운동기지 건설에 종사하고 있던 의령 입산(立山) 출신의 수파(守坡) 안효제(安孝濟)를 찾아보기 위한 것이었다.

여행이 끝나고 의령 행정의 향리로 돌아온 뒤, 율산은 의령 입산의 안방로(安邦老)에게 보낸 편지에서 "지나간 가을 겨울 초에 수천 리를 두루 유람하고(중략) 70년 이래 듣도 보도 못한 광경은 여전히 꿈만 같고 천당(天堂)과 지옥(地獄)을 왕래했으니 어찌 탄식하지 않으리오. 다행히 도로에서 쓰러지지 않고 집에 돌아왔으니 가족들 또한 놀라움이 없었겠습니까."[191]라고 하면서 안효제의 소식을 전하고 있다.

율산은 이 여행을 끝낸 뒤 「서행일록(西行日錄)」을 남겼다. 이 여행에는 종인 후산(后山) 전희순(田熙舜)이 동행하였는데, 두 사람은 서북지방의 수많은 종친을 만났고, 각처의 경승과 풍속을 둘러보았다. 수안(遂安)을 지날 때

---

191 『栗山集』卷2, 書「答安致光」(邦老, 1913)

는 5·6명의 순검을 만나 검문을 당하는 수모를 겪기도 했고, 남쪽 지방에서 올라온 대관(大冠)을 쓰고 도포(道袍)를 입은 여행객으로서 관심을 끌기도 했다.

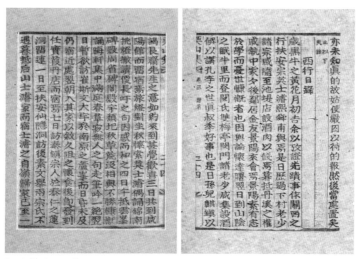

『栗山集』卷3, 雜著「西行日錄」

안동현으로 들어가다

10월 초8일 율산은 의주에서 종인 전사준과 작별하였다. 이날 그는 신의주를 거쳐 압록강 철교를 건너 안동현으로 들어갔다. 이국땅 남만주 안동현의 풍광에 감탄하며, 다음과 같은 시를 남겼다.[192]

안동현(安東縣)

百戰山河女眞國 여진국의 산하에서는 전쟁이 잦았으니,
羈縻吳蜀各治兵 묶여 있던 오나라 촉나라 각각 병사를 길렀네.
虹橋臥水恒晴雨 강물 위에 설치된 무지개다리 어떤 날씨에도 변함없고,
電線飛空不夜城 전깃줄 공중에 걸어두어 불야성을 만들었네.

---

192 『栗山集』卷1, 詩「安東縣」

降古神州非好地 오래된 중국 땅 그다지 좋은 곳 아니니,
至今胡羯保連營 지금도 여러 오랑캐 계속해서 살아가네.
孰謂袁公能正夏 누가 원세개(袁世凱)가 중국을 바로잡는다고 했던가?
甘爲削制反虧名 옛 제도 즐겨 바꾸어 명성 오히려 훼손하네.

이날 율산은 영남 객주 이병수(李炳秀)의 집에서 유숙하였다. 이튿날 이병수와 함께 단동 거리를 둘러보고, 청나라와 일본, 그리고 한국 사람들이 사는 모습을 비교하기도 했다.

그 인품 (人品)을 보면 청나라 사람은 은연(隱然)하여 숲속의 호랑이의 모습이 있고, 항상 스스로 지킬 것을 염려하나, 백성들의 뜻은 확고하지 않았다. 일본 사람은 용맹하여 길거리의 표범 같은 모양을 하여 항상 물어뜯고자 하였으나, 윗사람과 아랫사람이 단결하였다. 그러므로 청나라 사람의 거친 행동과 더러운 습관은 일본 사람들에게 모욕을 받았으니, 개돼지와 다름없었다. 한인 또한 평소에 편벽되고 추한 행동을 하며 일본 사람의 보호를 믿고 함께 청나라 사람을 압제하지만, 스스로 함정(陷穽)을 만드는 줄 모르니 진실로 탄식할 만하다.

중국 단동에서 바라본 압록강 철교

안동현 접리수촌을 방문하다

10월 초9일 율산은 접리수촌(接梨水村)의 안효제를 방문하였다. 이곳에는 정언(正言) 노상익(盧相益), 참봉(參奉) 이승희(李承熙) 및 안형원(安衡遠)·정원도(鄭源度)·황규현(黃圭顯)·박상림(朴尙林)·이경일(李慶一) 등이 우거하고 있었다.[193]

수파(守坡) 안효제(安孝濟, 1850~1916)는 의령군 부림면 입산리 출신이다. 1910년 만주에서 대한독립단(大韓獨立團)을 조직하고 단장 박장호(朴長浩)와 협력하여 독립운동을 벌이고 있던 동생 송은(松隱) 안창제(安昌濟, 1866~1931)의 권유를 받고 망명하였다. 1911년 아들 안철상(安喆相)과 함께 길림성 유하현(柳河縣)에 정착하였다가, 1912년 1월 임강현(臨江縣)을 거쳐, 같은 해 9월 안동현으로 옮겨 접리수촌에 정착하였다. 노상익 등과 독립운동기지 건설에 참여하여 농사를 짓다가 1916년 2월 사망하였다.[194]

대눌(大訥) 노상익(盧相益, 1849~1941)은 밀양 출신으로 1911년 안동현 접리수촌으로 망명하였고, 1912년부터 이주 한인들에게 강학하며 민족의식을 일깨우는 데 주력하였다. 1922년 귀국하여 김해 생림(生林)에서 천산재(天山齋)를 짓고 은거하다가 1941년 사망하였다.[195] 동생 소눌(小訥) 노상직(盧相稷, 1854~1931)은 형과 함께 망명하여 안동현 접리수촌에 거주하면서 독립운동기지 건설에 종사하다가 1913년 귀국하였고, 1919년 유림단의 파리장서운동에 서명하였다.[196]

한계(韓溪) 이승희(李承熙, 1847~1916)는 경북 성주 출신으로 아버지 한주(寒洲) 이진상(李震相)의 학문을 계승한 한주학맥(寒洲學脈)의 종장이다. 1908

---

193 『栗山集』卷3, 雜著「西行日錄」
194 安孝濟, 『守坡集』卷3, 「遼河日記」; 卷3, 「行狀」; 安昌濟, 『松隱集』卷3, 「行狀」
195 盧相益, 『大訥手卷續編』亨, 渡江錄3「紀渡江以後事」
196 盧相稷, 『小訥先生文集』卷3, 「辛亥日記」

년 5월 블라디보스토크로 망명하여 1910년 북만주 밀산(蜜山)에서 독립운동기지 한흥동(韓興洞) 개척을 시작했다. 1913년 7월 안동현으로 옮겨 독립운동기지 접리수촌 개척에 참여하면서 1913년 12월 동삼성한인공교회(東三省韓人孔敎會)를 설립하고 발기회를 결성하였다. 1914년 1월 북경으로 옮겨가 중국 공교총회(孔敎總會)를 방문하여 동삼성한인공교회의 설립을 공식 승인받았고, 재만 한인의 지위 향상을 위해 노력하였다. 그 뒤 1914년 6월 봉천(奉天)으로 옮겨 요중현(遼中縣)에서 독립운동기지 덕흥보(德興堡)를 개척하는 등의 활동을 벌이다가 1916년 2월 사망하였다.[197]

율산은 이들과 함께 시사(時事)를 토론하였고, 이들이 개척하고 있던 독립운동기지 건설(獨立運動基地建設)을 주제로 토론하였다. 또 이들과 함께 독립운동기지 건설에 참여하겠다는 포부를 밝히기도 했다. 11일 이들과 이별하며 시를 지었으니 다음과 같다.[198]

「訪修撰 安孝濟 · 正言 盧相益 · 參奉 李承熙 · 安衛遠 · 鄭源度 · 黃圭顯 · 朴尙林 · 李慶一을 接梨寓所에서 만나 함께 회포를 논하고, 이별에 임하여 시를 지어 주었다.」

關河漠漠雁南翻 변방 지역 드넓은데 기러기 남으로 떠나고,
舊雨凄凉白草原 백색 초원에 내리는 비 처량하구나.
去國縱成吳市隱 조국을 떠나와 타국의 저자에 숨어 있지만,
避秦難得武陵源 진(秦)나라 피해도 무릉도원 얻기는 어렵네.
遼禽此夜應驚夢 멀리서 온 새 이 밤에 자다가 놀랄 것이고,
江鴨明朝易斷魂 강 속의 오리도 내일 아침 마음 아프리라.
聊將萬里平安字 만리타향에서 애오라지 평안하게 지내시오,
歸對鄕人報子言 돌아가서 고향 사람에게 그대의 말 전하리라.

---

197 권대웅, 『한계 이승희의 생애와 독립운동』, 성주문화원, 2018.
198 『栗山集』卷1, 詩「訪修撰安孝濟 · 正言盧相益 · 參奉李承熙 · 安衛遠 · 鄭源度 · 黃圭顯 · 朴尙林 · 李慶一於接梨寓所相與論懷臨別留贈」

안동현 접리수촌 전경(2018년 5월, 동서편 마을)

「중국 남만주 안동현 접리수도(接梨樹圖)」와 서구결사록(西構結社錄)

10월 12일 안동현에서 안효제와 함께 유숙하며 동향의 정의를 나누었다. 그리고 13일 아침 대구로 향하는 기차를 탔다. 10월 21일 향리 행정에 도착하였는데, "왕래한 거리를 계산하니 걸어간 것이 천 리이고, 차로 간 것이 삼천리였다. 그 사이 도부(道府) 11곳을 돌아보았고, 주군(州郡) 70여 곳을 지나왔다. 이웃 사람들이 비록 나에게 정정하다고 말했으나, 나의 근력(筋力)이 이번 일에 다 소모되었다."199고 할 만큼 길고 험난한 여행이었다.

이 여행에서 율산은 큰 경험을 쌓았다. 그는 안동현 접리수촌에서 마을을 개척하며 독립운동기지 건설의 꿈을 가꾸던 망명 유생들을 만나 많은 이야기를 나눴다. 그는 이들과 뜻을 함께하기로 하고 귀향했다. 귀향한 뒤, 안

199 『栗山集』 卷3, 雜著 「西行日錄」

방로(安邦老)에게 보낸 편지에서 "나도 더불어 같은 뜻으로 한번 피를 흘릴 생각이 있었으니 가히 먼 곳에서 뜻밖에 만났다고 할 수 있다."[200]고 하였다. 그러나 그는 망명을 결행하지 못했다.

율산이 망명의 꿈을 실행하기에는 그의 나이 이미 60대 중반이었고, 귀국한 이듬해 2월 광무황제의 「밀칙(密勅)」을 받았다. 그러므로 그는 국내에서 독립운동에 대한 의지를 가질 수밖에 없는 상황이었다.[201]

2. 광무황제의 「밀칙(密勅)」

「밀칙(密勅)」을 받다

1914년 2월 율산은 광무황제의 「밀칙(密勅)」을 받았다. 그가 1913년 서북지방과 남만주 안동현 접리수촌을 다녀온 직후였다.

「밀칙(密勅)」

황제께서 말씀하셨다.

오호라! 하늘에게 가엾게 여김을 받지 못하여, 하늘이 우리나라에 해로움을 내리셨다. 외국 오랑캐와 국내 역적이 서로 간악한 짓을 하여 흉악한 일을 드러내지 않음이 없었고, 독을 쏘지 않음이 없었다. 사직이 빈터가 되고 종묘에 제사를 지내지 못하니 이것은 모두 짐의 탓이로다. 비록 후회하지만, 어찌 추급하리오. 얼마나 다행인가? 지금 하늘이 재앙에 대해 후회하고, 열성조(列聖朝)께서 말없이 도우셔서, 거의 쓰러져 가던 나무가 장차 새싹이 나려는 희망이 있게 되었다. 더구나 한두 명의 노부(父老)[202]가 함께 협동하고, 정성과 힘

---

200 『栗山集』卷2, 書「答安致光」(邦老, 1913)

201 필자는 2015년부터 2019년까지 전후 3차례에 걸친 답사를 통해 안동현 접리수촌의 위치를 확인하였다.

202 부로(父老) : 원문의 '고익(考翼)'은 노성한 사람으로서 일을 공경히 하는 사람을 말한다. 『서경』「대고(大誥)」에 "노성한 사람으로 일을 공경히 하는 자들이 기꺼이 '내 후손이 있으니 기업(基業)을 버리지 않을 것이다.'라고 말하겠는가.[厥考翼, 其肯

을 다 기울이고 있으니, 지금은 바로 충신열사(忠臣烈士)가 의기를 드러내고 공을 세우는 때이다.

들건대 그대는 초야에 사는 시골 사람으로 항상 나라를 걱정하는 마음을 가지고 있다고 하니 실로 가상하다. 그러나 지금의 급무(急務)는 외교(外交)보다 앞서는 것이 없는데, 이 임무를 맡을 사람으로 전용규(田鎔圭) 만한 사람이 없다. 그래서 너에게 명하노니, 너는 마음과 힘을 하나로 하여 함께 어려움과 근심을 해결하라. 짐의 와신상담(臥薪嘗膽)하는 한(恨)을 풀도록 하라.

갑인 2월 27일
덕수궁
전상무(田相武)가 열어보라.
(황색 종이에 마패를 찍음, 겉봉 전면과 후면 글)203

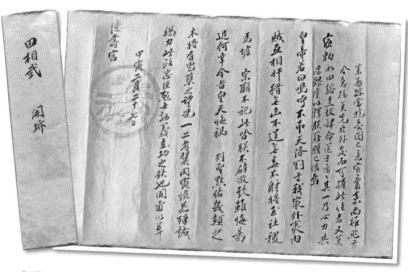

「밀칙」(1914년 2월, 증손 전용우 소장)

曰 : 子·有後, 弗棄基]"라는 말에서 유래하였다.
203 『栗山集』 卷首, 「密勅」

광무황제의 이 밀칙은 담양전씨 종인 전용규(田鎔圭, 1872~1918?)를 통해서 받았다. 전용규는 충남 홍성 출신으로 본관이 담양이고 시종원(侍從院) 시종(侍從)이었다. 1912년 음력 9월 임병찬(林秉瓚)이 광무황제의 밀칙을 받고 비밀리에 동지를 규합하여 대한독립의군부(大韓獨立義軍府)를 조직할 때 전용규도 참여하였다.

율산에게 내려진 이 밀칙은 대한독립의군부가 1914년 3월 23일 대한독립의군(大韓獨立義軍)의 편제를 완결하기에 앞서 발해진 것이다. 광무황제는 이즈음 임병찬·전용규 등의 독립의군부 조직에 이어 각국 공사관과 조선총독부·경무부·부·군·병참 등 일제의 식민지 통치기구를 대상으로 계획하고 있던 투서운동(投書運動)과 태극기게양운동(太極旗揭揚運動)에 큰 기대를 걸고 있었다. 이에 율산과 같은 충의(忠義)를 가진 유생들도 함께 참여하기를 기대하면서 내린 「밀칙(密勅)」으로 보인다.[204]

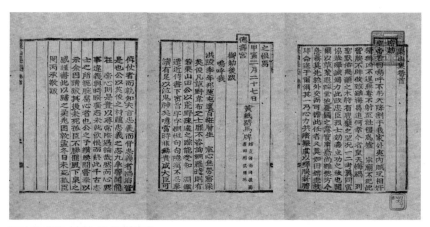

『栗山集』卷首, 「密勅」 및 「御勅後跋」

---

204 권대웅, 『1910년대 국내독립운동』, 독립기념관, 2008.

율산, 충의의 인물이었다

다음 「어칙후발(御勅後跋)」은 율산이 1923년에 사망한 뒤, 1937년 그의
아들 전환(纘煥)이 문집 『율산집』을 발간하면서 민병승(閔丙承)으로부터 「밀칙
(密勅)」에 대한 발문으로 받은 것이다.

「어칙후발(御勅後跋)」

오호라!

홍릉(洪陵)205 말년에 국운이 막혀서 온갖 괴변이 생겼다. 황제께서 마음이
초조하여 자나 깨나 영웅과 준걸을 생각하시고, 무릇 초야에 있는 선비들에게
도 두루 자문하셨다. 이때 전율산(田栗山) 같은 분이 계셨으니, 초야의 소원한
곳에 계셨지만, 황제의 알아주심을 받았다. 가까운 신하를 보내 밀지(密旨)를
내리셨는데, 글자마다 슬픔이 담기고 구절마다 아픔이 담겨 있어서 차마 읽을
수 없으니, 귀신을 울릴 만하였다.

아! 그 당시에 귀한 친척이나 대신으로 의지할 만한 사람이 없지 않았다. 그
러나 충의(忠義)를 말하면서 충의(忠義)를 배신하는 자가 그렇게 많을 줄 누가
알았으리오. 공은 빼어난 재주를 가지고 있으면서도 충의(忠義)의 뜻을 간직
하였으니, 온 세상에 소문이 나고 황제의 마음에 선택되었다. 이것을 어찌 평
범한 일로 우연히 논할 수 있으랴. 그러나 마음과 일이 어긋나고, 의기(意氣)
와 때가 어긋나서 한을 품은 채 돌아가셨다. 이것은 천고의 뜻있는 선비들이
주먹을 불끈 쥐고 마음 아파할 일이다.

공의 아들 찬환(纘煥)이 일찍이 황제의 밀칙(密勅)을 받들고 와서 나에게
보여주며 그 뒤에 발문(跋文)을 써 주기를 청하였다. 죽지 못한 외로운 신하가
시경(詩經)의 비풍(匪風)편과 하천(下泉)편206의 감회를 이기지 못하여 삼가
이렇게 써서 준다.

병자(丙子)년 1월, 죽지 못한 외로운 신하 민병승(閔丙承)은 삼가 발문을 쓰

---

205 홍릉(洪陵); 고종 황제와 명성황후(明成皇后) 민씨의 능호이다. 여기서는 광무황제
를 지칭하는 말로 사용되었다.

206 비풍(匪風)편과 하천(下泉)편 : 모두 『시경(詩經)』의 편명으로 주(周)나라가 쇠미해
짐을 근심하고 예전의 태평성세를 그리워하는 내용을 담고 있다.

다.[207]

민병승은 대한제국기 1905년 궁내부특진관(宮內府特進官) 칙임3등관(勅任3等官)을 지낸 관료이다. 그는 발문에 "마음과 일이 어긋나고, 의기(意氣)와 때가 어긋나서, 한을 품은 채 돌아가셨다."라고 하며, 율산을 충의의 인물로 평가하였다.

3. 파리장서운동과 율산

율산, 파리장서운동에 참여하지 못하다

1919년 3월 유교계의 독립청원운동(獨立請願運動), 이른바 파리장서운동(巴里長書運動)은 성주 출신의 유생 심산(心山) 김창숙(金昌淑, 1879~1962) 등이 파리 국제평화회의에 독립청원서(獨立請願書)를 제출하려고 한 사건이다. 1919년 3월 2일 파리장서운동을 계획한 김창숙은 면우(俛宇) 곽종석(郭鍾錫, 1846~1919)과 간재(艮齋) 전우(田愚)를 지도 인물로 추대하였으나 추진과정에서 전우는 참여하지 못했다.

김창숙의 요청에 따라 거창의 면우(俛宇) 곽종석(郭鍾錫) 등이 호응하여 독립청원서를 작성하였다. 독립청원서의 내용은 "삼천리 강토와 2천만 인구와 4천 년 역사를 지닌 문명국으로 일본의 교활한 술책에 의해 병합되었으니 만국평화회의가 죽음으로 투쟁하는 우리 2천만 동포의 처지를 통찰하여 독립을 지지해 달라."고 주장하는 것이었다.

율산은 파리장서운동에 참여하지 않았다. 그렇지만 파리장서운동 서명 과정에서 그도 참여를 논의하였다. 『율산집』에서 율산과 편지를 주고받으며

---

207 『栗山集』卷首,「御勅後跋」

참여를 논의한 인물은 의령 출신의 오당 조재학이다.

오당(迁堂) 조재학(曹在學)은 1860년 의령군 화정면 상정리에서 태어나 면암 최익현과 연재 송병선의 문하에서 수학하였다. 1906년 김태원(金泰元) 등과 함께 태인·진안 등지에서 의병투쟁을 벌였으며, 4월에는 최익현 휘하 에서 소모오위장(召募五衛將)으로 활약하였다. 그리고 8월 최익현이 유배되 자 스승 최익현을 찾아 대마도(對馬島)를 방문하였으며, 1913년 임병찬(林炳 瓚) 등과 독립의군부(獨立義軍府)를 조직하고 총대표로 활동하였던 척사 유림 이다.[208]

조재학도 1913년 광무황제의 밀칙을 받았는데, 이것이 드러나 1914년 울릉도로 유배되었다가 돌아왔고, 1919년 유림단의 파리장서운동에 서명하 고 체포되었다. 그리고 1921년 조선고사연구회(朝鮮故事硏究會)를 발기하고 동지를 규합하다가 잡혀 또 옥고를 치렀다.[209]

율산은 조재학에게 모두 4차례 편지를 보내고 있다.[210] 첫 번째 편지는 조재학이 1913년 광무황제의 밀칙을 받은 뒤, 대한독립의군부 사건으로 울 릉도로 유배되었다가 돌아온 뒤에 보낸 위로의 편지이다. 그는 조재학과 함 께 광무황제의 밀칙을 받았지만 검거되지 않았고, 조재학은 대한독립의군 부 사건으로 검거되면서 밀칙을 받은 사실이 드러난 것이다. 나머지 3편의 편지는 파리장서와 관련된 것인데, 두 번째 편지는 조재학이 파리장서에 서 명하면서 율산도 함께 서명할 것을 권유하였으나 그렇게 하지 못한 데 대한 사과의 편지이다. 그리고 세 번째 편지는 조재학이 파리장서 사건으로 체포 되었다가 석방된 뒤 보낸 치하하는 편지이다.

아래의 편지 「답조원교(答曹元敎)」(1919)에서 그는 조재학의 권유에도 불

---

208 국역『오당유고』, 「행장」, 327~328쪽
209 국역『오당유고』, 「연보」, 340쪽; 같은 책, 「행장」, 328쪽
210 『栗山集』卷1, 詩「與曹元敎」(在學, 4)

구하고 파리장서운동에 참여하여 못한 자신을 다음과 같이 변명하고 있다.

「답조원교(答曺元教)」(1919)

뜻밖의 편지가 먼지 저의 집에 날아와 떨어지니 황홀하기가 하늘의 별을 얻은 것 같습니다. 소식 듣고 놀랍고 괴이하나 위안이 됩니다. 나와 형은 바야흐로 경계하여 삼가고 있었는데, 성명(姓名)이 노출된 것은 매우 놀랍고 괴이합니다. 또 오랫동안 만나지 못한 끝에 편안하다는 소식을 받으니 더욱 위로됩니다. '이리 오라'는 말씀이 있었으니 실은 평소 정의(情誼)가 서로 부합하여 나온 것으로 감히 읍하듯 감격하지 않겠습니까. 지금 선비의 출처(出處)는 의리를 분명하게 볼 수 없으면 두려운 것이 처음에는 그 차이가 작지만, 나중에는 그 차이가 천 리가 될 것이라는 걱정이 있습니다.

옛날 구봉(龜峯) 송익필(宋翼弼)이 서울에 사는 오랜 벗에게 준 편지에서 "맹호(猛虎)가 내 뒤를 따라오는데 내 앞은 막다른 골짜기로다."라고 하였는데, 이는 바로 금일 우리를 위해 준비한 말 같습니다. 나와 형은 이미 출각(出脚)하여 의리(義理)로서는 물러날 수 없습니다. 상무는 나이가 많고 지혜도 없어져 세상을 위해 할 수 있는 것이 없으니 나가서 일에 무슨 손익이 있겠습니까. 다만 집이나 지키는 개가 되어 훌륭한 군자들이 일을 이루었다는 좋은 소식만 기다릴 뿐입니다. 형과 나 사이에 말 한마디 없을 수 없습니다. 이에 저의 충정을 다하여 말씀드리니 혹 채택하여 쓰십시오. 바야흐로 마땅히 이웃 나라에 목욕하고 토벌할 날을 당하여, 복수하는 의리를 우선으로 하지 않고 단지 나라를 회복하는 일을 우선으로 한 것은 명분(名分)이 정당(正當)하고 말이 순리에 맞는 도리에 흠이 될까 두렵습니다. 어찌 그대의 천 가지 생각 가운데 한 가지 실수가 아니겠습니까? 다만 정분이 두터운 것만 믿고 망령된 말을 하였습니다. 죄송합니다. 집의 아이를 잠시 보내니 일을 상세히 논의하는 것이 어떻겠습니까?211

---

211 『栗山集』卷2, 書「答曺元教」(己未)

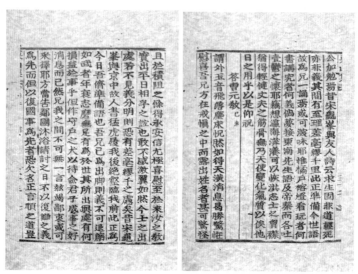

『栗山集』卷2, 書「答曹元敎」(己未)

이 편지에서 율산은 파리장서운동에 함께 참여하지 못하는 자신을 변명하는 한편, 국제사회에 국권회복(國權恢復)을 호소하는 외교독립론(外交獨立論)으로서 파리장서운동의 한계를 지적하였다.

스승 간재와 뜻을 함께 하다

율산이 파리장서운동에 참여하여 서명하지 않은 이유는 스승 간재 전우의 거취에 따랐기 때문이다. 일반적으로 파리장서운동에는 간재가 참여를 거부하였던 것으로 알려져 있다. 그러나 최근의 연구에 따르면 처음 간재는 파리장서운동에 참여하겠다고 결심하였으나 그 추진과정에서 참가를 거부하였던 것으로 드러났다. 간재가 거부했던 이유도 파리장서운동을 주도한 인사들의 목표인 공화제(共和制) 국가의 건설이 간재가 지향하던 조선왕조의 회복, 즉 복벽주의(復辟主義)와는 합치되지 않았기 때문이다. 간재는 파리장서운동에 서명하지 않은 뒤, 은둔에 대한 결심은 더욱 확고해졌다. 이로 말미암아 간재는 유교계 외부는 물론이고 내부에서도 심한 비난을 받았다.

파리장서운동 진행 과정에서 율산이 간재와 서명에 대해 논의하고 있는 기록은 없다. 그러나 1920년 간재가 율산에게 보낸 답신을 보면, 두 사람은 파리장서운동에 대해 뜻을 함께하고 있었다는 것을 알 수 있다.

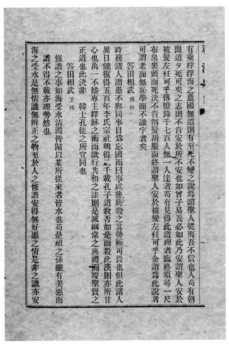

『秋潭別集』 권2, 「答田相武」(庚申)

「답전상무(答田相武)」(1920)

시무(時務)에 힘쓰는 여러 사람이 말하기를 내가 그들이 하는 일에 함께하지 않아서 나라가 망하게 되었으니, 일이 이루어진 뒤에 나를 죽이겠다고 합니다. 그 기세가 지극히 두렵습니다. 그러나 이런 사람들이 나중에 능히 500년 이씨 왕조를 다시 찾고, 2000년 된 공자(孔子)의 가르침에서 잘못을 밝혀내고, 그런 다음에 이 사람을 죽인다면 나도 또한 달게 받아들이겠습니다. 만일 그렇

지 못하고 오로지 석소(釋蘇)212의 법술을 주로 하여 공화정(共和政)의 법도
를 행하려고 한다면 이것은 삼강오륜의 법도를 없애고 성현(聖賢)의 바른 도
리를 뒤엎는 것입니다. 이것은 절대로 우리나라 선비로서 공자를 따르는 여러
사람이 함께할 바가 아닙니다.213

　　간재는 율산에게 보내는 위의 편지에서 "시무(時務)에 힘쓰는 여러 사람
이 말하기를 내가 그들이 하는 일에 함께하지 않아서 나라가 망하게 되었으
니, 일이 이루어진 뒤에 나를 죽이겠다고 합니다. 그 기세가 지극히 두렵습
니다."라고 하며, 파리장서운동에 참여하여 활동하고 있는 사람들의 비난과
위협에 직면한 상황을 말하고 있다. 그래서 율산은 향리 의령의 유생 조재
학의 권유에도 불구하고 파리장서운동에 참여하지 않았다. 그의 나이 이미
칠십의 노구였고, 스승 간재와 거처(居處)를 함께했기 때문일 것이다.

4. 조선민족대동단의 독립선언서와 율산

율산, 대동단의 단원인가

　　1919년 3월 서울에서 조직된 조선민족대동단(朝鮮民族大同團)은 복벽주의
(復辟主義) 이념 아래 만주·상해 등의 독립운동세력과 연계하여 임시정부 수
립을 목적으로 활동하였다. 대동단은 제1차 세계대전의 종결과 민족자결주
의 사조 속에서 조선독립을 위한 조선 민족의 정신통일과 실력양성을 표방
하며 전협(全協)·최익환(崔益煥) 등이 결성하였다.
　　1919년 3·1운동이 발발하자 전협·최익환을 비롯한 김사국(金思國)·김찬

---

212 『간재집』권15 잡저「논배설서시제군(論裵說書示諸君)」에서 "강유위(康有爲)의 학술
　　은 석소(釋蘇)를 두 명의 성인으로 삼았다.[余觀康梁傳記文字。其學術則尊釋穌爲二
　　聖]라고 하였는데, 석가(釋迦)와 야소(耶蘇)를 말하는 것이다.
213 『秋潭別集』권2,「答田相武」(庚申)

규(金燦奎)·윤용주(尹龍周)·김규(金奎) 등은 사회 각층의 인사를 모아 민족역 량을 결집함으로써 독립운동의 구심점 역할을 한다는 포부를 가졌다.

대동단은 김가진(金嘉鎭)을 총재로 추대하고, 독립의식 고양을 위한 선전 활동과 4월 23일 국민대회(國民大會) 개최, 그리고 11월 대한민족대표 명의 로 조선민족대동단의 독립선언서(獨立宣言書) 발표 등의 활동을 벌였다.

1919년 5월 23일 일제의 대검거로 대동단은 국내에서 활동이 어렵다고 판단하여, 같은 해 10월 30일 총재 김가진의 상해 망명이 이루어졌다. 그리 고 대동단은 의친왕(義親王) 이강(李堈)의 상해 망명을 추진하는 한편, 국내 에서 대대적인 만세시위운동을 계획하였다. 그러나 11월 10일 결행된 의친 왕의 상해 망명이 실패하고 대동단에 대한 대규모의 검거가 시작되었다. 11 월 19일 전협이 체포되자 대동단은 치명적인 타격을 입게 되었고, 관련 인 사들이 체포되었다. 대동단 사건으로 체포된 인사들은 심문을 거쳐 전협 이 하 37명이 기소되었는데, 그 기소된 단원은 다음과 같다.

전협(全協) 송세호(宋世浩) 전필순(全弼淳) 안교일(安敎一) 이달하(李達 河) 김익하(金益夏) 박정선(朴貞善) 이건호(李建鎬) 최익환(崔益煥) 정남용 (鄭南用) 신현구(申鉉九) 정희종(鄭喜鍾) 정두하(鄭斗和) 이종춘(李鍾春) 김 상열(金商說) 권헌복(權憲復) 권태석(權泰錫) 이일영(李一榮) 전대진(全大 振) 윤종석(尹鍾奭) 이정(李政) 동창률(董昌律) 박형남(朴馨南) 이신애(李信 愛) 이을규(李乙奎) 김영철(金永喆) 박용주(朴龍柱) 강매(姜邁) 장현식(張鉉 軾) 양정(楊楨) 윤용주(尹龍周) 박원식(朴源植) 이재호(李在浩) 조종환(趙鍾 桓) 정규식(鄭奎植) 유경근(劉景根) 이능우(李能雨) 노준(魯駿) 김두섭(金斗 燮) 한기동(韓基東) 김성일(金成鎰) 김종진(金鍾振) 민강(閔橿)

체포된 전협 이하 37명 중, 율산의 이름은 찾을 수 없다. 율산이 대동단 의 단원이라는 기록도 없다. 그렇지만 체포를 면한 대동단 단원 중의 한 사 람이었을 것으로 짐작된다.

독립선언서에 서명하다

1919년 3·1운동과 4월 상해 대한민국임시정부를 수립하는 과정에서 대동단 단원 중 일부는 국민대회를 개최하였다. 그러나 5월 23일 대동단 사건과 11월 19일 전협의 체포 등으로 대동단은 치명적인 타격을 입게 되었고, 관련 인사들이 체포되었다.

1919년 4월 23일 대동단 계열의 이내수(李來修)·이용규(李容珪)·최전구(崔銓九)를 비롯하여 김규(金奎)·윤용주(尹龍周)·이헌교(李憲敎) 등이 13도대표자(十三道代表者) 명의로 국민대회취지서(國民大會趣旨書)를 발표하였다.[214] 그러나 국민대회취지서에는 공화주의(共和主義)를 표방하는 내용이 있어 최전구·이용규 등 조선왕조의 복벽(復辟)을 주장하는 인물들은 서명자 명단에서 이름 삭제를 요구하였다.[215]

대동단 사건으로 검거를 피한 단원들은 나창헌(羅昌憲, 1896~?)을 중심으로 제2독립선언을 준비하였다.[216] 거사 일은 음력 10월 3일 단군기념일, 양력 11월 23일로 결정되었다. 독립선언서를 낭독할 민족대표는 대동단이 맡았고, 만세 시위운동에 참여할 학생, 청년의 동원은 임시정부 계통에서 맡았지만, 추진과정에서 미쳐 준비되지 않아 거사 일을 11월 28일로 미뤘다. 그러나 사전에 탐지한 일제 경찰에 관련자 8명이 체포됨으로써 계획은 실패로 돌아갔다.[217]

1919년 11월 28일 대동단의 이내수(李來修)·이직현(李直鉉)·최전구(崔銓

---

214 「國民大會趣旨書」, 『梨花莊所藏雩南李承晚文書:東文篇(사)』 3.1운동관련문서, 연세대학교 현대한국학연구소, 1998, 26~27쪽

215 「공판시말서(5)」, 『한민족독립운동사자료집』 19, 국사편찬위원회, 1994, 41쪽

216 「李信愛 심문조서(제1회)」, 『한민족독립운동사자료집』 5(대동단사건 I), 국사편찬위원회, 1988, 247~250쪽

217 「不逞鮮人檢擧의 件」, 『한민족독립운동사자료』 2(3.1운동편2), 국회도서관, 1992, 629~632쪽

九)·전상무(田相武) 등 33인의 유생들이 대한민족대표(大韓民族代表) 명의로 독립선언서(獨立宣言書)를 발표하였다. 조선민족대동단 명의의 독립선언서는 다음과 같다.[218]

대동단선언(大同團宣言)

반만년 역사의 권위와 2천만 민중의 성충(誠衷)을 의지하여 우리 국가의 독립국임과 우리 민족의 자유민임을 천하만국에 선언하며 또 증언하노라. 근역 청구(槿域靑邱)는 타인의 식민지가 아니며, 단군의 자손 고려의 민족은 남의 노예가 될 인종이 아니다. 나라인즉 동방 군자(君子)의 나라요, 민족인즉 선진한 선인(善人)의 민족인 것이다. 험난하여 나아갈 수 없는 운수를 당하여 정치가 오래되고 삶이 어지러워질 때, 밖에는 고래같이 삼키는 강한 이웃이 있고, 안에는 나라를 병들게 하는 간사한 도적이 있어, 5천 년의 신성한 역사와 2천만 예의의 민족과 5백 년 내려온 종사의 황족(皇族)이 하루아침에 인멸되니 조정에는 순국하는 신하가 있고, 초야에는 절개를 지켜 죽는 백성이 있으나, 황천(皇天)이 돌보지 아니하고 국민이 녹(祿)을 받을 복이 없어 황제가 성명(聲明)에 갑자기 폐천(廢遷)당하는 욕을 만나고, 사민(士民)이 거의(擧義)에 문득 발이 섬멸되는 화를 당하니 세상에 범람하는 가혹한 법과 잔학한 대우와 노예 같은 사역에 백성이 편안히 살 수가 없게 되었도다. 불평하여 울면 법률이 강도와 같이 이를 찍으니 무릇 지아비의 충의의 혼이 잔인한 칼날 아래 소멸한 자가 그 몇천몇만인가. 한을 머금고 고통을 씹으며 섶에 누워 쓴 쓸개를 맛봄이 10개 성상을 겪었더니라. 음(陰)이 극(極)하면 양(陽)이 돌아오고 음양이 조화되어 사물이 이치에 통하는 것이 소멸할 수 없는 것은 하늘의 이치로 좋은 운수이며, 죽음에 처하여 사랑을 바라고, 오래 굽히고 있으면 일어날 것을 생각하는 것은 사람의 도리에 있어서 지극한 감정인 것이니, 세계 개조와 민족 자결의 의논이 천하에 높이 오르고 우리나라의 독립과 우리 민족의 자유의 소리가 우내(宇內)에 가득 넘치는지라, 드디어 3월 1일에 독립을 선언하고 4월 10일에 정부를 건설하였도다. 저 미련하여 도덕을 모르는 일본이 시세(時勢)의 추이를 돌보지 아니하고, 다만 표범이나 이리의 야만성을 구사하여 압

---

218 『독립신문』, 1920. 1. 1, 「義親王以下 三十三人의 宣言」

박과 억제를 크게 마음대로 행하니 백수(白手)의 도중(徒衆)을 총으로 쏘아 죽이고 성읍과 촌락을 불 질러 태우니 이것이 인류의 양심으로 감당해 참을 바일까. 우리 민족의 단충(丹衷)과 열혈은 결코 이 비정리적(非正理的)인 압박에 감축될 바가 아니요, 더더욱 정의와 인도로서 용감히 나아가고 매진(邁進)할 뿐이로다. 만일 일본이 끝내 잘못을 뉘우침이 없다면 우리 민족은 부득이 3월 1일의 공약에 따라 최후의 1인까지 최대의 성의와 최대의 노력으로 혈전(血戰)을 불사코자 이에 선언하노라.

대한민국 원년 11월일

의친왕(義親王)·김가진(金嘉鎭)·전협(全協)·양정(楊楨)·이정(李政)·김상열(金商說)·전상무(田相武)·백초월(白初月)·최전구(崔銓九)·조형구(趙炯九)·김익하(金益夏)·정설교(鄭卨教)·이종춘(李種春)·김세응(金世應)·정의남(鄭義南)·나창헌(羅昌憲)·한기동(韓基東)·신도안(申道安)·이신애(李信愛)·한일호(韓逸浩)·박정선(朴貞善)·노홍제(魯弘濟)·이직현(李直鉉)·이내수(李來修)·김병기(金炳起)·이겸용(李謙容)·이설후(李雪吼)·신태련(申泰鍊)·신형철(申瑩徹)·오세덕(吳世德)·정규식(鄭奎植)·김홍진(金弘鎭)·염광록(廉光祿)

『독립신문』, 1920. 1. 1, 「義親王以下 三十三人의 宣言」

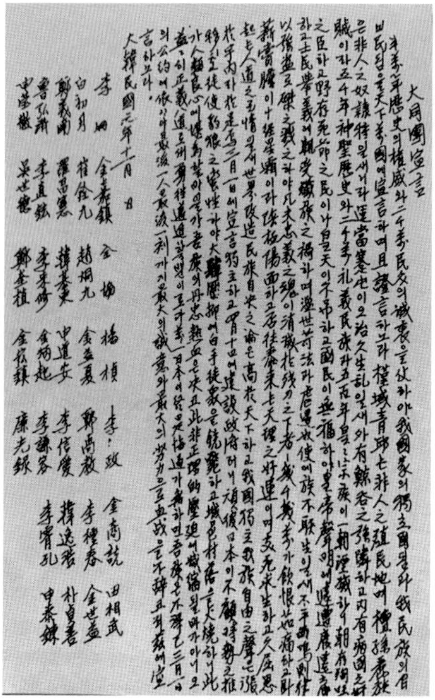

대동단선언

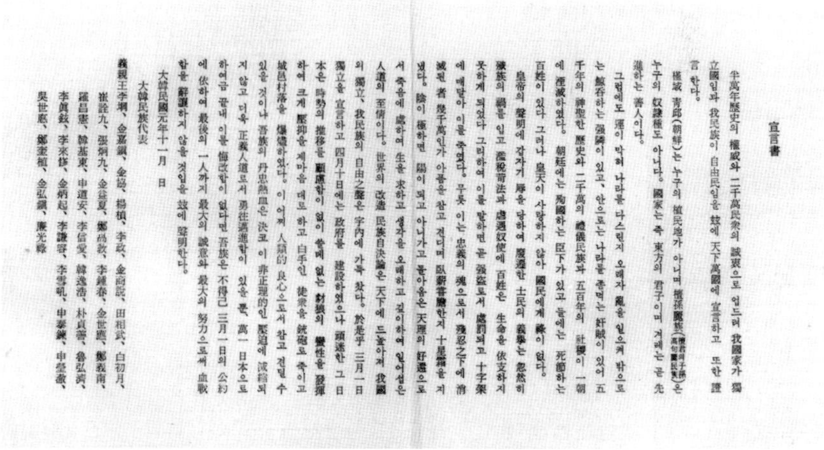

宣言書

半萬年歷史의 權威와 二千萬民衆의 誠衷으로 엎드려 我國家가 獨立國임과 我民族이 自由民임을 玆에 天下萬國에 宣言하고 또한 證言한다。

槿域 青邱(朝鮮)는 누구의 植民地가 아니며 檀孫麗族(檀君의子孫高句麗民族)은 누구의 奴隷種도 아니다。國家는 즉 東方의 君子이며 겨레는 곧 先進하는 善人이다。

그럼에도 運이 막혀 나라를 다스린지 오래자 亂을 일으켜 밖으로는 鯨呑하는 强隣이 있고、안으로는 나라를 좀먹는 奸賊이 있어 五千年의 神聖한 歷史와 二千萬의 禮儀民族과 五百年의 社稷이 一朝에 湮滅하였다。朝廷에는 殉國하는 臣下가 있고 들에는 死節하는 百姓이 있다 그러나 皇天이 사랑하지 않아 國民에게 祿이 없다。

皇帝의 聲明에 갑자기 辱을 당하여 廢遷한 士民의 義擧는 忽然히 遺族의 禍를 입고 苛稅苛法과 虐遇奴使에 百姓은 生命을 依支하지 못하게 되었다 그리하여 이를 말하면 곧 强盜로서 處罰되고 十字架에 매달아 이를 죽였다。무릇 이는 忠義의 魂으로서 殘忍之下에 消滅된 者 幾千萬인가 아픔을 참고 견디며 臥薪嘗膽한지 十星霜을 지냈다。陰이 極하면 陽이 되고 아니가고 돌아옴은 天理의 好運으로서 죽음에 處하여 生을 求하고 생각을 오래하고 같이하여 일어섬은 人道의 至情이다。世界의 改造 民族自決論은 天下에 드높아져 我國의 獨立、我民族의 自由之聲은 宇內에 가득 찼다。於是乎 三月一日 獨立을 宣言하고 四月十日에는 政府를 建設하였으나 頑迷한 그 日本은 時勢의 推移를 顧慮함이 없이 쓸데 없는 豺狼의 蠻性을 發揮하여 크게 壓抑을 제마음 대로 하고 白手인 徒衆을 銃砲로 죽이고 城邑村落을 爆燼하였다。이 어찌 人類的 良心으로서 참고 견딜 수 있을 것이나 吾族의 丹忠熱血은 決코 이 非正理的인 壓迫에 流縮되지 않고 더욱 正義人道로서 勇往邁進함이 있을 뿐、萬一 日本으로 하여금 끝내 이를 悔改함이 없다면 吾族은 不得已 三月一日의 公約에 依하여 最後의 一人까지 最大의 誠意와 最大의 努力으로써 血戰함을 辭讓하지 않을 것임을 玆에 聲明한다。

大韓民國元年十一月 日

大韓民族代表

義親王李堈、金嘉鎭、金協、楊楨、李政、金商說、田相武、白初月、

崔詮九、張炯九、金益夏、鄭尙教、李鍾春、金世應、鄭義南、

羅昌憲、韓基東、申道安、李信愛、韓逸浩、朴貞善、魯弘濟、

李眞鈺、李來修、金炳起、李謙容、李雪吼、申泰鍊、申瑩徹、

吳世應、鄭奎植、金弘鎭、廉光祿

선언서(독립기념관 소장, 자료번호 1-002418-12)

율산은 33인의 민족대표 중의 한 사람으로 독립선언서에 서명하였다. 대동단 독립선언서에 서명한 33인은 대동단에 속한 인사들이 주축이 되었고, 그 외에는 사회 각층의 대표와 기타 단체의 인사를 포함하였다.[219] 그가 대동단 단원이거나 그 사건에 연루되었다는 사실을 입증할 수 있는 사료는 없지만, 합천 초계의 시암(是庵) 이직현(李直鉉, 1850~1928), 충남 공주 출신의 양은(陽隱) 이내수(李來修) 등과 함께 대동단의 독립선언서에 유림 대표로 서명하였던 것은 틀림없는 사실이다.[220]

5. 인도공의소와 율산

진주에서 인도공의소 도회가 개최되다

1920년 1월 18일 이상규(李相珪)·조재학(曺在學) 등이 조선고사연구회(朝鮮古史研究會)를 발기하여 조직하였고, 그 하부조직으로 1920년 5월 이상규·조재학 등이 인도공의소(人道公議所)를 조직하였다.

조선고사연구회의 설립은 길림에서 독립운동을 벌이고 있던 정안립(鄭安立)이 주도하였다. 정안립은 1918년 11월 대종교 인사 등 39명이 발표한 대한독립선언서(大韓獨立宣言書)에 서명하였고, 1919년 4월에는 여준(呂準) 등과 함께 재만 한인의 구제를 목적으로 조직된 동삼성한족생계회(東三省韓族生計會)를 이끌었던 인물이다.

조선고사연구회는 1920년 1월 18일 서울의 요리점 장춘관(長春館)에서 회원 7·80여 명이 모여 발기회를 개최하였다. 회장 이상규가 개회를 선언하고, 정안립(鄭安立)이 취지서(趣旨書)를 발표하였다. 그 외 김정목(金正穆)과

---

219 장석흥, 「조선민족대동단 연구」, 한국독립운동사연구소『한국독립운동사연구』3, 1989; 이현주, 『한국 사회주의 세력의 형성』, 일조각, 2003.
220 『독립신문』, 1920. 1. 1, 「대동단선언」

일본인 스에나가 미사오(末永節)가 축사를 했다. 이날 참석한 회원과 내빈은 지방 유림과 한학자, 그리고 만주에서 참석한 인사 60여 명이었다. 이날 선출된 중요 간부는 다음과 같다.

회　장　이상규(李相珪)
부회장　권도상(權道相)
총　무　김병수(金秉洙)
이　사　김병흥(金炳興) 외 6명
서　기　정진석(鄭震錫) 외 1명
의　원　조재학(曺在學) 외 12명

조선고사연구회 간부 중에서 율산과 가까운 인물은 회장 이상규와 의원 조재학이다. 이상규(李相珪, 1856~1946)는 호가 만오(晩悟)이고, 충남 예산 출신이다. 간재 전우의 문인으로 김복한이 주도한 홍주의병에 참여하였다.[221] 율산이 약재로 밤(栗)을 보낼 정도로 가까운 인물이었다. 조재학은 의령 출신으로 면암 최익현과 연재 송병선의 문하에서 수학한 유생으로, 율산과 함께 1914년 2월 광무황제의 「밀칙(密勅)」을 받았고, 1918년 만동묘 묘향 폐지를 반대하고 제향을 강행하였으며, 1919년 3월 유림단의 파리장서운동에 서명하였던 인물이다.

1920년 4월경 조선고사연구회가 해산된 뒤, 1920년 5월 이상규(李相珪)·조재학(曺在學) 등은 인도공의소를 창립하였다. 이것은 유교의 일본화 정책에 반대하여 전국 유림이 참여한 조직인데, 7월 25일 제1회 총회를 개최하고 설명회를 열었다. 또 7월 28일에는 이상규(李相珪)·조재학(曺在學)·박태형(朴泰亨) 등이 경학원(經學院)에서 향사를 거행하기 위해 요청하였으나 경학원은 거부했다. 한편 같은 해 7월 경북 봉화에서 인도공의소를 표방하

---

221 (국역)『오당유고(迂堂遺稿)』, 부록「연보자료」

고 상해 대한민국임시정부에 보낼 군자금을 모집하던 박승래(朴升來) 등이 체포되었는데, 이 사건으로 서대문 감옥에 송치되기도 했다.[222]

인도공의소는 전국 각지에 학교를 설립하고 지역별로 유림을 조직화하고자 하였다.[223] 나아가 회원 확보를 위해 1923년에는 경남 진주에서도 도회(道會)를 개최하였다. 율산도 진주향교에서 열린 도회에 참석할 예정이었고, 진주 유생 하재화(河載華)에게 인도공의소 회장 이상규를 소개해 주겠다는 약속도 했다.

율산, 인도공의소 진주도회에 참가하지 못하다

1923년 인도공의소는 경남 진주에서 도회를 개최하였다. 율산은 이날 진주향교에서 열린 인도공의소 진주도회(晉州道會)에 참석할 생각이었으나 병으로 참석하지 못했고, 진주 출신의 유생 하재화(河載華)에게 회장 이상규를 소개해 주겠다는 약속도 실행하지 못했다.

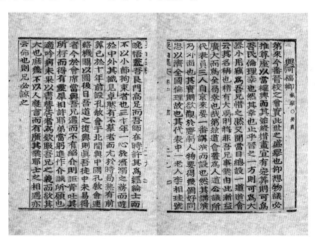

『栗山集』 卷2, 書「與河福卿」(載華, 癸亥)

---

222 (국역)『오당유고(迂堂遺稿)』, 부록「연보」; 『동아일보』, 1921. 7. 12, 「人道公議를 標榜하고」

223 (국역)『오당유고(迂堂遺稿)』, 부록「행장」

여하복경(與河福卿, 載華)

이번 진주향교의 모임은 실제로 현세의 성대한 행사였습니다. 우러러 여론을 상상해보건대 반드시 어르신의 추존(推尊)을 첫 번째로 삼았을 것입니다. 그 처음부터 끝까지의 계획은 예정된 것이니, 우리 백성의 윤리를 위하여 다행이었습니다. 그 다행히 진주 한 지역으로 그친다면 큰 그릇을 작은 일에 쓰는 것이니, 생각해보건대 우리 형을 위해서는 애석한 일입니다. 그리고 또 들으니 바로 그날의 회의는 한 도(道)의 도회(道會)라 하였습니다. 그 명칭이 자못 크니 장차 우리 형의 일이 이로 말미암아 점차 확대되지는 않겠지만, 전체의 판국을 위해서는 다행입니다. 지금 이 도회를 대개 인도공의소(人道公議所)라 하는데, 대표 3인이 서울에서 내려와 한차례 강연을 했습니다. 그러나 그 강연은 외면이고, 그 실제로는 경남 인물 중 훌륭한 몇몇 좋은 동지를 관찰하고 전국의 윤리를 구제하려는 것입니다. 그 대표 중 한 노인 이상규(李相珪)는 호가 만오(晩悟)로 대개 우리 간재(艮齋) 문하의 고족제자(高足弟子)입니다. 우리 선생이 살아 계실 때 경륜을 갖춘 선비로 인정하셨으나 작은 의리에 구속되지 않았고, 30년을 일심(一心)에 몰두하여 힘썼고, 중외에 놀 때 그 식견이 뛰어나서 다른 사람들과 견줄 수 없었습니다. 또 시국을 내다보는 데 익숙하여 거의 10년 전에 북간도에서 공교회(孔敎會)를 설립하고 중국 공교회의 연락기관으로 삼아 후일을 우리 유교의 부흥을 도모하였으니 진실로 우리 무리 중 얻기 쉽지 않은 사람입니다. 이번 회의 석상에서 우리 형과 만나 소개하지 못한 것은 진실로 그 보존한 것을 토로하여 두 사람의 마음이 서로 감흥(感興)하게 된다면 아우는 마땅히 몸소 나아가 소개하는 것이 진실로 바라는 것이었습니다. 마침 병을 앓고 있어 결과가 없었으므로 편지로 대신 고합니다. 우리 형의 의리에 흠복(欽服) 하오니 관대하게 생각하기를 바랍니다. 무릇 "사람으로 인하여 훌륭한 말을 버리지 않으며 그 업을 넓힐 수 있을 것이다."라고 했으니, 선비가 서로 만나는 것 또한 운명이니 형은 반드시 양해하여 주십시오.[224]

하재화(河載華)는 1860년 경남 진주에서 하응운(河應運)의 아들로 태어나 1894년 생원시(生員試)에 합격하였다. 1919년 유림단의 독립청원운동, 즉 파

---

[224] 『栗山集』 卷2, 書「與河福卿」(載華, 癸亥)

리장서운동에 참여하여 서명하였으며, 1927년 1월 신간회(新幹會) 창립 준비 발기인으로 활동을 하였다.

율산이 하재화에게 보낸 편지 1통은 인도공의소 진주도회(晉州道會)와 관련된 것이다. 1923년 인도공의소 회장 이상규가 진주에서 도회를 가질 때, 간재의 문인 이상규를 하재화에게 소개하지 못한 사정을 해명하는 편지이다. 이때 율산은 73세의 노유(老儒)였고, 이듬해 1924년 7월 9일 74세로 사망하였다.

이처럼 율산은 의령지역에서 시국과 여론의 중심에 있었다. 이것은 만년에 들어와 펼친 학문에 대한 열정과 일제 식민지 통치에 저항한 보수적인 유생으로서의 현실에 대한 철저한 인식에서 비롯된 것이었다.

제5장

학문과 실천적인 삶

제1절 학문

만년에 공부를 시작하다

율산은 일찍부터 연재 송병선과 심석재 송병순, 그리고 간재 전우와 교유하였고, 1915년 그의 나이 65세가 되었을 때, 비로소 간재의 문인이 되었다. 그는 이들과 교유하면서 편지를 주고받았는데, 항상 젊을 때 공부하지 못한 자신의 처지를 한탄하였다.

율산이 젊을 때 공부하지 못했다는 것은 성리학에 관한 공부를 말한다. 그는 어린 나이에 백형 상직과 함께 외가인 단성현 단계로 가서 글을 읽었고, 청년기에 과거시험을 보았기 때문에 많은 경전을 읽었을 것이고, 시(詩)·부(賦)·표(表)·책(策) 등 사장(詞章)에도 능통했을 것이다. 그리고 1876년 일본과 불평등조약이었던 강화도조약 체결에 즈음한 상소와 1884년 변복령에 반대한 상소에 참여했기에 국내·외 정세에 대한 식견과 판단도 남달랐을 것이다. 그의 문집에 남아 있는 시와 편지, 그리고 일기 등을 통해 알 수 있다.

백형 상직이 "고을의 일로 서울에서 3~4년 머물렀는데, 공의 사사로운 부채(負債)가 산더미 같아서 모두 감당할 길이 없었다. 마침내 읍영(邑營)의 불같은 독촉을 받게 되었다. 공은 곤란과 위험을 피하지 않고 읍영(邑營)에 호소하고 3년 넘도록 도(道)의 경계를 넘어 합천 청덕면 앙진리(仰津里)에 머물렀다."[225]고 하여 가세가 기울었다. 이리하여 율산은 가사를 전담하였고, 가세를 회복하기 위해 전력을 다했을 것으로 추측된다. 따라서 그는 30대 이후 40대 중반까지 공부를 중단해야만 하는 상황이 되었다. 적어도 청년

---

225 『栗山集』 卷4, 附錄「遺事」

기 과거시험을 본 이후, 그는 학문보다 현실 문제에 관심을 기울여야만 했다.

율산의 학문에 대한 의지는 만년에 이르러 불꽃처럼 피어올랐다. 그는 일찍부터 노론계열의 기호학파 학자인 연재 송병선, 심석재 송병순, 간재 전우 등과 교유했다. 이들은 의령을 비롯한 경상우도 일원에 학문적인 영향을 끼치고 있었고, 각처의 유생들과 교유의 폭을 넓히고 있었다.

1903년 율산이 연재에게 보내는 「상송연재선생(上宋淵齋先生)」(秉璿, 1903)은 연재가 의령군의 존덕재(尊德齋)에 내려준 편지와 집안의 아우 극(極)과 아들 찬환(瓚煥)이 그 문인이 되면서 고마움을 표하는 편지이다. 1909년 율산이 심석제에게 보내는 「상심석재송공(上心石宋公)」(秉珣, 1909)은 향리 칠곡(七谷)의 서당 현판을 써서 보내준 데 대한 감사의 편지이다. 여기에서 율산은 문하(門下)의 예를 다하고 있는 것으로 보아 학문적으로 큰 영향을 받았던 것으로 보인다.

성리학을 이해하고 실천하다

1902년 율산은 간재에게 처음 올린 편지에서 노사(蘆沙) 기정진(奇正鎭)의 외필(猥筆)에 대한 논쟁에 참여해 달라고 요청했다. 『노사집(蘆沙集)』(권12)에는 노사의 3대 저작이라고 할 수 있는 「이통설(理通說)」, 「납량사의(納凉私議)」, 「외필(猥筆)」 등의 글이 실려 있다. 그중에서 「외필(猥筆)」은 율곡 이이의 「기자이(機自爾, 氣의 모습이 저절로 그런 것)」를 비판한 것으로 율곡의 성리학설과 배치되는 것이었다.[226]

1902년 노사의 손자 송사(松沙) 기우만(奇宇萬)이 조부 노사의 유집을 단성의 신안정사(新安精舍)에서 발간하였는데, 석오 권봉희는 노사의 문집에

---

226 『蘆沙集』 卷12, 「理通說」, 「納凉私議」, 「猥筆」

「외필(猥筆)」이 들어간다는 사실을 알고, 그와 가까이 지내던 노사의 제자 노백헌 정재규를 통해 송사에게 전언(傳言)하여 삭제하도록 요청하였다.[227] 그러나 석오의 요청은 묵살되고 말았다.

1902년부터 시작된 「외필」에 대한 논쟁은 석오 권봉희, 노백헌 정재규를 비롯한 경상우도의 유생들 사이에서 벌어졌다. 이 두 사람과 율산은 가까이 살면서 학문과 시사를 논하는 사이였으므로 자연히 이 논쟁에 관심이 있었을 것이다.

율산은 간재에게 올린 편지에서 "근래 노사가 「외필」을 발표한 일 때문에 호남과 영남에 통문을 발송하기에 이르렀는데, 선생님께서도 이미 받아 보셨으리라 생각합니다. 지금 인망이 높고 말씀에 무게가 있으며 사도(斯道)에 책임을 질 만한 사람은 우리 선생님"이라고 하면서 논쟁을 바로잡아 달라고 요청하였다.[228]

율산은 1905년과 1907년에 간재에게 올린 편지에서 선비의 '처신과 입론'에 대하여 일깨우는 가르침을 청한 바 있었다. 그리하여 간재의 처세론을 따라 입산은거(入山隱居)를 실천하였다. 1906년 봄 자굴산(闍崛山)에 들어가 신선암에 청명사(淸明社)를 짓고, 경전과 예법을 토론하는 강학을 위해 결사(結社)를 세웠다. 이른바 '청명산실(淸明山室)'이었다.

간재의 성리학을 수용하다

1915년 율산은 간재의 문인이 되면서 성리학 공부에 몰입하였는데, 편지를 통하여 성리학의 이기론(理氣論)을 질문하거나 직접 간재가 은둔하고 있던 계화도(繼華島)로 들어가 가르침을 받았다. 당시 간재는 이기심성론(理

---

227 權鳳熙, 『石梧文集』卷5, 「行狀」
228 『栗山集』卷2, 書「上艮齋先生」(壬寅, 1902)

氣心性論)에 기초한 성사심제설(性師心弟說)을 창안하여 자신의 성리학을 체계화시켰다. 간재는 한말·일제하의 민족적 위기 상황에서 자신이 창안한 이기론을 펼쳤고, 독자적인 정세 인식과 출처관을 고수하였다.

율산은 간재의 성사심제설(性師心弟說)을 배우고 성(性)과 사(師)를 강구(講究)하였다. 간재는 1914년 「성사심제독설어(性師心弟獨契語)」(甲寅)에서 "성사심제(性師心弟) 네 글자는 내가 만든 것이다. 그러나 6경(六經)의 수십만 글자가 이 이치에서 발명된 것 아닌 것이 없이 하나로 관통한 것이니 한밤중에 생각하면 기쁜 마음이 절로 생겨 손을 흔들고 발을 구르는 신바람이 난다."[229]라고 하였다. 간재는 자신의 성리설에 매우 자부심이 컸었는데, 율산도 전적으로 이에 기울어져 있었다.

1915년 율산이 간재에게 올린 편지를 보면, 간재의 성사심제설(性師心弟說)에 대해 "진실로 사문(斯文)에 공(功)이 있다."라고 평가하였다. 그리고 이것을 비판하는 다른 학파의 학설에 대해서 비판하고 배척하였다.

"성(性)과 사(師)의 뜻은 옛 현인(賢人)이 자기의 마음[己心]은 엄한 스승[嚴師][230]이라고 한 것과 함께하니, 서로 밝혀내어 어긋남이 없다. 대개 심(心)은 성(性)에 있다. 심(心)으로 성(性)을 스승으로 삼는 것은 공에 근원한 것이고, 자신의 심(心)으로 스스로 스승으로 삼는 것은 사(私)에서 생겨난 것이다. 심(心)을 스승 삼으면 쉽게 어긋나고, 성(性)을 스승 삼으면 어긋나지 않는다."라는 선생님의 말씀은 진실로 사문(斯文)에 공(功)이 있습니다. 저들이 개구리처럼 떠드는 학설은 봉소(鳳韶)[231]에 의탁하여 사람의 귀를 시끄럽게 할 뿐이다. 스스로 자신을 해치는 자는 어찌 말할 것이 있겠습니까? 가까운 곳

---

229 『艮齋集』後篇卷14, 雜著「性師心弟獨契語」(甲寅)

230 자기의 마음[己心]은 엄한 스승[嚴師] : 『心經附註』권2에 "장재(張載)가 말하되 '마음을 바루는 초기에는 자신의 마음을 엄한 스승으로 삼아야 한다.[張子曰 正心之始 當以己心爲嚴師]"라는 말이 있다.

231 鳳韶 : 봉소(鳳韶)는 곧 순(舜)임금 때에 궁중음악 소소(簫韶)를 연주하자 봉황이 날아와 춤추었다는 고사에 유래를 둔 것으로 태평한 시대의 음악을 의미한다.

에 사는 한 선비가 심(心)과 이(理)의 학설을 말하여 한 세대의 신진(新進)을 이끌어서 별개의 문호(門戶)를 열었는데, 남몰래 천하를 바꿀 마음을 품고 있으며, 우리 문하(門下)에서 심(心)을 기(氣)로 보는 학설을 배척합니다. 그러나 저들은 심(心)이 이(理)라고 인정하고 있습니다. 그래서 임금을 속이고 지위를 훔쳐 나라가 망하기에 이르러도 돌아보지 않습니다. 오직 망국(亡國)의 눈총이 자기에게 돌아오는 것을 두려워하여 도리어 심(心)을 기(氣)로 보는 사람들에게 그 탓을 미루니 가증스럽습니다. 바로 한번 잘못을 꾸짖고자 하여도 이익이 없이 한갓 쟁단(爭端)만 보탤까 두려운 까닭에 각기 소견(所見)을 지키기로 하였습니다. 그러나 어찌 후일의 공의(公議)가 없겠습니까?[232]

이처럼 율산은 간재의 성사심제설(性師心弟說)을 적극적으로 수용하였고, 당시 영남우도로 확산하고 있던 한주학파(寒洲學派)의 심즉리설(心卽理說)에 대하여 비판하는 등 간재를 적극적으로 옹호하였다.

---

[232] 『栗山集』卷2, 書「上艮齋先生」

제2절 실천적인 삶

율산, 현실을 비판하다

율산은 현실에 참여하며 남긴 글 중 『율산집』 권2와 권3의 잡저(雜著)로
「감물설(感物說)」, 1903년 민보군의 결성을 위한 「의춘향약절목(宜春鄕約節目)」
및 「환난상구장정(患難相救章程)」, 그리고 1896년 창의한 의령의진의 진중일
기인 「적원일기(赤猿日記)」와 1913년 담양전씨 족보 간행을 위해 서북지방을
여행하며 남긴 「서행일록(西行日錄)」 등이 주목된다. 이러한 글에서 율산은
그의 비판적인 정신세계를 담았고, 현실에서 그가 지향했던 실천적 삶을 드
러내고 있다.

율산은 「감물설(感物說)」에서 나라의 멸망과 문명의 타락을 초래한 매국
노들을 준엄하게 비판하였다. 어느 날 그가 은거하고 있는 거처의 처마에
둥지를 튼 제비 한 쌍을 보고, 다음과 같은 「감물설」을 지었다.

> 너희 비록 미물이나 짝짓기 난잡하지 않으니 예의(禮義)가 있고, 옛 주인을
> 잊지 않으니 의리(義理)가 있고, 주려도 낟알을 쫓지 않으니 염치(廉恥)가 있
> 고, 사람 옆에서 화를 피하니 지혜(智慧)가 있다고 할 수 있다. 슬프다 장차 이
> 네 가지로 오늘날의 사람을 보면 가히 논의할 수 있겠는가. 우리 오백 년 문명
> (文明)을 하루아침에 버리고 이적(夷狄)의 행동을 하니 어찌 아프고 부끄럽지
> 않은가. 소위 한 나라의 화주달관(華冑達官), 교목세신(喬木世臣), 의관사족
> (衣冠士族)들이 먼저 오랑캐의 풍속에 취하여 모두 타고난 운명이 그런 것처
> 럼 생각한다. 우리의 도가 장차 크게 변하여 아름다운 처첩(妻妾)으로 외국인
> 을 대접하는데 손을 잡고 잔 따르는 것을 스스로 영예롭다 한다. 더 심한 것은
> 머리를 깎아 몸을 훼손하고, 호가호위(狐假虎威)하여 임금을 협박하고 나라를
> 팔아 몸소 작록(爵祿)을 얻고서 스스로 일을 잘한다고 한다.(중략) 슬프다. 사

람으로서 무례(無禮), 불의(不義), 불염(不廉) 부지(不智)가 어찌 이런 지극함
에 이르렀는가. 옛날 자순(子順)[233]이 말하기를 "사람이면서 연작(燕雀)과 같
아서 되겠는가."라고 하였는데, 지금 나는 말한다. "사람이면서 연작(燕雀)만
도 못해서야 되겠는가."라 하노라.[234]

「감물설」에서 율산은 나라의 멸망과 문명의 타락을 초래한 관료와 사족
의 처신을 무례(無禮), 불의(不義), 불염(不廉), 부지(不智)한 행위로 간주하고,
"사람이면서 연작(燕雀)만도 못해서야 되겠는가."라고 질타하였다.

국권회복에 대한 의지를 다지다

율산의 문집 『율산집』에 실린 글은 모두 40대 중반 이후의 것이다. 그의
문집의 시(詩)는 211제(題) 267수(首)이다.[235] 대체로 회고적인 시, 역사적인
유적에 대한 시, 만사를 대신한 시, 여행 중에 지은 시, 친구를 만나 지은
시 등인데 모두 자신의 삶에 대한 의지를 드러낸 것들이다. 이러한 시에서
그는 일제의 침략과 지배에 대한 저항 의식을 드러내고 있다. 즉 식민지 시
대의 암울한 시기를 살면서 국권회복에 대한 의지를 드러낸 실천적인 삶의
단면들이 투영된 시(詩)의 세계를 보여주고 있다.

1907년 2월 대구에서 시작된 국채보상운동이 경남 일원으로 확산하였
다. 의령군에서는 같은 해 4월 3일 의령군 성낙삼(成樂三)과 진주군 최상병
(崔相秉) 등 6인이 의령군에서 국채보상기성회(國債報償期成會)를 조직하고 취
지서를 발표하였고,[236] 같은 해 4월 16일 의령군 덕곡서당(德谷書堂) 국채보

---

233 공자의 6세손 공빈(孔斌)을 말한다.
234 『栗山集』 卷2, 雜著 「感物說」
235 『栗山集』 卷1, 詩
236 『皇城新聞』, 1907. 4. 3, 「宜寧期會」

상기성회(國債報償期成會)가 설립되었다.[237] 이러한 국채보상운동에 대해 그는 다음과 같은 시 「단연회(斷烟會)」를 지어 환영하였다.

「단연회(斷烟會)」

賊害成勞己積年 적들이 해치려 한지 여러 해 되었는데
如何到此獨禁烟 어찌하여 지금에야 담배를 끊으려는가.
金氣受休生腎火 쇠기운 빨아들이면 신장이 상하고
風邪乘旺喪心天 나쁜 바람 마시면 심장이 상한다네.
恐投藥石還傷本 약석(藥石)[238]을 투입해도 도리어 근본만 상하니
誰識神方現在前 누가 신통한 방법을 알고 보여줄 수 있을까.
若將玆會參同結 만약 장차 이 모임에 함께 뭉쳐 참가하면
敬義爲丹萬壽傳 경의(敬義)가 단약이 되어 만 수를 누리리라.

이 시에서 율산은 국채보상을 위해 담배를 끊고 단연회에 참가하면 몸에도 좋고 국채도 갚을 수 있어 좋다는 것을 강조하고 있다.

1910년 나라가 망한 뒤, 일제는 우리 국토를 강점하고 수탈을 위해 도로를 개설하기 시작하였다. 그는 이러한 상황에 대하여 크게 통탄하며, 다음과 같은 시 「탄도로(歎道路)」를 지었다.

「도로를 탄식하다(歎道路)」

韓行多阻日行平 한국 길은 막혀 있고 일본 길은 평탄하니
自是人情鬱未平 이로써 사람 심정 답답하고 편치 않네.
萬夫驅石秦鞭猛 수많은 인부 돌 옮기니 진편(秦鞭)은 잔혹하고
千里開山蜀道平 천 리까지 산을 여니 촉도(蜀道)라도 평탄하겠네.
治雖正直心非直 길은 비록 바르나 마음은 바르지 않고
事涉均平政不平 일은 고르지만 다스림은 고르지 않네.

---

237 『大韓每日申報』, 1907. 4. 14, 「宜寧郡德谷書堂國債報償期成會跋文」
238 약과 침이라는 말로 여러 가지 치료법을 말한다.

若使聖人應世出 만약 성인이 세상에 나올 수 있다면
規模一定萬方平 규모를 하나같이 정해 만방을 평안케 하리라.

　　율산은 일제가 도로를 개설하는 것이 백성을 편안하게 하려는 것이 아니라 식민지 수탈을 위한 것으로 인식하였다. 당시 일제는 체포된 의병을 동원하여 도로를 개설하였는데, 이것이 소위 신작로(新作路)이다. 그는 도로 개설을 위한 강제노역의 실상을 시로 비판하였다.

　　그는 일제의 식민지 지배정책이 국가와 민족을 말살하여 천년왕국을 꿈꾸고, 나아가 경제적 수탈을 위한 것이라고 인식하였다. 1913년 그는 담양 전씨 족보 간행을 위해 종족을 찾아 황해도·평안도 등 서북지방을 여행하였는데, 이때 간재가 은거하고 있던 계화도를 거쳐 가면서 군산항에 들렀다. 당시 군산항은 기호지방의 곡물을 수출하는 중요한 항구로 주목을 받고 있었다. 그는 군산항의 상황을 목격하고 「군항삼절(群港三絕)」을 지었는데, 그중 한 구절을 보면 다음과 같다.

「군항삼절(群港三絕)」

洋帆倭穡蛺蝶輕 서양 배 일본 배 나비처럼 가벼운데
欲開市港買人情 항구를 열고 싶어 인심을 사려고 하네
彼雖敢擬千年計 저들이 비록 천년 계획을 꿈꾸지만
天理那無一日明 하늘의 이치가 하루라도 밝을 날 없으리오.

　　율산은 일제의 식민지 수탈의 실상을 군산항에서 목격하였다. 일제의 식민지 지배정책이 자국의 식량부족 현상을 타개하기 위한 수탈정책이라는 것을 이 시에서 말하려고 했다.

　　율산은 1916년 「병진년 한식일에 대한의 의사 안중근의 아우 안공근이 러시아에 들어가 그의 모친과 큰형의 영구(靈柩)를 가져와서 탕해(蕩海) 등의 땅에 임시로 매장하였다는 말을 듣고 감탄을 이기지 못해 만사 3수를 짓는다.」라는 시를 지었다. 이 시에서 그는 국권회복에 대한 열망을 토로하였다.

「병진년 한식일에 대한의 의사 안중근의 아우 안공근이 러시아에 들어가 그의 모친과 큰형의 영구(靈柩)를 가져와서 탕해(蕩海) 등의 땅에 임시로 매장하였다는 말을 듣고 감탄을 이기지 못해 만사 3수를 짓는다(丙辰寒食日聞大韓義士安重根之弟恭根方入露國奉其先妣及白氏靈柩將權葬于蕩海等地不勝感嘆擬作挽詞三首)」

哈爾濱頭雷忽晴 하얼빈역에서 우렛소리 문득 그치니,
義男一死萬邦驚 의기남아 한번 죽음에 세상이 놀랐네.
雙手扶韓心血苦 두 손에 대한 지키려 마음고생 했지만,
須令千古垂芳名 반드시 천고에 꽃다운 이름 남으리라.

爲國貞忠子母同 나라 위한 충성심 모자(母子)가 같았으니,
英靈夜夜訴蒼空 꽃다운 영혼 밤마다 하늘에 호소했네.
白骨猶嫌還故土 백골은 오히려 고향 감을 싫어해서,
神州淨處葬吾公 중국 땅 깨끗한 곳에 우리님 묻었다네.

我哭非君爲世哭 나의 통곡 그대 아닌 세상을 위해 통곡하니
東方只恨産一安 우리나라에 안중근 한 명뿐임이 한스럽네.
寄語同胞不死子 죽지 않은 동포들에게 말씀을 전하노니,
仰天俯地有何顏 하늘 우러르고 땅 굽어보며 무슨 면목 있는가?

1909년 10월 러시아와 손을 잡고 극동에 대한 침략 야욕을 펼치려던 이토 히로부미를 하얼빈에서 사살한 안중근 의사를 애도한 시이다. 나라가 망한 지 이미 6년이 지났지만, 나라를 찾으려는 의지가 점점 식어가는 상황을 생각하며 망국의 한을 토로하고 있다. 모든 사람이 안중근처럼 죽음으로 왜적에 맞서야 한다는 것은 아니지만, 살아있는 동포들에게 국권회복의 의지

를 일깨우고자 하는 마음을 담고 있다.

율산은 시를 통해 나라와 유교계를 걱정하였다. 대한제국기의 격변하는 시대 상황과 나라가 망한 뒤 일제의 폭압적인 무단통치 상황에서 시를 통해 망국의 한과 피지배 민족의 염원을 토로하였다. 나라와 민족의 암울한 현실을 걱정하며 국권 회복에 대한 의지를 다지는 유생의 심정을 담고 있는 것이 그의 시 세계이다.[239]

율산, 난세를 살았던 선비이다

율산의 문장은 간결하면서도 정의가 넘치고, 구체적이면서도 난세의 경륜을 드러내고 있다. 일찍이 율산은 과거 공부를 통해 문장을 익혔고,[240] 1876년 일본과 맺은 병자수호조약(丙子修護條約)과 1884년 변복령(變服令) 공포에 즈음하여 상소운동에 참여한 경험[241]을 가지고 있었다. 그러므로 역사적 사건과 그 사실에 대한 이해를 바탕으로 정확한 글을 쓰고 있다. 이것은 그가 향리 출신의 권봉희·안효제·정재규 등의 관료 및 유생들과의 교유 관계를 통해서 시대 상황에 대한 철저한 인식과 판단을 할 수 있었다는 것에서 비롯되었다.

1896년 작성된 의령의진의 진중일기인 「적원일기」는 율산이 쓴 글 중에서 가장 주목된다. 이 일기는 개항 이후 국내외 정치적 상황을 상세하게 서술하였고, 의령의진의 결성 경위와 주변 의병진과의 관계를 진중일지 이상으로 상세히 기록하고 있어 사료적 가치가 매우 크다.

율산은 「적원일기」에서 "이것은 초옥의 가난한 선비가 마땅히 기록해야

---

239 조동영, 「栗山 田相武의 시세계에 대한 일고찰」, 『의령의 인물과 학문』2, 의령문화원, 2013. 이 부분은 조동영의 논문에서 시사받은 바가 많다.
240 『栗山集』 卷4, 附錄 「遺事」
241 『栗山集』 卷2, 書 「與申宣諭使」(箕善 ○丙申代嶠南諸義將)

하는 것은 아니지만, 그러나 당시의 유생이 전하지 않으면 뒷날에 역사를 쓰는 사람이 어찌 널리 채록할 수 있겠는가."라고 하면서 의령의진의 전말을 남겼다.[242] 그러나 「적원일기」의 음력 3월 8일 이후의 기록이 사라지고 없어 의령의진의 해산 과정을 알 수 없지만, 「적원일기」는 역사적 사실을 명확하게 기록하고 있다.

율산이 쓴 『이학수종정일록』의 「창의록」에서도 그의 역사 인식을 다시 확인할 수 있다. 그는 외세의 국권 침탈에 항거하는 유생들의 의병투쟁이 국권회복의 초석이 된다는 것을 확신하고 그 사실을 기록으로 남기고자 했다. 그런 뜻에서 그는 「창의록」을 마치면서 다음과 같이 기록하고 있다.

> 상무(相武)는 군대에 종사하며 전말(顚末)을 목격하였다. 그래서 다만 실제 있었던 사실만 기록하고 감히 미화하지 않았다. 정의를 좋아하고 화려하게 꾸미지 않는 역사 기록자가 채택해 주기를 기다린다.[243]

율산은 「창의록」을 통해서 "실제 있었던 사실만 기록하고 감히 미화하지 않았다."라는 원칙을 고수하였다. 개항기 격동의 시기를 살았던 유생의 역사 서술에 대한 인식의 일면을 볼 수 있다. 이것은 그의 역사 인식을 이해할 수 있는 귀중한 사료이다. 실제로 있었던 역사적 사실만을 기록하고 후세에 전한다는 태도는 난세를 살았던 선비의 전형적인 글쓰기였다.

율산의 학문과 항일정신이 계승되다.

율산의 학문에 대한 열정과 일제 식민지 통치에 반대한 저항정신은 아들과 장손으로 이어졌다. 아들 전찬환(田纘煥, 1881~1942)은 1903년 연재(淵

---

242 『栗山集』卷3, 雜著 「赤猿日記」
243 『李鶴叟從征日錄』, 「倡義錄」(전상무)

齋) 송병선(宋秉璿)의 문하를 거쳐 간재(艮齋) 전우(田愚) 문하에서 수학하였고, 장손 전기진(田麒鎭, 1898~1957, 호 荷堂)은 1913년 간재의 문하에 들어갔다. 아들과 장손이 간재의 문하에 들어간 다음, 율산도 1915년 간재의 문인이 되었다. 그의 학문적 열정이 3대에 걸쳐 계승되었다.

1924년 율산이 서거한 뒤, 1937년 부친 유고를 수습하여 『율산집』을 간행한 아들 전찬환은 간재의 성사심제설(性師心弟說)을 적극적으로 수용하고 있는 부친의 성리학을 「유사(遺事)」에서 다음과 같이 정리하고 있다.

> 부군은 스승에게 배운 성(性)과 師의 뜻을 강구(講究)하였다. 일찍이 말씀하기를 "이것은 옛 현인(賢人)이 자기의 마음은[己心]은 엄한 스승[嚴師]이라고 한 것과 함께하니, 서로 밝혀내어 어긋남이 없다. 대개 심(心)은 성(性)에 있다. 심(心)으로 성(性)을 스승 삼는 것은 공(公)에 근원한 것이고, 자신의 심(心)으로 스스로 스승으로 삼는 것은 사(私)에서 생겨난 것이다. 심(心)을 스승 삼으면 쉽게 어긋나고, 성(性)을 스승 삼으면 어긋나지 않는다. 이러한 선생님의 말씀은 진실로 사문(斯文)에 공(功)이 있다. 이미 심(心)을 으뜸으로 삼는 것을 통렬하게 배척하여 말씀하였다. "저들이 심(心)을 이(理)라고 인식하여 우리 문파에서 말하는 '심(心)은 기(氣)에 속하며 일부분이다'라는 말을 배척한다.[244]

「유사」에서 부친의 학문과 평생의 행적을 과장하거나 치우치지 않게 서술하고 있어 아들 또한 올바른 선비였음을 알 수 있다.

장손 전기진은 1933년 5월 22일 대의공립보통학교 교사 장영수(將英洙)와 학생, 그리고 동민들과 함께 자굴산에 올라 '대한독립만세'를 고창하였다. 이른바 '자굴산독립만세사건(闍崛山獨立萬歲事件)'이다. 교사 장영수는 1932년 대의공립보통학교 교사로 부임한 뒤, 1933년 3월 28일부터 9월까

244「栗山集」卷4, 附錄「遺事」

지 부산을 중심으로 경남 일원의 교사들이 아동에 대한 반일의식과 계급의식 고취를 목적으로 조직한 비밀결사 경남적색교원노동조합(慶南赤色敎員勞動組合)에 참여하였다. 1933년 12월 김두영(金斗榮)을 비롯한 이장호(李長鎬)·장영수·전기진 등 관련자 22명이 체포되어 치안유지법 및 출판법 위반으로 기소되었다. 이른바 경남적색교육노동조합사건(慶南赤色敎育勞動組合事件)이다. 1933년 12월 8일 관련자 22명이 부산지방법원 검사국에 송치되었는데, 그중에서 전기진은 기소유예로 석방되었다. 이 사건으로 김두영·이장호 등 21명이 각각 징역 4년~1년을 받았다.[245] 이때 전기진은 '자굴산독립만세사건'을 주도한 혐의로 체포되었던 것으로 보인다.

　이와 같이 아들 전찬환은 부친의 학문을 계승하였고, 장손 전기진은 조부의 뜻을 계승하여 일제에 항거하는 행적을 드러냈다.

장영수선생 독립운동기념비(1991년 대의초등학교 동문회)
1933년 5월 자굴산독립만세운동을 기념하기 위해 세운 비석이다.

245 《朝鮮中央日報》, 1933. 12. 13, 〈무장 경관대 출동, 최후로 책임 밀서 검거, 탈주하려던 김두영 체포 광경, 변장한 채 주막에서〉; 《每日新報》, 1933. 12. 13, 〈關係被告氏名〉; 《朝鮮中央日報》, 1933. 12. 21, 〈적색교육노동조합 21명 예심 회부, 불구속 5명은 기소유예의 처분, 부산법원 검사국에서〉; 《朝鮮中央日報》, 1934. 7. 6, 〈慶南赤色敎育勞組 二十一名의 判決〉

맺음말

율산(栗山) 전상무(田相武)는 1896년 의령의진의 창의장이었고, 1919년 11월 조선민족대동단의 독립선언서에 서명한 독립운동가였다. 2020년 11월 건국훈장 애족장이 추서되었다.

율산은 1851년 조선왕조 말기 경남 의령군 칠곡면 내조리에서 태어났다. 아버지 전규봉과 어머니 안동권씨의 2남 3녀 중 1831년 장남 상직이 태어난 뒤 1851년 차남으로 태어났다. 아버지 전규봉은 상무가 태어난 뒤, 두 아들에 대한 큰 기대를 걸고 장인 권기하가 살고 있던 단성현 단계로 옮겨가 교육을 받게 하였다.

율산 형제는 1859년 외조부 권기하가 사망하고, 1867년 아버지 전규봉이 사망한 뒤, 형리 칠곡으로 돌아온 것으로 보인다. 곧이어 백형 상직이 서울에서 활동한 지 3~4년 만에 많은 부채를 짊어지고 귀향하였다. 이에 율산은 부채를 청산하고 향리 칠곡에서 3년이 넘도록 도(道)의 경계를 넘어 합천군 청덕면(靑德面) 앙진리(仰津里)에 거주하였다. 그는 백형을 대신하여 집안의 모든 제사를 책임졌고, 경제적으로 큰댁을 보살폈다. 대체로 1870년대 중반경이었다. 이즈음 율산은 집안의 조카 초곡 전은환과 함께 과거시험에 응시한 바 있었고, 1876년 강화도조약의 체결과 1884년 변복령의 공포에 반대하는 상소운동에도 참여하였다.

『율산집』의 「유사」와 「행장」에 기록하고 있듯이, 그는 당당한 체구와 덕성을 겸비한 청년으로 성장하였고, 두 차례의 상소운동에 참여할 정도로 현실을 직시한 위정척사사상을 겸비한 선비로 성장했다. 그렇지만 출생 이후 1893년경까지 그의 행적을 분명하게 밝힐 수 있는 기록은 없다. 단지 『율산집』에 기록된 몇 가지 단서를 가지고 그 행적을 재구성할 수 있었다.

율산은 1893년 동학농민군에 대비하여 향리 행정에서 마고성 옛터에 민보를 수축하고 조약을 만들어 대비하였고, 을미의병이 전국적으로 확산하자 1896년 1월 17일 의령창의장(宜寧倡義將)으로 추대되어 3월 8일(양 4월 19) 이후까지 의령의진을 이끌었다. 그는 1월 18일(양 3. 1) 대구 관군에게 체포되어 "의병은 나라를 위해 원수를 갚으려는 것"이라 주장하며 항변하다가 억류되는 위기를 겪기도 했지만, 창의 과정에서 향청에 창의소를 마련하고 향론에 따라 의병진을 편성하였다.

의령의진은 2월 16일(양 3. 29)에는 이청로를 대장, 전상무와 권은중을 선봉으로 하는 100명으로 부대를 편성하고, 2월 19일 동래의 일본영사관을 공략하기 위해 출정하여, 2월 23일(양 4. 5) 김해부를 점거하였다. 2월 30일(양 4. 12) 일본군 구포수비대(龜浦守備隊)의 공격을 받고 이청로·전상무·권은중 등은 치열한 공방전을 벌였으나 끝내 패하여 김해부에서 물러났다. 이른바 '김해전투(金海戰鬪)'이다. 의령의진은 진주의진의 절제를 받기도 했지만, 진주의진과 연대하여 "오른쪽 어깨"로서의 역할을 수행하는 한편, 동래 일본영사관을 공격 목표로 출정하여 김해전투를 수행한 전투의병(戰鬪義兵)이었다.

그는 창의에 앞서 정재규·권봉희 등과 함께 "대저 선비의 살신성인은 도의로 몸을 희생하는 아름다운 것"이라고 창의를 결의하였고, 대구 관군에 체포되어 심문을 받으면서 "의(義)라는 한 글자는 다만 충분(忠憤)에 격동된 것이지 성패(成敗)를 따져보고 거병(舉兵)하는 것이 아니다."라고 항변하였다. 그러므로 그가 주도한 의령의진은 "춘추대의(春秋大義)"에 따라 "토적복수(討賊復讐)"를 목적으로 일어난 척사의병(斥邪義兵)이었다.

1893년 민보군(民堡軍) 결성과 1896년 1월 의령의진 참여 이후 율산은 의령지역에서 재지적(在地的) 기반(基盤)이 확고해졌다. 1903년 의령군수 김영기(金永基)의 요청에 따라 무장농민집단에 대비한 민보군을 조직하였다. 민보군의 조직 체계는 조선 후기의 오가작통제(五家作統制)를 당시 의령 고을의 실정에 적합하도록 발전시켜 십가작통제(十家作統制)로 편성한 것이다. 이것은 향론을 주도할 수 있는 재지적 기반 위에서 가능한 것이었다.

한편, 율산은 젊은 시절 공부하지 못했던 자신의 처지를 한탄하며 연재 송병선과 심석재 송병순, 그리고 간재 전우와 교유를 넓히며 학문에 열중하였다. 그가 젊은 시절 공부하지 못했다는 것은 성리학을 공부하지 못했다는 것이다. 젊은 시절 그는 과거시험에 응시한 바 있었고, 두 차례 상소 운동에 참여한 바 있는 위정척사론을 가진 유생이었다.

1905년 을사늑약 이후 그는 간재 전우의 처세론(處世論)을 따라 입산은거(入山隱居)를 실천하였다. 1906년 봄 의령의 진산 자굴산(闍崛山)에 들어가 청명사(淸明社)를 짓고, 경전과 예법을 토론하는 강학을 위한 결사(結社)를 세웠다. 이른바 '청명산실(淸明山室)'이었으니 선비들이 입사(入社)하여 독서(讀書)하는 수양처(修養處)로 삼았다. 그러나 일본인들의 간섭 때문에 자굴산을 내려와 향리 행정으로 돌아왔다. 1908년 그는 향리 행정의 뒷산에 밤나무를 심고 율산정(栗山亭)을 세웠다. 그는 계를 만들어 자손들과 고을 청년들에게 강학(講學)을 하고 예(禮)를 가르쳤다. 그리고 호도 우경(寓耕)에서 율산(栗山)으로 바꾸었다.

1910년 경술국치 이후 율산은 호적(戶籍)과 은사금(恩賜金) 거부, 그리고 묘적법(墓籍法)과 만동묘(萬東廟) 폐향 반대 등을 통해 일제의 식민통치를 반대하고 거부하였다. 그뿐만 아니라 1913년 망명 계획과 1914년 광무황제의 밀칙(密勅)을 받은 이후 1919년 조선민족대동단의 독립선언서에 서명하는 등 국권의 회복과 민족의 독립에 대한 열망을 이어갔다.

1910년 나라가 망한 뒤 의령을 비롯한 서부 경남지역에서는 율산을 비롯하여 수파 안효제, 노백헌 정재규, 시암 이직현 등이 은사금을 거부하였다. 그는 의령경찰서에서 은사금 수령을 강요하자 "대한 유민으로 일본이 주는 것을 받을 수 있는 의리가 전혀 없다."라고 하면서 거부하였고, 또 "남의 나라는 빼앗기 쉬워도 남의 뜻은 빼앗기 어렵다. 비록 천만번 보내오더라도 죽기를 맹세코 받지 않을 것이니, 다시는 번거롭게 하지 마라."고 하며 거부하는 결연한 의지를 밝혔다.

율산은 1913년 9월부터 서북지방과 남만주의 안동현 접리수촌을 방문하여 향리의 친구 안효제(安孝濟)를 비롯하여 망명유생 노상익(盧相益)·이승희(李承熙) 등을 만나 자신도 망명하겠다고 약속하고 귀향하였으나 실행하지 못했다. 곧이어 1914년 2월 광무황제의 「밀칙(密勅)」을 받으면서 독립운동에 대한 의지를 키웠다.

1915년 율산은 묘적법을 반대하며 일제의 식민통치를 거부하였다. 그는 일본이 요구하는 대로 조상의 묘를 묘적에 올리는 것은 "두 임금을 섬기는 것과 같은 것이고 불충하고 불효한 일"이라고 역설하였다. 나아가 "삼군(三軍)의 장수는 빼앗을 수 있어도 필부(匹夫)의 뜻은 빼앗을 수 없다."라고 항변하는 한편, 스승 간재에 편지를 보내 묘적법의 부당함을 설파하고 가르침을 청하기도 했다. 1915년 이해에 그는 간재의 문하에 들어가 그 제자가 되었다.

1918년 율산은 만동묘 폐지에 반대하여 묘향을 강행하다가 체포되어 옥고를 치렀다. 그는 서부 경남 일원의 이직현·조재학·박태형 등과 연대하여 만동묘 묘향을 강행하였다. 그는 각처의 유생들에게 통문(通文)을 발송하고, 나아가 조선 총독에게 편지를 보내 일제가 강제한 만동묘 묘향 폐지의 부당성을 지적하였다. 그리고 만동묘 묘향은 춘추의 대의를 밝혀 강상을 바로 세워 조선의 독립을 실현하기 위한 것이라고 강조하였다.

1919년 3월 율산은 유림단의 독립청원운동(獨立請願運動), 일명 파리장서운동에 참여하고자 의령 출신의 유생 조재학과 논의하였으나 간재와 뜻을 같이하여 서명에 참여하지 않았다. 왜냐하면, 파리장서운동을 주도한 인사들의 목표인 공화제 국가의 건설과 간재가 지향하던 조선왕조의 회복, 즉 복벽(復辟)과는 합치되지 않았기 때문이다.

1919년 11월 율산은 조선민족대동단의 의친왕 이강 등 33인의 대한민족대표 명의로 발표한 독립선언서에 서명하였다. 대동단의 독립선언서에 서명한 33인은 대동단에 속한 인사들이 주축이 되었는데, 그가 대동단의 단원이거나 그 사건에 연루되었다는 사실을 입증할 수 있는 사료는 없지만, 유림 대표로 독립선언서에 서명하여 독립운동에 참여하였다.

1920년 율산은 이상규(李相珪)·조재학(曺在學) 등이 조직한 조선고사연구회(朝鮮古史研究會)와 1920년 5월 조직한 인도공의소(人道公議所)에도 관심을 가졌지만 참여하지 못했다. 그의 나이 이미 70대였고, 건강도 좋지 않았기 때문이다.

율산은 1896년 의령의진을 주도한 창의장이었고, 1910년 이후 일제의 식민지 통치거부와 독립운동에 참여한 위정척사론을 견지한 유생으로 조선왕조의 복벽(復辟)을 고수하였다. 그는 을미의병 이후 젊은 시절 공부하지 못한 자신의 처지를 한탄하며 성리학에 열중하였다. 을사늑약 이후 그는 간재에게 선비의 의리에 맞는 '처신과 입론'에 대해 가르침을 청한 바 있었고, 1915년 간재의 문인이 되면서 간재가 창안하여 성리학을 체계화시킨 이기심성론(理氣心性論)에 기초한 성사심제설(性師心弟說)에 심취하였다. 이리하여 성리학적 실천윤리에 따라 일제의 식민통치를 거부하였고, 그 연장선에서 독립운동에 참여하였다. 그뿐 아니라 율산의 학문과 저항정신은 아들 찬환

(纘煥)과 장손 기진(麒鎭)으로 이어졌다.

『율산집』에는 그가 남긴 시와 편지, 그리고 일기 등이 실려 있다. 그가 남긴 시(詩)는 211제(題) 267수(首)이다. 대한제국기의 격변하는 시대 상황과 나라가 망한 뒤 일제의 폭압적인 무단통치 상황에서 시를 통해 망국의 한과 피지배 민족의 염원을 토로하였다. 나라와 민족의 암울한 현실을 걱정하며 국권 회복에 대한 의지를 다지는 유생의 심정을 담고 있다. 즉 식민지 시대의 암울한 시기를 살면서 국권회복에 대한 의지를 드러낸 실천적인 삶의 단면들이 투영된 시(詩) 세계를 보여주고 있다.

율산이 남긴 편지는 모두 64편이다. 그는 역사적으로 중요한 사건을 겪으면서 연재 송병선과 심석재 송병순, 그리고 스승 간재에 보낸 편지는 대부분 학문과 당면한 문제에 대한 대응책을 묻는 것이었고, 향리 의령을 비롯한 경상우도 일원의 유생들과는 때에 따라 의견을 교환한 것이었다. 모두 그의 행적을 이해하는데 중요한 것이다.

부록

【부록 1】 율산집(栗山集)

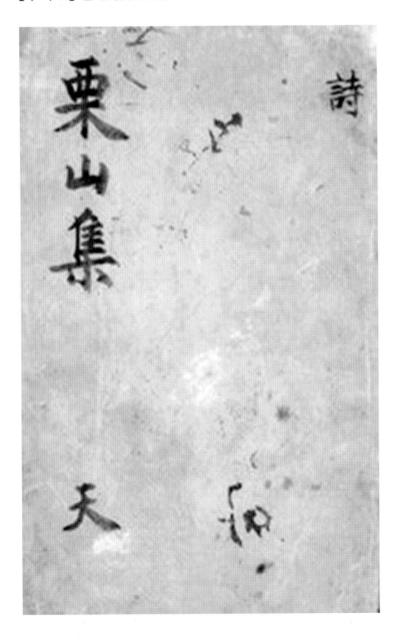

1. 「적원일기(赤猿日記)」

「적원일기(赤猿日記)」

임금님(고종) 즉위 33년 병신년(1896) 정월에 나는 우연히 감기가 들어 문을 닫고 이불을 쓰고 누웠다. 홀연히 하루는 밖에서 문을 두드리는 소리가 있었으니 극로(極老) 홍종성(洪鍾性)이었다. 이 사람은 문장이 뛰어나고, 의리가 넘치며, 세속에 아첨하는 행동을 하지 않으니, 사방에 널리 알려져 있었다. 마침 방문하였으니 나는 놀라 기쁘게 맞이하여, 새해 인사를 나누고 술잔을 기울이며 회포를 풀었다. 그는 술잔을 멈추고 나에게 말하기를 "시세의 변화를 볼 것 같으면 장차 큰 난리가 올 것이니, 나같이 졸렬한 사람이 어찌 살기를 바라리오."라고 하였다. 나는 "옛사람이 이르기를 '우리가 서로 만났으니 무슨 걱정이 있으리오.'라고 한 바 있다"라고 대답하였다. 그리고 나서 우리 두 사람은 서로 크게 웃었다. 마침내 말이 시사(時事)에 이르렀는데, "각국이 개화한 뒤부터 이단(異端)이 함부로 횡행하고, 사문(斯文)이 차츰 무너져 인간의 도리(道理)와 강상(綱常)이 다 없어졌다고 하니 어찌 금수(禽獸)의 나라로 급변하지 않겠는가."라고 하며 서로 매우 격분하여 책상을 쳤다. 그래서 붓을 뽑아 조정과 재야의 근년 괴이한 견문(見聞)의 대략을 서술하였다. 이것은 초옥의 가난한 선비가 마땅히 기록해야 하는 것은 아니지만, 그러나 당시의 유생이 전하지 않으면 뒷날에 역사를 쓰는 사람이 어찌 널리 채록할 수 있겠는가.

오호라 슬프도다! 갑신년 이래로부터 궁액(宮掖)[1]이 권력을 마음대로 부리고 간사한 무리가 권력을 장악하여 국세(國勢)가 날로 기울어져 군주의 위엄이 날로 떨어졌다. 안으로는 황망한 즐거움만 일삼고 밖으로는 탐욕의 정치가 많아서 뇌물이 공공연히 오가니 세상 사람의 마음이 시끄러웠다. 당시 적신(賊臣) 박영효(朴泳孝)와 서광범(徐光範) 등이 젊은 나이의 인재로 자못 조정의 명망이 있었는데, 안팎의 소요를 틈타 내심 반역할 마음을 품고 왜적과 함

---

1 궁액(宮掖) : 비빈(妃嬪)이 거처하는 곳으로, 신하의 출입이 금해진 깊은 궁내(宮內)를 가리킨다.

께 모의하였다.

이해 겨울 10월 왜군을 시켜 궁궐을 포위하여 안팎으로 소식을 막고, 오직 박영효 서광범 등 몇 사람만 출입하며 조정의 중신을 모두 죽이고자 하였다. 마침내 왕명이라고 거짓으로 꾸며낸 명령으로 적신(戚臣) 조영하(趙寧夏)를 불러들이니 이를 듣고 급히 들어가 난리를 일으킨 병사의 해를 입었다. 뜻하지 않는 변고를 당하니 장안이 흉흉하고, 상감 역시 당황하여 어찌할 바를 몰랐다. 여러 적의 무리가 마침내 주상을 위협하여 앞일을 추측할 수 없었다. 어떤 사람이 청나라 진영에 급히 알리니 원세개(袁世凱)가 듣고 매우 놀라 마침내 갑옷을 입고 말에 올라 칼을 휘두르며 돌진하니 왜병이 대적하지 못하였다. 청나라 병사들이 그 뒤를 따라와 갑자기 이르니 왜병은 마침내 패주하였다. 이에 궁궐 뒤에서 대가(大駕)를 맞이하니 가시밭 같은 어려운 상황에서 다행히 화를 면했다. 그러나 반역을 일으킨 우두머리와 왜장(倭將)이 일본으로 도망하여 죽이지 못하였는데 팔도의 백성들은 절치부심하여 그 고기를 먹지 못한 것을 한탄하지 않는 사람이 없었다.

내가 일찍이 가만히 살펴보니 옛날부터 간신과 역신의 이리 같은 마음과 큰 욕심은 헤아릴 수 없다. 저 영효(泳孝)란 자는 철종(哲宗)의 사위로 은총이 돈독하고 상을 받음이 비할 데 없어 가히 부귀가 지극하다. 무엇이 부족하여 감히 지나친 욕심을 내었는가? 왕망(王莽)2에 비교하더라도 오히려 백배는 심한 자이다. 왕망은 제부(諸父)의 위세와 하사(下士)의 기세를 빙자하여 안으로는 권위를 훔치고 밖으로는 정권을 탈취한 지 20년에 끝내 한(漢)나라를 찬탈하였다. 그러나 얼마 못 가서 죽임을 당했으니, 하물며 이런 무리의 하루아침 계략이 얼마나 가리오. 심하도다! 소인이 천명(天命)을 두려워하지 않음이여! 당시 적신(賊臣)의 무리가 일본과 두루 내통하고, 또 박영효와 서광범 등

---

2 왕망(王莽); 중국 전한의 정치가. 자는 거군(巨君). 자신이 옹립한 평제(平帝)를 독살하고 제위를 빼앗아 국호를 신(新)으로 명명하였으나 한(漢)나라 유수(劉秀)에게 피살됨.

은 저들 나라에 있을 때 감히 음모를 도모하였다. 그러나 조정의 신하들이 두려워하기를 산중의 호랑이같이 하여 알면서도 말하지 않았다.

슬프다! 생각하니 우리 성상은 평소 어질고 너그러운 성정으로 안으로는 간신에게 둘러싸여 있고, 밖으로는 강적의 압박을 받고 있어 왜적을 비호한 죄를 물을 수 없었고, 또 춘추의 역적 잡는 법을 시행하지 못하였다. 어찌 나라에 사람이 있고, 법에 도리가 있다고 하겠는가? 우리 같은 시골 선비도 오히려 쓸데없는 탄식을 금할 수 없는데, 하물며 이른바 대대로 벼슬하는 고관들은 어찌 역사의 꾸짖음을 면할 수 있으리오.

그 뒤 몇 년간 궁궐의 불행과 도성의 재앙은 능히 다 기록할 수 없다. 탐관오리는 포악한 정치를 제멋대로 하였다. 백성을 해치는 자를 능하다고 말하고, 상관에게 뇌물 주는 자를 어질다고 하였다. 공적인 것을 배신하고 사적인 것을 세웠으며, 더욱 서로 붕당(朋黨)을 이루어 못 하는 것이 없었다. 백성은 조금만 행동하여도 법에 저촉되어 도탄에 빠지게 되었다.

갑오년 봄에 이르러 이른바 동학(東學)이란 것이 경주에서 나왔는데, 전라도와 충청도에서는 신도(神道)가 있다고 말하였다. 사악한 말을 만들어 마을에 퍼트리기를 "우리의 도(道)에 들어오는 사람은 질병을 피하고, 난리를 피하고, 화살과 돌을 피할 수 있다."라고 하였다. 무뢰배와 관노 및 천민들이 믿으면 그렇게 된다고 하여 서로 끌고 들어가니 오직 두려운 것은 팔도에 만연하는 것이었다. 물건에 네 것 내 것이 없고, 정분은 형제와 같았으며, 도인(道人)이라고 불렀다. 열흘 보름 사이에 구름처럼 따라 작은 곳은 천여 명이 이르고 큰 곳은 만여 명이 이르렀으니, 그 세력이 한(漢)나라의 황건적(黃巾賊)과 같았다. 스스로 보국안민(輔國安民)이라 하며, 곳곳에 모이니 문득 수만이 되었다. 조정에서도 역시 신비한 영험이 있을까 염려하여 체포하지 않고 주와 군에 영을 내려 잘 대우하라고 하였다. 저들은 점점 꺼릴 것이 없어 잘못을 저지르고, 잇달아 군사를 일으켜 많은 수령을 죽이며 각 고을에 주둔하였다. 이리하여 천민이 귀족을 능멸하고, 하인이 주인을 죽이고 양민을 겁박하였다. 전국에 약탈이 일어났는데 전라도와 충청도가 가장 심하여, 마을들은 황폐하고 거리는 행인이 끊어졌고, 서울도 진동하여 비록 군대가 와도 금지할 수 없었다.

8월과 9월에 이르러 점점 만연하여 영남 우측 지역에 이르러 진주(晋州)와 하동(河東)이 함락되었다. 여러 고을에 횡행(橫行)하여 가난한 자도 편히 지내지 못하고, 부유한 자는 달아나 숨으니, 아무도 그 부담스러움을 견딜 수 없었다. 당시 민영휘(閔泳徽)가 정권을 잡았는데, 그는 욕심 많고 식견 없는 권력자로 왜군을 불러 토멸을 논의하던 자였다. 모두 말하기를 "이는 이른바 홀로 깊은 산에 호랑이를 풀어놓고 자신을 스스로 지키고자 하는 것이다. 어찌 내란 때문에 왜구를 불러들이는가? 후세에 웃음거리가 됨을 면치 못할 것이다. 장차 이웃 나라로부터 업신여김을 당할 것이니 개탄스럽게 되지 않겠는가?"라고 하였다. 저들이 비록 교화를 받지 못한 백성이지만 또한 우리의 백성이다. 처음 발생했을 때 고을을 시켜 엄하게 꾸짖어 체포하고, 조정의 명망 높은 사람을 특별히 뽑아 임금의 뜻을 선포해야 하였다. 먼저 탐관오리의 죄를 다스려 백성의 손해를 없애고, 처음부터 끝까지 타일러, 순한 백성에게는 선하게 하고, 역도들에게는 죄를 물었다면, 저들이 비록 어리석을지라도 끝내 해산하였을 것이다. 이렇게 하지 않고 짐승을 몰아 사람을 잡아먹게 하였으니 어찌 옳겠는가.

또 왜적이 우리나라를 탐한 지가 오래되었다. 저번에 박영효와 서광범 등이 기회를 만들어 도모하였으나 도리어 패하게 되자 마음에 차지 않아 큰 거사를 일으키고자 하였다. 그러나 여러 나라의 공론(公論)이 있어서 명분 없는 군대를 갑자기 움직일 수는 없었다. 또한, 청나라 군대가 머물러 있기 때문에 우리나라는 힘을 쓸 수 없었다. 밤낮으로 기회를 엿보다가 그들의 계산에 딱 들어맞는다고 생각되자 드디어 크게 병사를 동원하였다. 이해 여름 5월 왜는 박영효·서광범 등과 더불어 군사 수만을 거느리고 도성으로 곧장 들어오니 조야가 흉흉했다. 저들의 뜻은 우선 청나라 병사에 있었던 까닭에 불화를 만들고자 하여 마음대로 날뛰고 깔보고 업신여겼다. 그 무기와 군수품을 수륙으로 함께 이동하여 끊임없이 뒤따르니 위세가 강과 바다 같았다. 원세개는 적군이 너무 많아 대적할 수 없음을 알고 싸울 의사가 없었다. 그래서 병사를 더 많이 동원하려고 곧장 중국으로 들어가고, 엽부장(葉副將)을 남겨두어 아산(峨山) 둔포(芚浦)에 주둔하게 하였다.

6월 21일 왜병이 궁궐을 침범하였는데 포성이 크게 진동하였다. 우리나라 병정들도 역시 포로 대응하니 사상자가 많았다. 임금님은 잠시 북한산성(北漢山城)으로 피신하고자 하여 후문으로 나가려고 하셨으나, 저들 적병들이 미리 준비하고 있어 나아가지 못하고 어가를 돌려 궁궐로 들어가셨다. 우리 군사들도 대적하지 못하고 그대로 두니 저들 군사들이 대궐의 뜰에 난입하여 사방을 포위하였다. 조정의 신하들은 한 사람도 들어가지 못하게 하고, 오직 국태공(國太公)[3]의 입궐만을 청하였다. 박영효와 여러 왜군 우두머리들이 함께 궁전으로 올라 위협하였다. 임금께서 말씀하시기를 "이미 내가 개화(開化)했거늘 어찌 조약대로 즉시 시행하지 않겠는가."라고 하셨다. 마침내 군사로 임금을 불같이 핍박하니 저들이 청하는 것을 하나하나 시행하도록 하셨다. 그러나 오직 단발(斷髮) 하나만은 저들에게 말씀하시기를 "우리나라가 비록 궁벽한 바닷가에 있지만, 예의의 나라로 칭해졌다. 하물며 수천 년 숭상하고 지킨 머리칼을 하루아침에 깎으라니 어찌 무거운 재난이 아니겠는가? 몇 달이라도 늦춰 주면 조신들과 논의한 후에 행해도 늦지 않을 것이다."라고 하였다. 저들이 어쩔 수 없어 물러났지만, 군사들은 오히려 궐문을 파수하였다. 비록 당직이라도 저들의 증빙 문서가 없을 것 같으면 들어가지 못하게 하고 본국의 호위병도 모두 쫓아내

---

3 국태공(國太公) : 흥선대원군 이하응(李昰應, 1820~1898)을 높여 이르던 말.

고, 각 창고와 각 영문의 무기를 모두 수거하였다. 슬프다. 저들의 계책이 진(秦)나라의 무기 몰수와 같으니 이는 일조일석에 일어난 것이 아니다.

우리 열성조(列聖朝)에서 모아둔 정예로운 무기가 끝내 적군에 빌려준 무기의 신세를 면치 못했으니 어찌 눈물을 흘리지 않겠는가? 또 군사들도 해산하여 돌아갔는데 그들은 모두 황해도와 평안도 출신4이었다. 그들은 성질이 강건(剛健)하고 용감한 까닭에 일찍이 모집하여 호위군을 만들었다. 그들이 해산될 때 서로 술을 마시며 말하기를 "우리가 몇 년 동안 나라에서 후한 급료를 받은 것은 오늘을 위한 준비였는데, 끝내 쓸데없게 되었으니 어찌 한탄스럽지 않은가?"라고 하였다. 드디어 소지한 병장기를 두드려 부수고 통곡하며 떠나니, 보는 사람은 의롭게 여기지 않는 사람이 없었다.

왜병이 마침내 둔포(芚浦)로 나아가 공격하니 청나라 군사는 크게 패하여 도주하였고, 일본 군사는 추격하여 쫓았다. 가을 8월 청나라 군사가 평양에 이르렀다. 그때 원세개 등이 또한 군사 수만을 거느리고 와서 주둔하였다. 드디어 군사들을 합하여 왜병을 기다리니 과연 진격하여 평양을 포위하므로 각기 사방의 문으로 나아가 목숨을 걸고 싸워 만여 명을 죽였다. 일본군은 조금 물러났다가 다시 모였는데 굳세기가 쇠와 같았다. 함경도와 평안도를 완전히 포위하고 계속 전진하니, 청나라 군사는 성곽이 고립되고 군사력이 약하다는 것을 알고 마침내 포위를 뚫고 나가 싸우며 물러나 요동의 장수 유영복(劉寧復)과 군사를 합쳐 지켰다. 일본 군사 또한 추격하여 요동에 이르러 서로 여러 달 대치하였다. 유영복은 일본군과 크게 싸워 수만 명을 물리쳤다. 그러나 일본 군사 또다시 진격하여 동쪽으로는 동래항(東萊港)에서 북쪽으로는 요동(遼東)에 이르기까지 수륙으로 만여 리에 걸쳐 군사와 군량 및 말먹이의 왕래가 끊이지 않았다. 유영복 등이 드디어 군사를 퇴각하니

---

4 황해도와 평안도 출신 : 원문의 서토(西土)는 황해도와 평안도를 지칭한다.

청나라는 부득이 땅을 일본에 나누어 주고 화해하였다.

대개 일본의 풍속은 군졸(軍卒)을 사족(士族)이라 하고 상인을 그 다음으로 여긴다. 무릇 전쟁에 나가 싸우다가 죽으면 신분이 자손에게 미치며, 싸우다가 물러나면 목을 벤다. 몸이 죽을 자리에 나아가는 것을 극락의 땅에 나아가는 것처럼 여기니, 나아가기만 하고 물러나는 것은 없었다. 을미년에 이르러 역신 김홍집(金弘集)·정병하(鄭秉夏)·조희연(趙羲淵)·유길준(兪吉濬) 등이 박영효(朴泳孝)와 같은 당이 되어 국정을 마음대로 농단하고 날마다 모의하여 법을 고쳐 육조(六曹)와 오영(五營)을 혁파하고 십부(十府)로 만들었다. 또 지방의 각 진(陣)을 혁파하고, 군비의 공급을 혁파하였으며, 미목세(米木稅)를 고쳐 1결당 30냥으로 정하였고, 호포세(戶布稅)는 매년 3냥을 상납도록 하였으며, 다른 잡역을 예전처럼 부과하지 못하게 하였다. 그리고 우리의 두발(頭髮)·의복(衣服)·혼제(婚制)·문자(文字)·반벌(班閥)·적법(籍法)은 모두 변혁하여 오랑캐의 법을 따르도록 했다고 한다. 또 역법(曆法)을 개조하여 동지(冬至) 뒤 10일을 신년으로 하였다. 청나라와 등을 돌려 스스로 황제가 되어 광서(光緖) 21년을 대조선(大朝鮮) 개국 504년으로 하고 청나라로부터 독립하였다. 우리나라로서는 통쾌한 일이나 실제로 황제를 칭할 힘이 없이 일본에 힘을 빌렸으니, 한갓 곰을 버리고 물고기를 취한 것일 뿐만 아니라, 임금을 불의에 빠뜨리는 것이었다.

슬프다! 오직 저 도탄에 빠진 백성들이 나라가 오랑캐로 변하고, 몸이 금수가 된 것을 알지 못하고 단지 눈앞의 이득을 즐기고 새로운 법령의 편리함만을 생각한다. 진실로 이른바 처마의 제비와 같으니 어찌 통곡하지 않으리오. 저 간악한 무리는 민씨(閔氏)들의 권세에 울분이 쌓여 왜적의 세력을 빌렸으나 함부로 권위를 부렸다. 이른바 호가호위(狐假虎威)하는 자들로 여러 민씨를 은밀히 죽이고자 하였다. 8월 20일 밤에 왜병이 흥선대원군과 더불어 입궐하여 내전을 포위하고 갑자기 황후(皇后)를 시해(弑害)하였는데, 외부에는 '중전(中殿)은 다시 충주 장호원(長湖院)으로 피신했다.'라고 소문을 퍼뜨렸으니, 이것은 군적(軍籍)을 바꾼 임오군변(壬午軍變) 때의 일이다. 서울과 지방에서 혹 의심하고 혹 알기도 하였는데, 저들과 흥선대원군은 임금에게 폐비를 강요하였다. 임금 또한 위협을 받고 부득이 명령을 내렸다. 흥선대원군이 비록 국모를 시해했다는 이름을 면하고자 하나, 하늘과 땅의 신이 굽어보고, 백성의 귀와 눈이 주변에서 증언하니 어찌 가능하겠는가? 이때 민씨 중 조정에 있던 자들은 혹 도망하고 혹 숨었으니 서리가 내린 후의 낙엽과 같았다.

슬프다! 옛날 한(漢)나라 말기에 환관들이 정치를 농단함에 하진(何進)[5]이 황제의 권위가 날로 줄어드는 것을 분개하여 쥐 잡으려다 그릇 깬다[6]는 속담을 돌아보지 않고 동탁(董卓)[7]을 불러 그들을 주살하였는데, 황제의 수레가 몽진(蒙塵)하게 되고 자신은 체포되어 죽게 되었다. 세상 사람들이 무모한 하진(何進)을 조롱하였으니 어찌 오늘날의 민영휘(閔泳徽)를 이른 말이 아니겠는가?

그 뒤 폐비(廢妃)의 일로 조정에서 논의가 다시 일어나 폐비한 뒤 빈(嬪)으로 올렸다가 빈(嬪)에서 복위(復位)하였으며, 10월에 이르러 비로소 발상(發喪)하였다. 당시 김홍집 · 정병하 · 조희연 · 유길준 등이 먼저 그 머리를 깎고, 또 의화군(義和君)[8]과 이준용(李埈鎔)[9]의 머리

---

5 하진(何進, ? ~ 189) : 중국 후한 영제의 황후인 영사황후 오빠이다. 황건적의 난이 일어나자 대장군이 되고 신후(愼侯)에 봉해졌다. 영제가 죽은 뒤 유변(劉辨)을 영입하여 황제로 세우고 환관들을 주살하려 했으나, 하황후가 말리는 바람에 그만두었다. 또 원소(袁紹)의 건의를 받아들여 환관들을 처단하고자 하였으나 오히려 속임수에 빠져 살해된다.

6 쥐 잡으려다 그릇 깬다 : 원문의 '투서기기(投鼠忌器)'는 쥐에게 돌을 던져서 때려잡고 싶으나 곁에 있는 그릇을 깰까 두려워한다는 속담이다. 임금 곁의 간신을 제거하고 싶어도 임금에게 해가 미칠까 두려워한다는 뜻이 담긴 말이다.

7 동탁(董卓, 140~192) : 후한(後漢) 말기 권력의 찬탈과 폭정으로 제국을 분열시킨 무장

8 이강(李堈, 1877~1955) : 의화군(義和君) 또는 의친왕(義親王)

9 이준용(李埈鎔, 1870~1917) 고종의 장조카, 흥선군의 손자, 1894년 6월 일본군의

를 깎고 마침내 일본에 강제로 보냈으니, 아무래도 인질로 삼아 뒷날의 난을 계획한 것이 아니겠는가?

11월 15일 역적 우두머리 4인이 삭발하는 칼을 가지고 입궐하여 임금의 단발을 재촉하였다. 슬프다. 저들에게 군신의 분별이 있을 것 같으면 어찌 감히 이같이 하겠는가? 생각건대, 우리 오백 년 강상(綱常)과 문물(文物)이 하루아침에 땅에 떨어지니 그날의 광경은 가히 천지가 어두워졌다고 할 수 있다. 임금을 시해하고 나라를 탈취하는 것보다 심한 것이 아니었던가. 조정의 신하들도 혹 삭발하고 혹 피하니 군졸을 시켜 길목을 파수토록 하고 사람을 만나면 강제로 삭발하니, 서울의 거리에는 사람의 그림자가 영영 끊어졌고, 점차 각도 관찰사도 모두 삭발하게 되었다. 날마다 각 군수는 인민에게 단발을 재촉하니 이때 전국이 들끓어 비록 평범한 사람들이라도 모두 의병을 일으켜 적을 토벌하고자 하였다.

12월에 이르러 전 홍주목사 이승우(李勝宇)가 홍주에서 기병하고, 안동 선비 권세연(權世淵)이 안동에서 기병하니, 격문이 왕래하며 기세가 바람처럼 일어났다. 병신년에 이르러 안의(安義)의 선비 노응규(盧應奎)가 기병하고, 장성의 선비 기우만(奇宇萬), 충주의 선비 민긍호(閔肯鎬) 등이 또 일어났다. 당시 경상도 관찰사 이중하(李重夏)와 남도 경무관 김세진(金世鎭)은 간당 중의 한 사람으로 또 사민(士民)의 머리를 강제로 깎고자 하여 사람들이 매우 싫어하였다. 그때 삼가(三嘉)의 사림들이 창의를 위해 뇌룡정(雷龍亭)10에 모여 일을 계획하였다. 갑자기 풍문을 듣고 함께 일어나고자 하여 정월 7일 임인(壬寅)에 몇 사람의 동지들과 함께 갔었는데, 한 사람도 온 사람이 없었다. 탄식하며 조금 있다가 친구 유원경(柳元卿)의 집을 방문하여 그 까닭을

경복궁 침범 사건 이후 이준용의 국왕 옹립이 계획되었으나 개화세력의 반발로 실패하였다.
10 뇌룡정(雷龍亭) : 경남 합천군 삼가면 외톨이, 남명 조식이 제자를 가르치기 위해 지은 정자

물으니 묵동(墨洞)[11]에 있는데 아직 내려오지 않았다고 한다. 술을 몇 잔 마시고 곧 그만두고 떠나고자 하였는데, 주인이 크게 만류하고 날이 저물어 부득이 유숙하였다.

(정월) 8일 계묘(癸卯)에 묵동(墨洞)의 산재(山齋)에 가니 가까운 근처 고을의 선비들 몇 명이 모여 있었다. 들어가 새해의 인사를 하니 주인은 애산(艾山) 정재규(鄭載圭)였다. 나의 손을 잡고 말하기를 "옛사람이 이르기를 뜻이 있는 사람은 결국 큰일을 이룬다고 하였다. 과연 기다리고 있을 때 형이 다행히 와서 맡게 되니 어찌 천행(天幸)이 아니겠는가?"라고 하였다. 이에 몇 잔의 술을 마시고 대화가 시사에 미쳐 개연히 나에게 말하기를 "우리가 다행히 예의의 나라에 태어나서 배운 것은 성현(聖賢)이고 읽은 것은 춘추(春秋)인데, 오백 년 기른 것이 어찌 하루아침에 금수(禽獸)의 나라에 휩쓸려 들어가겠는가. 지금 사방에서 의병을 일으키고 있는데 오직 우리 영남 우도에서만 어찌 충성스럽고 의로운 선비가 없단 말인가. 내 의기로 죽고자 하니 자네 장차 나와 함께 기병함이 어떻겠는가."라고 하였다. 정중히 대답하기를 "나같이 아는 것과 배운 것이 없는 사람이 장차 세상을 위해 무엇을 할 수 있겠습니까. 몸과 머리카락이 다 하도록 하겠습니다."라고 하였다.

애산(艾山)이 말하기를 "그대의 말이 이와 같으니 다행하고 다행하다. 나는 충의(忠義)를 방패로 삼아 저들의 날아오는 대포의 탄환을 대적하지 못할 것 같으면 또한 마땅히 밝은 선비의 의리를 본받아 한마음으로 죽고자 한다."라고 하였다. 나는 말하기를 "대저 선비의 살신성인은 도의로 몸을 희생하는 아름다운 것입니다. 그러므로 우리 같은 모든 백면서생은 녹봉과 작위가 없으니 대의로 죽더라도 반드시 헛된 죽음이 될 것입니다. 이는 이른바 육신을 호랑이에게 던져주는 것이니 일을 도모하지 못하고 부질없이 죽는다면 무슨 이익이 있겠습니까. 인내하면서 일에 나아가 만에 하나의 성공이 있는 일이라도 도모함만 못

---

11 묵동(墨洞) ; 경남 합천군 쌍책면 묵동, 노백헌 정재규의 생가가 있다.

합니다. 그러다가 일을 이루지 못할 것 같으면 죽더라도 늦지 않을 것입니다."라고 하니 애산(艾山)이 말하기를 "그대의 말은 진실로 도리에 맞으니 계책이 장차 어디에선가 나올 것입니다."라고 하였다.

나는 말하기를 "진양(晉陽)은 영남 우도의 울타리이나 간사한 무리가 점거한 바가 되었으니 작은 고을의 힘으로는 먼저 일어나기 어려울 것입니다. 금일의 일은 단지 의분이 솟구친 것으로 아직 임금의 명령이 없으니 저들은 반드시 여러 고을에 호령하여 군사로써 막을 것입니다. 이는 앞뒤로 적을 맞아 싸우는 것이니 비록 지모가 있는 사람이라도 역시 스스로 꾀하기 어려울 것이니 어찌 위험하지 않으리오. 또 병법서에 이르기를 '일을 먼저 움직이지 않고 흐름을 따른다.'라고 했습니다. 중대한 일일 것 같으면 어찌 가벼이 할 수 있겠는가? 저는 비록 재주가 없으나 한때 유세(遊說)의 기술을 배웠으니 돌아가 우리 고을 선비들의 의논을 들어보겠습니다. 또 진양(晉陽)이 먼저 움직이도록 하여 진양에서 먼저 거의한 뒤에 따라서 일어날 것 같으면 경상우도 여러 고을이 모두 풍문을 듣고 스스로 움직일 것입니다. 이처럼 하면 대구의 관군은 공격하지 않고서도 무너질 것이니 어찌 완전한 계책이 아니겠습니까?"라고 하였다.

좌우의 사람들이 모두 나의 말을 복잡하고 지루하게 여겼으나 애산(艾山)은 크게 감동하여 마침내 밤이 새도록 담론하며 연연하여 잠을 이루지 못하였다. 이튿날 갑진(甲辰)에 이별하는데 애산이 나를 보내며 말하기를 지난 저녁의 일을 삼가 노력해 달라고 하였다. 나는 웃으며 길을 떠나 집에 돌아와 진양의 소식을 들었는데, 이달 초 7일 인시(寅時)에 노응규(盧應奎) 등이 수십 인을 거느리고 갑자기 진양을 습격하니 관찰사와 경무관은 도망갔고, 드디어 3·4명의 순라군을 죽이고 성을 점거하였다고 한다.

(정월)10일 을사(乙巳)에 사람을 보내 정탐하니 과연 빈말이 아니었다. 무릎을 치고 웃으며 말하기를 "천하의 지모가 있는 선비는 보는 안

목이 서로 비슷하다고 하니 바로 이런 경우를 말하는 것이다."라고 하였다. 원래 노응규(盧應奎)는 전에 의령(宜寧)에서 안의(安義)로 옮겨와 살았는데, 어려서부터 행동이 독실하고 이름난 재주가 있었다고 한다. 오늘의 일은 참으로 장부의 쾌거이다. 극로(極老) 홍종성(洪鍾性)과 부장(部將) 이청로(李淸魯)를 진양으로 보내 동정을 살피고, 나 또한 여러 사람의 논의를 따르고자 하여 바로 그날 합천(陜川) 운계(雲溪)로 가니 그 고을 사람 안화익(安和益)이 우거하고 있는 곳이다. 들어가 인사를 나누고 술 몇 잔을 마셨다. 주인이 서울에서 온 편지를 보여주며 말하기를 "지난 12월 28일 이른바 십대신(十大臣)이 난을 일으켜 대가(大駕)가 잠시 러시아영사관으로 피신하였다. 마침내 러시아가 군사들을 보내 김홍집과 정병하를 포박하여 효수하였고, 나머지 잔당은 모두 도망하였다. 곧 애통하다는 조서(詔書)를 내리시고 단발을 정지하였으며, 의병 또한 모두 해산하였다."라고 하였다. 나는 웃으며 말하기를 "이는 매우 통쾌한 일이다. 그러나 도리어 일본과 관계를 끊고 러시아를 섬기는 것이다. 아직 명쾌하게 단발령을 그만둔다는 명령이 있지도 않고, 또 역도(逆徒)들도 도망하여 포박하지 못했으니 어찌 나라에 사람이 있다고 말할 수 있는가? 매우 한탄스럽다."라고 하였다. 이미 날이 저물고 비도 내려 더 나아가지 못하고 유숙하였다. 말이 시사(時事)에 이르러 내가 말하기를 "지금 사방에서 모두 의병을 일으키고 있으나 우리 고을만 홀로 의병의 함성이 없다. 비록 열 집도 되지 않은 조그만 고을이지만, 어찌 충성스럽고 의로운 선비가 없는가?"하고 돌아보며, "여러분의 뜻은 어떤가?"라고 하니, 모두 말하기를, "서울의 일이 이와 같으니 하나하나 동정을 살피며 도모하는 것이 좋겠다."라고 하였다. 나의 뜻도 또한 그러했다. 이튿날 정묘(丁卯) 일에 또 비가 내려 유숙하였다.

　(정월) 13일 무신(戊申)에 돌아와 자산(闍山)[12]을 넘었다. 괴진(槐

12　경남 의령 일대에 걸쳐 있는 산, 의령군의 진산(鎭山) 자굴산(闍崛山)이다.

津)에 도착하여 친구 강윤행(姜允行)의 집에 유숙하였다. 14일 기유
(己酉)에 본 고을에 도착하였다. 바야흐로 진주의 일로 사림(士林)들
이 모두 모여 향교에서 논의하였다. 나 또한 참석하였는데, 자리에 앉
아있던 사람이 진주에서 온 편지를 내어놓으며 말하기를 "본 고을도
같이 의거에 호응해야 한다고 생각하는데 이를 어쩌면 좋은가?"라고
하였다. 나는 말하기를 "진양에서 먼저 창의하였으니 우리 고을이 비
록 가만히 있으려 해도 어찌 그럴 수 있겠는가? 요구에 호응하는 것도
실로 감당하기 어렵다. 또 대구의 병정이 오래지 않아 도달할 것이다.
본 고을은 두 지역 사이에 있으면서 이러기도 어렵고 저러기도 어려우
니 오히려 같은 소리로 서로 호응하는 것이 좋겠다. 생각건대, 우리 고
을의 세력으로는 어찌할 도리가 없으니 진양 사람들이 지켜준다면 화
를 면할 수 있을 것이다."라고 하였다. 모두 적합한 논의라 말하며 사
람을 진주부에 보낼 계획을 세웠다.

  15일 경신(庚戌)은 대보름날이다. 우리 고을 풍속으로 이날은 줄다
리기 놀이를 한다. 수천 명이 모두 장대(將臺)에 모여 각자 결속을 다
지는데, 갑자기 오륙십여 명의 병정(兵丁)이 대구(大邱)에서 내려와
진주(晉州)로 간다면서 고을 원을 위협하고 부형을 결박하며 돈과 재
물을 토색(討索)하니 고을이 송연해져 줄다리기 역시 하지 못하고 그
만두었다. 즉시 의병소에 통기하고 고을 사람들과 읍리(邑吏)들은 모
두 줄다리기하는 사람들을 몰아 저들 병정을 물리치고자 했다. 나는
"그러지 말라. 진주(晉州)의 일이 끝내 결실이 없을 것 같으면 도리어
화근을 불러올 것이니 다른 일이 없을 것 같으면 의병소에 조처를 맡
기고 지휘를 따르는 것이 좋을 것이다."라고 말했다. 그날 밤 진주에서
온 사람들이 군사를 거느리고 온다고 했다.

  16일 신해(辛亥), 아침을 먹은 뒤 그들도 진주의 군사가 온다는 것을
알고 도망쳤다. 이런 내용을 의병소에 다시 알려주고 군사를 돌리도록
하였다. 마을 사람들이 모두 유생을 진주에 보내 상의해보라고 하였

다. 나도 그 속에 포함되어 있어 고사하였으나 부득이하였다. 어둠을 타고 길을 떠나 삼가점(三街店)에서 유숙하였다.

17일 임자(壬子)에 새벽에 말을 달려 북창점(北倉店)에 도착하니 한 무리의 병사가 앞으로 왔다. 앞에 말 탄 사람에게 물으니 대답하기를 "의령(宜寧)과 함안(咸安)에서 빨리 의병을 일으키기 바란다."라고 하였다. 마침내 북창점에 들어가 인사를 하고 아침을 먹었다. 의병부대의 사람이 말하기를 "손님이 이미 경계에서 주인을 만났으니 달리 말하는 것은 불가합니다. 하물며 의령을 지키는 것이 다른 것보다 더 급하니 함께 돌아가 의병을 일으킨 뒤에 진주로 들어가도 늦지 않을 것 같습니다."라고 하였다. 내가 말하기를 "한 고을의 선비들이 모두 주인인데 어찌 우리 한두 명이 있어야 하겠습니까?"라고 하니, 진주 사람이 웃으며 말하기를 "창의장(倡義將)을 버리고 누구와 더불어 기병(起兵)하리오."라고 하며 끝내 만류하니 나 역시 어떻게 해야 할지 몰랐다. 얼마 후에 관청의 하인 한 명이 와서 편지 한 통을 전하는데, 서찰을 보니 진주의소(晉州義所)에서 나를 본 읍의 창의장(倡義將)으로 삼는다는 것이다. 나는 진주 사람을 보고 이르기를 "노응규(盧應奎) 장군의 일 처리가 어찌 이같이 경솔합니까? 사람을 쓰는 방법에는 그 얼굴을 보고, 그 말을 듣고, 그 재주를 시험한 연후에 현명하고 현명하지 못함을 알고서 임명해야 하거늘 어찌해서 평소에 알지도 못하는 처지에서 경솔하게 중임을 맡긴단 말인가?"라고 하였다. 진주 사람이 말하기를 "대면하기는 비록 처음이나 이름은 이미 잘 알고 있으니, 의리상 고사(固辭)하기 불가합니다. 그만두더라도 나중에 가서 말해도 늦지 않습니다."라고 하며 애써 만류하였다. 삼가점(三街店)에 도착하니 가까운 마을의 사람들이 의병(義兵)이 왔다고 생각하고 다투어 술과 담배를 준비하여 길가에서 맞이하였다. 진영(陣營)을 멈추고 잠시 쉬는데 구경하는 사람이 많아 시장과 같았다. 내가 진주 사람을 돌아보며 말하기를 "이 또한 의병의 소문으로 인한 일이니 어찌 타고난 양심이 아니겠는가."라고 하니 진주 사람 역시 웃었다. 마침내 군사를 점검하고 전진하여 성 밑으로 가까이 도착하였다. 본 고을의 아전이 풍악을 울리며 와서 맞이하니 따르는 사람이 구름 같았다. 마침내 말을 몰아 들어가니, 본 고을의 군수 역시 성을 나와 영접하였다. 길가에서 인사를 할 수 없어 함께 성안으로 달려 들어가 장교청(將校廳)에서 진영을 머물렀다. 곧이어 술과 안주를 내오는데 매우 풍성하게 갖추어졌고, 본 고을 군수 역시 와서 만났다.

바야흐로 인사를 나누려는데 홀연히 저들 군사가 다시 왔다고 보고한다. 갑자기 포성이 크게 진동하니 성안의 사람들이 놀라 사람의 형색이 아니었고, 의병장 역시 군사를 재촉하여 나아가려고 하였다. 나는 진주 장수에게 이르기를 "대저 용병법에는 먼저 적정(賊情)을 살피고, 또 승패(勝敗)를 계산한 뒤에 군사를 나아가게 하는 것이 좋을 것인데, 어찌 약속(約束)도 없이 가벼이 움직이십니까? 적이 다시 오면 저들은 반드시 군사를 더 보태고 우리의 적고 약함을 알고 있는 까닭에 갑자기 습격할 계책을 쓸 것입니다. 놀라 동요하지 말고 군사를 남문 안 장벽 사이에서 매복하고 잠깐 기다리면서 진주에 빨리 통보하고 나아가 구원받아야 합니다. 본부의 군사를 시켜 북쪽 산을 따라 동쪽으로 나아가 후방을 기습하는 모습을 보이면 저들이 비록 우리를 업신여길지라도 감히 가벼이 성으로 들어오지 못할 것입니다. 이것을 적은 병사로 많은 적을 대적하는 계책이라고 합니다."라고 하였다. 의병장은 다만 "예, 예"라고 하면서 새겨듣는 것 같지 않았고, 겉으로 비록 큰소리를 쳐도 안으로는 당황하고 겁에 질려서 나갔다. 과연 적의 탄환이 어지러이 떨어지는 것을 보고 어떻게 할 바를 알지 못했다. 마침내 각자 도망하여 흩어지니, 성안에서는 의병의 패주를 듣고 관리와 인민들이 한꺼번에 흩어지니 금지할 수 없었다. 날이 이미 저물었다.

저들은 오히려 성안의 허실을 알지 못하여 성안으로 달려 들어오지 못하고 물러나 장대(將臺)에 주둔하였다. 나는 따라온 사람들에게 탄식하며 말하기를 "이 작은 적을 보고 큰 적을 보는 것같이 한 즉, 장차 어떻게 하면 좋을지 걱정이다."라고 하니, 곁에 있던 사람이 말하기를 "적이 만약 빈 성이라는 것을 알 것 같으면 반드시 와서 도륙할 것이니 잠시 피하는 것만 못하다."라고 하였다. 마침내 서문을 나오니 오직 전성규(全聖奎)만이 따라왔다. 향교로 올라가니 한 사람도 없었다. 향교 뒤 송림 사이에서 사람들의 소리가 나는 것 같아 찾아보게 하니 진주 의진의 이·오(李·吳)13 두 장교와 본 읍의 교임(校任)이었다. 나는 진주 사람을 보고 책망하며 말하기를 "어떻게 내 말을 듣지 않고 이렇게 가벼이 움직여 모든 성 사람들을 사방으로 흩어지게 만드는가."라고 하니, 대답하기를 "사졸이 모두 흩어졌으니 홀로 어찌하겠습니까." 라고 한다. 나는 말하기를 "여러분은 배수진(背水陣)의 뜻을 알지 못하는가. 나의 훈련되지 않은 군사와 금일의 패배를 미리 예상치 못했으니 어찌 장수 된 도리라 하겠는가."라고 하였다. 저들은 오직 얼굴을 붉히며 말이 없었다.

  나 역시 심하게 책망치 않고 되레 웃으며 일러 말하기를 "우리는 다 같이 나라가 평안할 때 사람들로 군사의 일에 대한 관례를 익히지 않았으니 지나간 패배를 따질 수 없습니다. 적이 아직 성안으로 들어와 있지 않으니 저들 또한 성안의 허실을 알지 못한 까닭입니다. 깊은 밤을 맞아 사오십 명의 포군으로 상하가 막도록 하면 저들은 반드시 진주의 의병이 다시 왔다고 하며 당연히 밤을 틈타 도망할 것입니다. 이처럼 하면 성안은 어육(魚肉)을 면할 수 있을 것입니다. 여러분은 마땅히 흩어진 군사들을 규합하고, 나 역시 본 고을 군수를 찾아보고 고을의 군사를 소집하겠습니다."라고 하였다. 모든 사람이 다 좋다고 하며 머리를 끄덕였다. 나는 전성규(全聖奎)와 함께 북산(北山)을 살펴보고 돌아와 성안으로 들어갔다. 본 고을 군수가 있는 곳을 찾았으나 아는 사람이 하나도 없었다. 성안의 사람들은 남부여대(男負女戴)하여 엎

---

13 진주 조방장 이규성(李奎成)과 중군장 오종근(吳鍾根)을 말한다.

어지고 자빠져 길에 가득하니 진실로 난중의 일이다. 본 고을의 군수를 찾았으나 찾지 못하고 돌아와 진주 사람들을 찾았으나 역시 한 사람도 없었다. 두 사람은 돌아보고 웃으며 말하기를 "어찌 이런 무리와 더불어 일을 도모할 수 있겠는가."라고 하며 흥학당(興學堂)으로 돌아갔다. 두 사람의 마을 노인이 유숙하고 있었다.

마침내 오늘 밤의 일을 대략 말해주고 피곤해서 잠시 쉬었다. 홍극로(洪極老)와 집안사람 인견보(仁見甫)가 찾아와서 말하기를 "저들 무리가 향교 언저리로 들어와 마을 사람들을 수탐(搜探)하고 있다."라고 하였다. 그런 까닭에 우리는 조용히 갈 곳을 택했다. 나 역시 뒤따랐는데 겨우 문밖을 나서자 갑자기 저들 군사들과 마주쳐 피하지 못하고 잡혀 진중(陣中)으로 들어갔는데, 포성(砲聲)이 들끓고 칼날이 빽빽이 들어서 있어 사람을 두려워하게 하였다. 저들이 진주 의병이 있는 곳과 고을 사람들이 있는 곳을 물으며 말하기를 "만약 바른대로 고하지 않으면 당장 죽이겠다."라고 하며 여러 가지로 위협하였다. 나는 얼굴을 바로 하고 천천히 대답하기를 "만약 죽을죄를 지었다면 죽는 것도 피하지 않겠지만, 죽을죄가 없을 것 같으면 어찌 법을 남용하는 것이 아니겠는가. 바라건대, 잠시 한마디 할 틈을 달라."라고 하였다. 자리의 여러 사람이 모두 말하기를 "장차 무슨 말을 하려는가?"라고 하기에, 나는 말하기를 "이 자리에 있는 사람들은 어찌 전날 관원이 아닌가."라고 하니, 모두 말하기를 "그렇다."라고 하였다. 나는 말하기를 "선현을 존숭하며 학문을 연구한 존현양사(尊賢養士)들이다. 어찌 조정의 아름다운 법전(法典)이 아니겠는가."라고 하니, 모두 말하기를 "그렇다."라고 하였다. 나는 말하기를 "나 또한 40여 년 책을 읽은 선비로 비록 죄가 있으면 법관이 법으로 처벌하면 마땅하거늘 이같이 몰아세우는 것은 옳지 않거늘 하물며 죄가 없지 않은가? 진주의 사람들로 말할 것 같으면 처음 나와 더불어 같은 일을 했지만, 새떼처럼 흩어진 사람들이다. 실제로 정확히 알 수 없다. 또 고을 사람들은 단지 나와 수삼인 뿐이다."라고 하였다.

저들은 서로 돌아보며 말하기를 "이 사람은 협박해도 굽히지 않고 말이 태연자약(泰然自若)하니 능히 무슨 일을 저지를 수 있다."라고 하며, 마침내 결박하고 구타하며 말하기를 "너는 진주 사람들과 함께 모의하여 창의하고자 하였으니 어찌 죄가 없다고 하는가."라고 하였다. 나는 성난 목소리로 소리를 지르며 말하기를 "진주가 원한을 보복함은 마땅한데 이것이야말로 갑에게 당한 노여움을 을에게 옮기는 것이다. 또 나의 창의(倡義)를 책망한다면 비록 거사(擧事)는 하지 않았지만 구차하게 피하고자 하지 않는다. 의병은 나라를 위해 원수를 갚으려는 것인데 그것이 무슨 죄가 있는가?"라고 하였다. 저들은 임금의 명이 있었는가 하고 묻기에 나는 "난신적자(亂臣賊子)는 사람마다 죽일 수 있거늘 어찌 임금의 명을 기다린단 말인가? 그렇다면 의병을 토포(討捕)하는 것 역시 조정의 명령이 있었는가? 죄가 있고 없음은 오직 임금의 처분에 있다."라고 하였다. 저들 역시 말이 막혀 강제로 굴복시킬 수 없게 되자 모두 대구에 보고하라고 하였다. 이리하여 진중에 억류되어 갇혔다. 전성규·홍극로·인견보 역시 나를 따라 돌아왔고, 보고 있던 좌우의 고을 사람들과 읍리(邑吏), 그리고 또 수십 인이 결박되어 곤욕을 치렀다.

다음 날 새벽 진주경무관(晉州警務官)이라고 하는 한 사람이 나에게 일러 말하기를 "우리도 신체발부(身體髮膚)의 중요함을 모르는 게 아니다. 그러나 단지 몸이 관직에 있는 까닭에 부득이 단발(斷髮)하였다. 창의(倡義)한 사람들을 무슨 까닭으로 죽이려 하겠는가? 그대의 이야기를 들으니 나도 모르게 가슴이 찢어지는 듯하다. 그러나 부질없이 기분 좋게 말하다가 실제로 화를 불러일으키게 된다."라고 하였다. 나는 기운을 가라앉히고 천천히 대답하기를 "창의(倡義)의 논의는 비록 내가 참가하지 않았으나, 필시 그 뜻은 왜적을 토벌하여 복수하는 데 있을 뿐이다. 어찌 임명된 관리들을 함부로 죽일 수 있겠는가?"라고 하니, 저들은 웃으며 말하기를 "의병이 만약 왜적을 토벌하고 서양을 배척할 것 같으면 우리도 마땅히 말 앞에 서는 졸병이 되어 따를 것이다."라고 하였다. 나 또한 웃으며 말하기를 "충심에서 말할 것 같으면 국가에 녹을 먹는 사람이 먼저 일어나는 것이 당연하거늘 어찌 서생(書生)이 일어나길 바라는가? 그러나 의(義)라는 한 글자는 다만 충분(忠憤)에 격동된 것이지 성패(成敗)를 따져보고 거병하는 것은 아니다."라고 하였다. 좌우를 돌아보며 저들에게 일러 이렇게 말하였다. "본 고을의 창의(倡義)는 나에게 책임이 있으나 오히려 실속이 없게 되었다. 하물며 이 사람들이야 어찌 용서하지 않을 것인가." 이렇게 말하자 저들 또한 그렇게 여기고, 마침내 모두 방면하고 나만 억류하였다.

잠시 있다가 홀연히 진주의 군사들이 많이 왔다는 전갈이 왔다. 저들은 황망하여 어찌할 바를 몰랐다. 한 사람으로 나를 감시하게 하고 도망할 준비를 하고 나갔다. 나는 파수하는 자를 의리로 설득하여 마침내 옷자락을 떨치고 탈출하여 곧바로 성으로 들어갔다. 멀리서 진주의 의병을 보니 길을 나눠 내려온다. 원근의 마을 사람들이 뒤따르며 도우니 세력이 비바람 같았다. 저들이 산야를 가득 채운 것을 보았는데 모두 진주의 의병이다. 진주의 의병들이 삼면을 둘러싸고 큰 강이 앞을 가로막고 있어 저들은 솥 안의 물고기와 같았다. 또 적병 한 사람은 탄환에 맞아서 죽으니, 저들은 당황하고 겁에 질려 계획을 세우지 못하고 마침내 죽을힘을 다해 포위망을 뚫고 교동(橋洞) 뒷산으로 곧바로 올라가 겨우 살길을 얻었다. 마침내 교동(橋洞) 마을 가옥에 불을 지르며 마을 사람들을 위협하고 술과 음식을 토색(討索)하였다. 진주 의병이 비록 4면으로 포위하였으나, 저들은 산 위에 있고 우리는 산 아래 있으므로 포착(捕捉)할 길이 쉽지 않았다. 또 진주 의병은 인시(寅時)부터 사시(巳時)까지 70리 정도를 달려왔으니 군마(軍馬)가 굶주려 육박전(肉薄戰)을 벌일 수 없었다. 저들 병사들이 틈을 타 도주하니 역시 뒤를 추격하지 못하고 돌아와 성으로 들어왔다. 성안의 점막(店

幕)은 모두 비었고, 관리(官吏)들은 도망하여 아직 돌아오지 않아 군사들을 먹일 방법은 실로 주선(周旋)하기 어려웠다.

나는 몇 사람의 고을 사람들과 함께 성 근방의 부민(富民)을 지휘(指揮)하여 군사들을 먹이도록 하고 아픈 몸을 이끌고 들어가 객사(客舍)에 머물렀는데 접대해주는 자가 없었다. 오늘의 승리를 축하하면서 여러 장수도 나의 어제의 치욕을 위로하였다. 밤이 깊어가면서 날씨가 추워지니 장졸들은 기한(飢寒)을 이기지 못하였다. 나는 어렵게 관청의 하인 1명을 얻어 한편으로는 등촉(燈燭)을 가져오게 하고, 한편으로는 밥을 가져오게 하였다. 그리고 땔나무를 보내 군사를 시켜 화톳불을 피우게 하였다. 군중들을 장청(將廳)에 이동시켜 저녁밥을 보내고 오늘 밤 파수를 하도록 하였다. 나 또한 피곤하여 객사를 물러 나왔다. 갑자기 회군(回軍)하는 소리를 듣고 급히 나가서 살펴보니 전군(前軍)이 이미 출발한 후 본 부대가 길을 떠났다. 오중군(吳中軍)을 보고 무슨 까닭이냐고 물으니, "성안에 한 사람도 주선(周旋)하는 이가 없다. 밤에 수비할 대책이 있어야 하는데, 지형의 험하고 평탄함을 실제로 살피기 어려우므로 부득이 회군한다."라고 한다. 대진(大陣)이 이미 출발하여 중지할 수 없었다. 나는 전성규(全聖奎)에게 이렇게 말하였다. "금일의 일처럼 항상 이와 같다면 어떻게 해 볼 도리가 없다. 차라리 산으로 들어가 스스로 보전하는 것이 좋겠다."

그날 밤 마침내 칠곡서재(七谷書齋)에 올라가는데, 도로에서 의병이 회군한다고 들었다. 저들 병사들이 다시 올까 우려하여 각자 뿔뿔이 도망쳐 흩어졌고, 자식을 등에 업은 행렬이 이어졌으니 답답한 기분이 들었다. 칠곡(七谷)에 유숙하고 이튿날 병진(丙辰) 일에 집으로 돌아왔다. 진주의소(晉州義所)로부터 편지와 말이 왔는데, 나에게 한번 만나자고 요청하였다. 나는 몸이 아파서 노응규(盧應奎) 대장에게 즉시 답서를 보내지 못하였다.

2월 1일 병인(丙寅)에 노응규 대장이 또 편지를 보내 말하기를 "지난날 가르침은 세상을 구할 경륜이고, 한 시대를 구할 약석(藥石)이었습니다. 귀하의 고을 선비들에게 들으니 이제 몸을 추수렸다고 하는데, 바라건대 한번 찾아오시어 잘못된 길을 바르게 가르쳐 주시기 바랍니다."라고 하였다.

2일 정묘(丁卯), 편지에 답하고 가지 않았다.

3일 무진(戊辰), 고을 방수(防守)를 맡은 관리로부터 본 면도 회의를 하라는 명령이 있었다. 이어 유사에 연락이 있어 나 역시 참가하였다. 마을의 여러 부로(父老)와 더불어 막사(幕舍)를 지어 지키고 막을 방책을 상의하였다. 해가 기울어서야 파하고 돌아왔다.

4일 기사(己巳), 관청의 하인이 와서 편지 1통을 전하였다. 살펴보니 진주조방장(晉州助防將) 이규성(李奎成)이 나에게 군무를 논의하자고 청했다. 나는 병이 있어 갈 수 없다고 답했다.

6일 신묘(辛卯), 또 편지와 말을 보내 기어코 초대하여 보자고 한다. 또 본 고을 군수가 대구 병정들에게 음식을 제공한 일로 바야흐로 진주에 체포되어 갔다고 하였다. 놀랍고 해괴하여 부득이 고을에 내려가 향교에 들어가니, 고을 사람들이 여럿 모여 있었다. 바야흐로 고을의 일을 의논하고 조방소(助防所)에 연락하도록 하니 조방장 이규성(李奎成)이 곧장 왔다. 서로 만나 인사를 하고 서로 보고 심히 기뻐하였다. 이규성(李奎成)은 곤양(昆陽) 사람이다. 전에 동학교도(東學教徒)를 토벌하여 체포한 공으로 참봉(參奉)에 제수되었다고 한다. 본 고을의 방수책(防守策)에 대해 말하는데, 나는 말하기를 "이것은 머리가 무거운 일입니다. 마땅히 전체 고을이 충분히 논의한 후에 적당히 결정해야지 가벼이 말하는 것은 옳지 않습니다."라고 하였다. 이규성 역시 그렇다며 물러갔다. 저녁을 먹은 뒤 본 고을 군수가 진주에서 관아로 돌아왔다. 즉시 들어가 위로하고 그 까닭을 물으니, "고을의 간악한 무리가 무고하여 이와 같은 곤욕을 만났으니 내일 당장 관직을 버리고 가겠다."라고 하였다. 나는 대답하여 말하기를 "간사한 사람의 무고에 걸린 것은 일시의 분노입니다. 이 역시 난중의 일로 마땅히 그 죄를 다스릴 것이지 관직을 버린다는 말씀은 크게 불가합니다. 이 어지러울 때를 만나 임금님이 명령한 바를 펼치지 않고, 백성들이 믿고 의지하는 지방관이 하루아침에 가버린다면 경내의 사람들은 누구를 믿고 있겠습니까. 깊이 생각하시기 바랍니다."라고 하였다. 이튿날 아침 과연 길을 떠나려 하거늘 나는 고을 사람들과 함께 들어가 강력히 만류하였다.

8일 계유(癸酉), 새벽에 이규성(李奎成)이 진주로 갔다고 한다. 그 까닭을 물으니 역시 중간에 사람들의 비방으로 대장소에서 소환되어 간 것이다. 오후에 정곡(井谷)에 가 외종형(外從兄)14과 더불어 며칠 바둑으로 술내기를 하니 역시 전란 중의 즐거운 일이었다.

10일 을해(乙亥), 고을에 들어가니 이규성이 다시 진주에서 왔다. 곧바로 관청으로 들어가 함께 수일 동안의 인사를 하였다. 이규성이 말하기를 "진주에서 군수전(軍需錢) 1만 냥을 분배하였으니 본 고을 방수책을 어찌하랴."라고 한다. 나는 말하기를 "두 가지 일은 모두 한 고을의 큰일이니 어찌 한두 사람이 판별하겠습니까? 다만 향론을 기다려 행함이 좋을 것 같습니다."라고 하니, 이규성이 말하기를 "내가 다시 온 것은 오로지 본 고을 방수가 시급한 까닭에 있다. 고을의 폐단은 하루도 잠시 유예할 수 없다."라고 한다. 나는 말하기를 "진주가 존속됨이 마땅한 것은 사람에게 오른쪽 어깨가 있어야 하는 것과 같습니다. 오른쪽 어깨를 절단하고도 온전한 사람은 없으니, 빨리 진주를 방어해야 하는 것은 형세가 그렇기 때문입니다. 본 고을의 형세로 말하자면 겁탈을 당한 뒤부터 인심이 안정되지 않습니다. 또 병기도 없으니 어찌하겠습니까?"라고 하고, 또 말하기를 "병기는 물론 진주에서 싣고 오는 것이 마땅합니다. 폐일언(蔽一言)하고 명일 향회를 열고 군비를 배정하고 임원을 차출하여 대사를 돈독히 함이 좋겠습니다."라고

---

14 외종형은 권철환(權哲煥)을 말한다. 외조부는 권기하(權箕夏)이고, 외삼촌은 권병주(權秉錘)인데, 권병추의 아들이다.

하였다.

11일 병진(丙辰), 향청에서 자리를 베풀고 고을 사람들이 모여서 먼저 분배전(分排錢)에 대해 논의하였다. 이것은 이해에 가장 중요한 것으로 역시 사사로운 폐단이 많다. 또 이른바 요호(饒戶)라는 사람은 한 사람도 오는 자가 없었다. 그러므로 종일토록 결정된 바 없이 자리를 끝냈다. 다음 날 정축(丁丑)에 비가 왔다. 나가지 못하고 사관(舍館)에 머물렀다.

13일 무인(戊寅), 다시 향회를 열고 대략 분배(分排)를 했다. 그러나 또한 고르지 못하다는 말이 있었다. 이튿날 기묘(己卯)에 창의소의 임원을 임명하고 해가 저물어 마쳤다. 그 뒤 임명한 사람도 역시 많았는데 의논을 피해 참석하지 않았으니, 이것은 옳지 않다.

16일 신사(辛巳)에 비로소 집에 돌아왔다. 이튿날 임오(壬午)에 이의정(二宜亭)에 올라가 주인 허씨를 족보 일로 만났다. 서로 술잔을 따르며 정을 나누고 세상일을 이야기하였다. 해가 져서야 그만두고 돌아왔다.

18일 계미(癸未)에 바야흐로 촌사람들과 동네일을 논의하였다. 본고을 의병소에서 편지와 말을 보내며, 내일 객사에서 고유하고 장대에서 활을 연습한다는 뜻으로 내가 와서 보기를 청했다. 안사람의 병을 핑계로 사양하였다. 이튿날 갑신(甲申)에 또 이의정(二宜亭)으로 갔다. 문득 기우만(奇宇萬)이 기병(起兵)했다는 나주(羅州)의 첩보를 들었다. 원래 기우만(奇宇萬)은 노사(蘆沙) 기정진(奇正鎭) 참판(參判)의 손자이다. 서로 구제하는 의리가 있어 매우 유쾌하다.

20일 병술(丙戌)에 본 고을 의병소에서 사람과 말을 보냈다. 나에게 군사(軍師)를 맡아 달라 청했다. 감당할 수 없다고 사양하였다.

22일 정해(丁亥)에 또 사람과 말을 군관(軍官)과 함께 보냈다. 부득이 읍내에 들어가 그동안의 준비 상황을 물었다. 초창기의 일이라 매우 힘들고 고생스러웠다. 바야흐로 군무(軍務)를 논의할 때, 진주에서 몇 사람이 말을 타고 도착하였기에 소식을 탐문하니, 단성 선비 권은중(權殷重)15과 본 고을 사람 부장 이부장(李部將, 이청로)이 진주의 병소의 지휘를 받아 창의하고, 그다음 함안(咸安)·창원(昌源)·김해(金海) 등지로 향하려 한다고 했다. 이부장은 이웃에 거주하는 사람으로 순후(淳厚)하며 어른의 풍모가 있었다. 권은중(權殷重)은 30년 전에 머리카락을 묶기 전인 어릴 때 친구인데, 평소에 의리가 있고 용감하여 함께 일할 수 있는 사람이다. 모두 절친한 사람인 까닭에 숙소를 나가서 기다리다가 악수를 하고 서로 환대하였다. 저녁을 먹은 뒤에 또 김석희(金錫羲)와 신반(新反) 사는 사과(司果) 권성숙(權聲淑)을 만났는데, 모두 뜻있는 사람들이다. 권은중과 함께 술을 주문하여 통음하며 촛불을 켜놓고 밤새도록 세상일을 이야기하였다. 이튿날 무자(戊子)에 비가 와서 자리를 뜨지 못했다.

24일 기유(己酉)에 권은중과 이청로 두 친구가 떠났다. 나는 남문 밖에서 송별하며 손을 잡고 일러 말하기를 "옛사람들이 말한 이별에 임하여 한마디 한다는 것은 어찌 오늘을 이르는 것이 아니겠는가. 지금 창원과 김해로 떠나니 모두 왜군과 가까운 땅이니 신중해야 한다. 또 군사의 일은 비밀스러움이 귀중하니 먼저 함안·칠원의 세력을 도운 연후에 말을 달려 나아가는 것이 좋을 것이다."라고 하였다. 두 친구가 모두 잇달아 머리를 끄떡이면서 떠났다.

25일 경인(庚寅), 아침밥을 먹은 뒤 군마(軍馬)를 점검하고 장대(將臺)에 나아가 포를 쏘고 활쏘기를 익혔다. 고을 사람들이 또한 많이 따랐는데 해가 져서야 그만두었다. 장졸이 모두 평화로울 때 태어난 사람이어서 군사의 일을 익히지 않은 까닭에 행진(行陣)과 군오(軍伍)가 하나같이 법도에 맞지 않았다.

26일 신묘(辛卯), 비가 와서 움직이지 못했다. 홍극로(洪極老), 이성

---

15 『南川先生文集』卷之二, 詩「挽權殷重[希容], 은중(殷重)은 자이고, 희용(希容)은 이름이다.

응(李聲應)과 함께 사관(舍館)에서 휴식하였다. 고을 사람들이 전곡(錢穀)과 군정(軍丁)의 일로써 각기 사사로이 부탁하러 왔는데, 요구에 응하기가 매우 번거로웠다.

27일 임진(壬辰), 홍극로(洪極老), 이성응(李聲應) 두 친구와 함께 조방소(助防所)에 들어갔다. 이규성(李奎成)에게 말하기를 "바야흐로 이제 창의(倡義)하는 뜻은 진실로 보국안민(報國安民)을 위해서이다. 본 고을의 세력을 보건대, 이른바 분배전에 대해 억울하다고 납부 않고, 이른바 군졸은 삼백 명에 미치지 못하는데 모두 피하고자 한다. 모두 정장(呈狀)을 올리고 부탁하니 모두 이 두 가지 안건이다. 이와 같으니 어찌 군대를 훈련하여 적과 대치할 틈이 있겠는가. 오늘 마땅히 규약을 정해 다시는 잘못을 용서하지 않겠다고 해야 한다."라고 하였다. 이규성이 말하기를 "이것은 긴급한 군무(軍務)이다. 어찌 조금이라도 느슨하게 할 수 있겠는가."라고 하였다. 즉시 서기를 불러 마침내 책자를 만들고, 장군의 이름과 군액(軍額, 군인의 머릿수)을 정하고, 군수(軍需)의 분배록(分排錄)을 만들었다. 한 고을의 공평함과 불공평함을 대개 분간(分揀)한 뒤에, 나는 이규성에게 이후로는 비록 천만의 장소(狀訴)가 있을지라도 단호히 용납하지 않겠다고 말하니, 이규성 또한 그렇게 하기로 하였다. 드디어 여러 장졸을 불러 술잔을 들어 약속하니 군중들이 모두 좋다고 하였다.

28일 계사(癸巳), 때마침 고을 장날이어서 원근의 마을 사람들이 모두 모여 있었다. 분배전(分排錢)과 군정(軍丁)에 대하여 정장(呈狀)하였는데, 모두 자기 뜻을 명백히 드러냈으니 가히 송사를 그칠 만한 방법이라고 할 수 있었다. 그날 밤 또 비가 왔다. 이튿날 갑오(甲午), 오후에 비로소 맑아졌다. 나는 집에 돌아갈 준비를 하고자 했는데, 이규성이 나의 처소로 급히 나와 만류하며 말하기를, "바야흐로 이제 군무가 많아져서 진흙 길처럼 매우 어려운데 어찌 떠나려고 하느냐?"고 하였다. 나는 부친의 기일(忌日)이 가깝다고 하며 작별하였다. 해가 질 무렵에 비로소 집에 돌아왔다.

3월 초 1일 병신(丙申), 새벽에 제사를 지내는데, 뚜렷하게 처음 상을 당했을 때 느꼈던 슬픔이 되살아나고, 희미하게 모습이 보이는 듯하여 그리움이 평소보다 배나 되었다. 저녁이 되어 어떤 사람이 방문했다. 그 성을 물어보니 단양(丹陽)에 사는 김씨 성을 쓰는 사람이었다. 그는 여러 의병소에 모인 사람들을 두루 살펴보고, 진주에서 본 고을에 와서 유숙하였고, 또 본 고을에서는 내가 사는 곳을 찾아왔으니 진실로 뜻있는 선비이다. 첫 만남이지만 매우 반가워 각처 의병소의 상황에 관해 물어보니, 당시 군사의 위엄이 굳세기가 진주 같은 곳이 없다고 하였다. 그러고 나서 지난달 초에 반포한 애통조(哀痛詔)를 꺼내 보여주었다. 그 대략을 말하면, "영남을 장의군(仗義軍)으로 삼고, 호서와 호남을 분의군(憤義軍)으로 삼고, 경기도 지역을 순의군(殉義軍)으로 삼는다. 나 사직(社稷)을 위해 죽을 것이니, 너희 각처 의장(義將)들은 나의 부덕(不德)을 탓하지 말고 선왕이 배양한 은혜에 힘입어 궁궐 밖의 일은 상전(常典)에 구애받지 말고 편의에 따라 시행(施行)하라. 그리하여 갑오(甲午) 6월 이전 상납(上納)한 것으로 민간에 있는 것은 견감(蠲減)한다."라고 하였다. 전란 중의 글은 확실히 믿기 어려우나 민심을 감복시키고 선비의 기운을 드높이기에 충분하였다. 친구 김씨가 진주에 들어가기에 노응규(盧應奎) 대장에게 편지를 부쳤다. 홀로 서상(書床)에 기대어 몇 달의 지내온 일을 생각하였다. 뜻하지 않게 출발하여 세상에 공허하고 비루한 이름을 알렸으니 어찌 세파를 스스로 취한 것이 아니겠는가. 한탄스럽다. 오후에 성문 밖에 나가니 인마(人馬)의 소리가 있어 살펴보니, 본 고을 의병소가 편지를 보내 나를 불러 말하기를 "오늘 진주의 큰 군사가 삼가(三嘉)로 나갔다가 본 고을에 들어온다고 하는데 그대는 군사(軍師)의 지위에 있으면서 어찌 편안하게 집에 있는가."라고 하였다. 나는 편지를 보고 이미 발을 내디뎌 일이 여기에 이르렀는데, 갑자기 사양하고 피하는 것은 의리가 아니라고 생각하였다. 부득이 고을에 들어가 가매정(佳梅亭) 위의 본 고을 관아에 도달하니 자제(子弟)들과 이규성(李奎成) 대장이 많은 군졸을 거느리고 노변(路邊)에 진을 치고 기다리고 있었다. 마침 내 말에서 내려 나아가 함께 머물렀다. 밤이 깊어도 진주의 군사들이 오지 않았다. 나는 이규성 장군에게 말하기를 "군대의 행진이 어찌 이와 같은가? 군대에 절도가 없는 것은 이것을 보면 알 수 있다."라고 하였다. 부득이하여 진주 군사가 머물러 있는 곳을 탐색하여 즉시 군사들을 회군시켜 읍으로 돌아오게 하였다. 그래서 급히 마을 장정에게 불을 밝히게 하니 이어진 횃불이 십 리였고 또 민폐가 많았다. 밤중에 성에 들어가 각기 처소로 돌아가 머물렀다.

4일 기해(己亥), 아침에 진주에서 돌아온 편지에 '어제 해가 저물어 북창점(北倉店)에서 유숙하고 오늘 정오 전에 고을로 들어온다.'라고 하였다. 아침을 먹은 후 이규성 장군과 여러 장졸이 5리 정도에서 영접하였는데, 정오가 되니 과연 군사를 합쳐서 왔다. 두 고을의 군졸은 삼사백 명에 불과하나 원근의 촌사람들이 산야를 가득 메워 수십여 리에 이어졌다. 즉시 고을에 들어가 균정소(均井所)에 유진하였다. 군사를 공궤(供饋)할 비용이 적지 않았다. 저녁을 먹은 후 진주의병진 대장을 찾아가 보았는데, 전에 왔던 고성(固城) 사람 이선봉(李先鋒)이다. 인사를 하고 전의 일을 말하는데 또 한 번 웃고 말았다.

5일 경자(庚子)에 비가 와서 나가지 못하고 균정소에 머물렀다.

6일 신축(辛丑)에 비가 이어졌다. 진주 본진의 의병장 정한용(鄭翰鎔)이 어제 삼가(三嘉)에 이진하였다. 이선봉에게 전령하기를, "오늘 안으로 본 고을의 군사와 함께 밤을 새워 올라와 경병(京兵)을 막겠다."라고 한다. 경병은 이른바 참서관(參書官)의 아들이 아비의 원수를 갚겠다는 것이다. 이제 새로운 참서관이 왔는데, 서울에서 모집한 병정들이 수하이다. 이선봉은 명령을 듣고 나서, 본 고을의 의병장으로 들어가 말하자며 함께 가자고 하였다. 본 고을의 의병장은 정한용

의병장이 추천하였는데 고사하지 못하였다. 다만 나에게 결정을 미뤘으므로 나는 이선봉에게 이렇게 말하였다. "진주가 창의하고 의령이 지킨다는 것은 함께 난관을 헤쳐나가는 의리인데 어찌 피차간에 분별이 있겠는가. 진주가 패하면 의령이 힘들고, 의령이 패하면 진주가 힘든 까닭에 서로 순망치한(脣亡齒寒)의 관계가 된다. 경상좌도의 군사가 아직 강을 건너지 않았으니 의령을 지켜야 한다. 지금 만약 서쪽으로 움직인다면 경상좌도의 군사들이 아침저녁으로 건널 것이니, 본 고을이 먼저 도륙(屠戮)될 것이다. 몇 달 이래로 한 고을의 백성들이 고역을 치르고 만금의 재물을 허비하였는데 끝내 화근을 초래하는 바탕이 된다면 그 잘못이 누구에게 있겠는가? 또 정한용(鄭翰鎔) 장군으로 말할 것 같으면 원래 노응규(盧應奎) 장군과 함께 사생(死生)을 결의했다고 한다. 그러나 지금 진양(晉陽)이 위급한데 입성(入城)하여 근심을 함께하지 않고 군사를 거두어 자신만을 지키고자 하니 실로 그 뜻을 알 수 없지 않은가? 누가 경병은 막을 수 없으니 군사를 이끌고 적을 피하자고 말하는가? 노응규(盧應奎) 장군과 남아서 진양을 지킨 사람은 천 명이 넘고, 정한용 장군의 군사 역시 천여 인이 된다. 경병으로 단성(丹城)에서 온 자들은 3백여 인에 불과하다고 한다. 저들이 비록 강하고 날랜 병졸이라 하나 진격하여 진양을 쳐서 빼앗지는 못할 것이다. 정한용 장군은 군사를 두 편으로 나누는 것이 나을 것이다. 절반은 삼가(三嘉)에 남게 하여 합천(陜川)의 군사와 합해 고령에서 오는 군사를 방비하고, 절반을 진주로 보내 경병의 뒤를 둘러싸고, 본 고을의 군사로는 기강(岐江)의 앙진(仰津)과 박진(泊津)을 막는다면, 이것은 완전한 대책이다. 어찌 규모가 작은 적을 보고 여러 고을을 놀라게 하는가?"

이와 같은 뜻을 정한용 장군에게 말하고 의령의 군사를 움직이지 말라고 하였다. 만약 진주의 병사들이 불리할 것 같으면 삼가(三嘉)와 의령(宜寧)의 군사들이 또한 근본(根本)이 된다고 하였다. 고을 사람들은 역시 나를 따라 출병하려고 하지 않았다. 이규성 장군이 말하기를 "형세가 진실로 그렇다면 나는 주장(主將)의 명령에 따라 조금도 머무르지 않겠다. 바라건대, 간사(幹事)로 고을 사람 한두 명을 보내주면 이 일의 형세를 말할 것이니 어찌 피차간의 문제를 밝힐 수 있지 않겠는가."라고 하였다. 나는 그렇다고 말하고 고개를 돌려 진사 강경도(姜敬道)에게 "그대가 가서 이규성 장군과 함께 떠나라."라고 하였다. 이 사람은 당시 본 고을의 종사(從事)로 있었던 사람인데, 나는 성 밖까지 전송하고 돌아왔다. 여러 날 동안 장맛비가 그치지 않아서 행로가 매우 어려웠다. 조금 있으니 수십 명의 포군(砲軍)이 함안군(咸安郡)에서 왔다. 물어보니 진주에서 모집한 군사였으므로, 본 고을의 영관(領官) 윤선달(尹先達)로 하여금 삼가(三嘉)에 데리고 가도록 하였다. 얼마 지나지 않아서 강진사가 진주 교졸(校卒) 10여 명을 거느리고 돌아왔다. 괴이하여 그 까닭을 물으니 곧 말하기를 "정한용 장군이 본 고을에서 군사를 보내도록 재촉합니다. 서로 버티게 되면 반드시 서로 다투는 단서가 될 것이므로 어쩔 수 없이 본 진영의 군사 반은 남고 반은 보내야 합니다."라고 하였다. 나는 발끈해서 말하였다. "이백 명도 되지 않은 군사를 반만 남겨두면 어디에 쓴단 말인가? 차라리 다 보내주고 성을 비우고 각자 도피한다면 고을을 소탕되겠지만 인명은 구할 수 있다. 이러든지 저러든지 나는 간섭하지 않겠다. 한결같이 주장(主將)의 명을 따르는 것이니 어찌하리오. 정한용 장군이 하려는 일은 겉으로는 수비를 말하고 있지만 실제로는 병사를 불러 모아 자신을 호위하려는 것이다. 병법에 이르기를 적이 움직이면 주의 깊게 살펴야 하며, 적이 가까운 곳에 있으면 엄중하게 수비해야 한다고 하였다. 지금 듣자 하니, 적이 가까운 곳에 있는데 싸울 준비는 하지 않고, 군사를 이끌고 성을 나가서 스스로 보전할 계획만 세우려 한다. 장군이 망령되이 행동하고 군사가 신중하지 못하니, 신중하지 못하면 반드시 패배할 것이고, 나 역시 여기서 떠날 것이다. 어찌 앉아서 자멸하는 것을 보겠는가.” 마침내 옷소매를 떨치고 나와 사관(舍館)에 돌아와 누우니, 고을 사람들이 모두 모여 사세(事勢)가 낭패를 당하게 되었다고 모두 한탄하였다. 저녁까지 비가 왔는데 기세가 자못 대단하다. 술을 가져다 통음(痛飮)하고, 시 한 수를 지어 회포를 표현하며, 밤새도록 잠을 이루지 못하였다.

7일 임인(壬寅), 아침에 이규성 장군이 사람을 보내 통지하기를 “고을의 형편을 가지고 논한다면 한 명의 병사도 보내기 어렵다. 그러나 정한용 장군이 이처럼 여러 차례 재촉하니 부득불 삼사십 명의 포군(砲軍)을 보내서 책임을 면하는 것이 어떻겠는가?”라고 하였다. 나는 답하기를 “이미 정해진 일인데 어찌 다시 묻는가? 그렇게 하는 것이 좋겠다.”라고 하였다.

8일 계묘(癸卯), 이른 아침에 군사의 수를 점검하였다. 어제 함안의 포군을 보냈는데, 영관 윤선달이 돌아와 말하기를 “어제 사시(巳時)쯤에 지난번에 말한 경병(京兵)이 진주를 함락하였는데, 노응규(盧應奎)가 정한용 의병진으로 도망했습니다. 정한용의 군사들도 이 때문에 한때 무너져 흩어졌습니다. 이선봉은 삼가(三嘉) 토동(土洞)에 머물다가 또 무너져 흩어졌습니다. 그래서 머물러 있을 곳이 없어 부득이 군사를 되돌려 왔습니다.”라고 하였다. 이로써 본진은 마침내 혼란을 막을 수 없어서 드디어 나에게 논의하자고 청하였다. 나는 듣고 매우 놀랍고 괴이하여 곧 군막(軍幕)에 들어가니, 여러 장졸이 겁에 질려 어찌할 바를 몰랐다. 나는 윤선달을 불러 책망하며 말하였다. “그대는 눈으로 보지도 않고서 단지 흩어진 군사들의 말만 듣고 이 같은 거짓된 보고로 우리 군대를 혼란하게 하니 어찌 도리(道理)가 있는가?. 곧 효수(梟首)로 군사들의 마음을 경계함이 마땅하나 나 또한 진실을 알지 못하니 잠깐 엄중히 가뒀다가 틀림없이 정확한 보고를 기다린 뒤에 마땅히 처치(處置)하겠다.”(이하 기록은 잃어버림)

2. 「서행일록(西行日錄)」

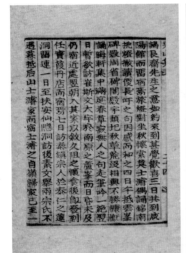

「서행일록(西行日錄)」

1913년 계축(黑牛)년 9월(黃花) 1일, 나는 선조의 유적을 고증하는 일로 관서(關西) 지방의 여행을 시작하였는데, 부안(扶安)에 사는 종친 사준(士濬) 전희순(田熙舜)16과 함께 하였다. 이날 아랫마을을 두루 다녔는데 노소(老小)의 여러 종친이 모두 지제점(池堤店)까지 따라와 술과 고기를 차려 전별하였다. 해가 질 무렵에 단계(丹溪)의 인척 권집중(權執中)의 집에 도착하였다. 저녁을 먹은 뒤 이웃에 사는 친구 김경양(金景陽)이 와서 만났다. 경양(景陽)은 평소 학문에 뜻이 있고, 세상을 걱정하는 강개(慷慨)한 사람인데, 그와 더불어 회포를 풀며 밤을 새웠다.

이튿날 산음(山陰)의 면우리(眠牛里)에 도착하여 민씨(閔氏)들의 쌍매정(雙梅亭)에 올랐다. 민문(閔門)의 여러 노소가 모두 모여 주찬(酒饌)을 차리고 집안끼리 서로 가깝게 지내온 일17을 강론하니 참으로 이런 말세에 보기 드문 좋은 일이었다. 이날 손자 아이 기진(麒鎭)이 간재(艮齋) 선생을 뵙기 위하여 약속한 대로 도착하니 매우 즐겁고 기뻤다.

3일 함께 함양관(咸陽館)에 도착하여 유숙하였다. 여관의 등불 앞에 마주 앉으니 가을의 정회가 삭막한데 사준(士濬)은 금남(錦南)18의 '등잔불 돋우고 송나라 역사 다 읽고 길게 탄식하노라[挑燈撤讀便長吁]'19라는 시구절을 읊조렸다. 그 말에 감회가 있어 화답하였다.

---

16 전희순(田熙舜) : 자는 사준(士濬), 호는 후산(后山)이다.

17 집안끼리 서로 가깝게 지내온 일 : 원문의 '공이지세(孔李之世)'는 '공이지호(孔李之好)'의 고사를 원용한 표현이다. 후한(後漢)의 공융(孔融)이 이응(李膺)을 만나 자신은 공자(孔子)의 후손이고 이응(李膺)은 노자(老子, 이름 李聃)의 후손이니, 우리는 선조(先祖) 때부터 가깝게 지내온 집안이라고 말한 데서 유래한 말이다.

18 금남(錦南) : 금남은 나주 출신의 조선 초기 문신 최부(崔溥, 1454~1504년)의 호이다.

19 도등철독편장우(挑燈撤讀便長吁) : 금남(錦南) 최부(崔溥)가 지은 시 「독송사(讀宋史)」에 나오는 시구이다. 「독송사(讀宋史)」는 송나라가 몽골에 의해 멸망한 것을 한

4일 정오에 운봉(雲峰)에 있는 황산비전(荒山碑殿)에 이르러 비각(碑閣)을 두루 살펴보니 전각은 무너져 내리고 가을 풀은 황폐하였다. 서로 강개(慷慨)함을 이기지 못해 매헌집(晦軒集)의 '봄풀만 뜰에 가득 인기척조차 없네[滿庭春草寂無人]'라는 구절을 읊고, 시 한 수를 갈겨썼다.

이튿날 잠시 남원(南原) 노봉(蘆峯)에 사는 사문 최대우(崔大宇)를 방문하고자 하였는데, 날이 저물어서도 도착하지 못해 근처에서 묵었다. 이튿날 그 집에 들어가 오래 나누지 못한 회포를 풀었다. 밥을 먹은 뒤 출발하여 임실(任實) 가단점(葭丹店)에 도착하여 묵었다.

7일 태인(泰仁) 연동(蓮洞)에 사는 종인(宗人) 전태진(田泰鎭)을 방문하여 하루를 머물고, 부안(扶安) 선은동(仙隱洞)에 이르러 후소(後素)와 문거(文擧) 두 종친을 방문하였으나 만나지 못했다. 해 질 녘에 후산(后山) 전사준(田士濬)의 집에 이르러 숙박하였다. 사준은 영남에서 귀가한 지 이미 한 달이 되었다. 일문의 어른과 젊은이가 모두 와서 위로하였다. 이튿날 행장을 갖추었으나 출발하지 못하고 머물렀다.

11일 계화도(繼華島)에 이르러 선생님[20]께 인사하고 안부를 살폈다. 자못 쇠약해진 모습이 있어 내심 탄식하여 '이 도학(道學)이 진멸(殄滅)하게 된 날을 당하여 한 가닥 양맥(陽脈)이 오로지 여기 있다. 선생님의 몸에 하늘이 오랜 수명을 내려주지 않는다면 세상의 도리가 어찌 될까.'라고 하였다.

이튿날 손자 기진(麒鎭)으로 하여금 만나 뵙는 예를 올리게 하였다. 예를 마치고 선생님께서 인백(仁伯)이라는 자(字)를 주니 대개 이름에 있는 뜻을 따른 것이다. 또 특별히 기질의 변화에 대한 가르침을 주셨으니 격의 없는 은혜는 감사하여 잊을 수 없다. 이어서 이기환(李起煥)·김익술(金翊述)·이연회(李淵會) 등과 함께 수일 동안 대좌(侍

탄하는 내용을 담고 있다.

20 선생님 : 전상무의 스승 전우(田愚)를 지칭한다.

坐)하여 강론을 게을리하지 않았다. 선생님께서는 매양 세상의 학자가 구속되는 것을 싫어하고 이도(異道)에 점차 물들어가는 것을 걱정하셨다. 깨우쳐 주신 지극한 말과 교묘한 논리는 이루 기록할 수 없다. 이때 사문 임철규(林哲圭)가 남원(南原) 반암(攀巖)에서 그 선사(先師) 부계선생문집(扶溪先生文集)을 친히 받들어 선생에게 올리니, 선생께서는 임철규의 성실하고 부지런함을 매우 위로하였다.

16일 서쪽으로 갈 뜻이 있어 손자 기진(麒鎭)에게 머물러 있으면서 잘 공부하도록 타이르고, 해포(海浦)를 건너 돌아왔다. 중도에 비를 만나 진흙탕에 나막신이 빠지고 어려움이 막심하였다. 창호촌점(倉湖村店)에 들러 숙박하였다.

이튿날 후산(后山) 전사준(田士瀋)이 도착하였는데, 일기가 평온하지 못해 연달아 여러 날 머물다가 돌아갔다. 손자 기진(麒鎭)이 나중에 집으로 돌아갈 일을 생각해보니 위험한 산과 바다, 추운 날씨가 모두 염려되었다. 또한, 그 아이는 나이가 어리고 철이 없어 혼자 갈 수 없을까 두려워져서, 차마 그냥 그를 버려두고 갈 수 없었다. 이런 뜻을 선생님께 아뢰고 손자의 행장을 빨리 꾸리도록 하였다.

20일 전사준(田士瀋)과 손자 기진(麒鎭)과 함께 김제(金堤) 사촌정거장(沙村停車場)에 도착하였다. 함께 같은 차에 올라 한밤중에 공주(公州) 태전(太田)에 이르렀다. 밥을 먹은 뒤 손자 기진(麒鎭)에게 명하여 김두일(金斗一)과 같이 차를 타고 대구(大邱)로 내려가 귀가하도록 하였다. 사준(士瀋)과 함께 서울 가는 차에 올랐는데, 새벽에 남문 밖에 도착하였다. 길에는 신학문을 배우는 무리가 가득하였는데, 모두 의관의 고아(古雅)한 모습을 보고 비웃는다. 차덕영(車德永)의 집에 객사를 정하고 비 때문에 머물렀는데, 주인이 매우 친절했다. 사준(士瀋)과 함께 절구 한 수를 지어 회포를 적었다.

21일 밥을 먹은 뒤에 기차에 올라 토성(土城)에 도착하여 내렸다. 별 안간에 이미 송경(松京)을 지났다. 이로 인해 느낌이 일어 절구 한 수

를 읊었다. 연안(延安)을 지나 벽란진(碧瀾津) 중류를 향해 가면서 옛
날을 생각하는 회포를 이기지 못해 사준(士濬)과 함께 각기 시 한 수
를 지었다. (고려가 망한 뒤에 경은(耕隱)[21] 선조께서 망국의 신하로
서 의리를 지키려는 뜻이 있으시어 이 나루터를 건너 외딴섬으로 들어
가셨기 때문에 그렇게 말한 것이다.) 진두점(津頭店)에 들러 점심을 먹
고 서쪽의 토미치(兎尾峙)를 넘어 배향동(配享洞)에 있는 변봉식(邊鳳
植)을 방문하여 유숙하였다.

　이튿날 아침 출발하여 길에서 한 사람을 마주쳐 서로 인사를 하였
다. 그의 성(姓)은 조씨(趙氏)이고 이름은 혁준(赫濬)이었다. 억지로
그 집에 들어갔는데 접대가 매우 정성스럽다. 점심을 먹은 뒤 홍장(洪
長)의 서쪽 3리에 있는 종인(宗人) 전형대(田炯大)를 방문하여 유숙하
였다. 비록 관후(寬厚)한 정의(情誼)는 있으나 여러 문중 사람들의 가
세는 자못 군색(窘塞)하였다.

　이튿날 출발하여 수안(遂安)으로 향했다. 종인(宗人) 형대(炯大)의
전송을 받으며 십여 리에 이르러 가게에 들어가 술 여러 잔을 돌리니
이별이 매우 슬프다. 평산(平山) 땅에 이르러 소매 넓은 옷을 입은 한
선비를 만났으니 천여 리 행로에 곧 처음 보는 것이다. 서로 인사를 하
니 백천(白川)에 사는 민모(閔某)로 의암(毅菴) 유인석(柳麟錫)의 문
하에 출입하는 사람이다. 미로촌(麋老村)에 이르러 신노인(申老人)의
집에서 유숙하였다. 신노인은 나이가 여든 살에 이르렀는데, 기력이
아직 건강하게 보였고, 지금 현손(玄孫)이 많다고 하였다.

　이튿날 출발하니 이날 날씨는 밝고 환하였다. 산골짜기를 군장(軍
帳)[22]으로 삼았는데, 산세(山勢)는 높고 가파르며, 임목(林木)은 무성
하며, 단풍잎은 밝게 빛나니 참으로 금수강산(錦繡江山)이다. 사준(士
濬)과 서로 대구(對句)를 주고받았다. 저녁에 문구(文具) 장절동(壯節

21　경은(耕隱) : 고려말의 문신 전귀생(田貴生)의 호.
22　군장(軍帳) : 전쟁 때 장수가 머무는 장막.

洞) 신아(申雅)의 집에 도착하여 숙박하였다. 다음 날 신막(新幕)을 지나 서흥(瑞興) 고을을 향했다. 대동(垈洞) 주막에 이르러 숙박하였다.

다음 날 점심을 도하(陶河) 시장에서 먹었다. 발걸음이 피곤하여 수안(遂安) 고을을 겨우 통과하였다. 산길을 잘못 들어가서 힘들게 수십 리를 가서 명월령(明月嶺) 아래에 이르렀다. 때는 해가 질 무렵인데, 산 앞의 주막은 아직 멀었다. 갑자기 오륙 명의 순검들이 고개를 따라 내려와 골짜기 길에서 서로 만났다. 그 속에 젊은 놈 하나가 길을 막고 가는 길을 제지하며 탐문을 했다. 보따리를 살펴보는데 아니꼽고 매우 분개하였다. 이로 인해 느낌이 일어 절구 한 수를 읊었다. 저녁에 사창점(社倉店)에 도착하여 기숙(寄宿)하였다.

이튿날 공수동(公遂洞)에 도착하였다. 여러 종친이 매우 기쁘게 환대하였다. 그날이 27일이다. 이번 걸음은 오로지 선대의 자취를 고증하는 데 있다. 그러므로 인사를 한 다음 곧이어 전해오는 고적(古蹟)에 관해 물으니, 여러 종친은 소장한 것과 간행된 족보 책들이 같지 않아 처음에는 의심하고서 즐겨 내어놓으려 하지 않았다. 나는 대구구첩(大邱舊牒)을 보여주면서 그 유래를 말하였다. 여러 종친은 각자 그 집으로 돌아가 각기 오랫동안 전해지는 것을 가지고 왔는데, 그런 사람이 일고여덟 사람이었다. 대구구첩(大邱舊牒)을 참작하여 그 대수(代數)를 말하니, 작위(爵位), 현주(懸註)가 대구구첩(大邱舊牒)과 더불어 꼭 맞아 합하지 않음이 없어, 볼수록 나도 모르게 눈이 탁 튀어 그 뜻이 명쾌해졌다. 그러나 이것은 모두 자기 집에서 전해오는 것으로 중계(中系)에 이르러 타파(他派)를 기록하지 않아 그 이하 여러 곳의 의혹을 적확하게 보지 못한 것이다. 구본(舊本)을 탐문하니 저들은 일찍이 어떤 책자가 종손의 집에 있었는데, 몇 년 전에 평산(平山)으로 이사할 때 의려(義旅)의 화변(火變)을 입어 재가 되고 말았다고 하니 참으로 안타깝다. 여러 종친이 애써 만류하여 이틀을 머무르고 출발하였다. 이별에 임하여 시 한 수를 읊어 주었다.

10월 1일, 상원군(祥原郡)을 향했다. 지나온 여러 군을 돌아보면 풍토(風土)가 자못 다르고, 물산(物産)이 같지 않았다. 연백(延白)은 산천이 수려하고, 벌판이 넓어 논이 기름지며, 인심이 순후하니, 참으로 살기가 좋은 땅이다. 서흥(瑞興), 평산(平山), 봉산(鳳山), 수안(遂安)은 모두 산골 마을이다. 농사는 모두 서속(黍粟), 옥출(玉秫)이고, 생산은 배와 밤이 많다. 저녁에 상원(祥原)의 종친 집에서 잤다.

이튿날 만류(挽留)하는 정이 매우 간곡하였다. 대개 황해도 각 고을의 민속은 비록 순박하다고 하지만 예의에 대해서는 무식하고 서투르다. 이른바 선비들도 갓과 도포를 입지 않고, 집 짓는 자는 울타리를 치지 않으며, 전적으로 내외(內外)의 분별이 없으니 매우 놀랍다. 옛사람이 이르기를 '천 리 떨어진 곳도 풍속이 같지 않고 백 리 떨어진 곳도 풍속이 같지 않다.'라고 했으니 어찌 적합한 말이 아니겠는가.

평양을 향해 갔다. 청룡면(靑龍面) 회동(晦洞)에서 종친 열포(悅浦)를 방문하고 숙박하였다. 이튿날 국동(菊洞)을 지나 대룡(大龍)이라는 종친 집에서 점심을 먹었는데, 가세가 궁핍하지 않아 접대가 매우 융숭하였다. 저녁에 월곡동(月谷洞) 종친의 집을 방문하였다. 그 동네에는 2개의 학교가 있는데, 하나는 서양학교이고 하나는 일본학교이다. 수십 명의 학도가 나의 도포(道袍)와 대관(大冠)을 보고 둘러서서 웃으며 말하기를 "이 사람은 필시 남조선(南朝鮮)에서 온 사람이다."라고 하였다. 나는 듣고 탄식하며 말하기를 "우리나라가 의복제도를 고친 지 십여 년이 지나지 않는데 이목(耳目)의 변화가 이와 같을 수 있는가. 모두 성인인 기자의 후손으로 예의 바른 백성이었다. 갑자기 요순(堯舜)의 백성은 인을 따르고 걸주(桀紂)의 백성은 포악함을 따른다고 하는 증험을 여기에서 볼 수 있구나."라고 하였다. 어떤 종친 소년이 나를 데리고 귀가하였는데, 곧바로 안방으로 들어갔다. 나는 깜짝 놀라서 책망하여 말하기를 "비록 종족(宗族)의 정의(情誼)에 따른 것이지만 어찌 이런 도리가 있는가? 차라리 이웃집 사랑을 빌리는 것이 좋겠다."라고 하였다. 주인은 부득이 그 아우의 집을 정돈하여 머물기를 청하고 후하게 대접하였다. 예의는 비록 쇠한 집안이지만 족친의 정의는 자못 돈독하였다.

4일 밥을 먹은 뒤 평양(平壤) 부근에 도착하여 종친 덕룡(德龍)의 집을 방문하였다. 덕룡(德龍)은 용강군(龍岡郡)을 다스리고 있었는데, 그때 마침 근친(覲親)을 와서 머물고 있었다. 함께 잠을 자는데 말이 종사(宗事)에 미쳤다. 이 사람은 비록 삭발(削髮)은 하였으나 출세하여 자못 지식이 있었던 까닭에 조금은 선대 일의 중요함을 알고 있었고, 또 그 집안이 서향공(西亭公) 후예로서 자못 숙막(寂寞)하지는 않았다. 평양(平壤)과 용강(龍岡) 두 고을의 일을 담당하게 하였더니, 또한 사양하지 않았다.

5일 밥을 먹은 뒤 의주로 가는 차에 올라 의주부 안을 두루 관찰하였다. 새로 세운 것으로 눈에 보이는 것마다 마음이 아프지 않은 것이 없어, 육언시 몇 구절을 읊었다. 대체로 평양은 산천이 맑고, 논밭이 광활하며, 시야가 푸르니, 가슴이 확 뚫린다. 한줄기 긴 강은 성을 안고 휘돌아 흐르고, 소금 실은 배와 어선은 조수를 따라 오르내렸다. 몇 리나 되는 다리가 가로질러 놓여있고, 기차가 지나가는 것이 단풍나무숲 밖으로 비춰니 참으로 명승지이다. 동국의 낙양이 어찌 이곳이 아니겠는가. 남문 밖에서 곧바로 선천(宣川)의 로하역(路下驛)에 도착하여 기차에서 내렸다. 저녁에 혜목동(蕙睦洞)에 들어갔다. 동네는 종친들이 대대로 살고 있는데, 기와집이 즐비하여 세력이 자못 풍요하다. 저녁을 먹은 뒤 노소(老少) 여러 종친이 모두 와서 인사를 나누는데 삭발한 사람이 있어 매우 불편하였다. 종사를 논의함에 미쳐 저들은 모두 남산을 대하듯이 웃으며 말하기를 "남도의 종친 어른은 아직 옛날 일을 꿈꾸십니까? 요즘 세상에 어찌 선대의 계통이나 닦을 여가가 있겠습니까?"라고 한다. 나는 정색을 하며 타일러 말하기를 "대저 사람은 윤리로 살고, 고기는 물에서 산다. 물이 마르면 고기가 죽듯이 윤리가 다하면 사람도 멸망한다. 이것은 만고불변의 이치이니 어찌 세상의 도리를 바꿔 천륜을 끊고자 하는가?"라고 하였다. 가득 앉아있는 사람들이 묵묵히 있자 오직 머리 깎은 한 사람이 대답하여 말하기를 "종친 어른의 말이 옳지 않은 것은 아닙니다. 그러나 계몽된 말로 하자면 아버지의 부귀는 자기의 명예만 못합니다. 선조의 어질고 어질지 못함과 출세 여부가 자손에게 무슨 손익이 있습니까? 또 서양 여러 나라 사람들이 비록 오륜(五倫)과 삼강(三綱)을 모르지만 저렇게 강성(强盛)하여 당당한 세계의 일등 국민이 되었습니다. 어찌 인생에서 인륜의 이치가 있습니까."라고 하였다. 나는 안색이 고쳐 꾸짖어 말하기를 "자네는 재주가 높고 지혜가 밝으니 족히 한 가문을 선도(善導)할 만하다. 그러나 어찌 점점 무도(無道)한 말을 하여 미혹(迷惑)시키려 하는가? 저들 오랑캐들은 금수(禽獸)이다. 금수(禽獸)의 흥망성쇠(興亡盛衰)가 어찌 인륜의 밝고 밝지 못함에 있겠는가? 내가 말한바 인간에게 윤리가 없으면 살 수 없다는 것은 물이 마르면 큰 고기가 먼저 죽는 것과 같다, 미꾸라지와 우렁이는 오로지 진흙을 빨아들여도 살 수 있는 것이다."라고 하였다. 그가 말하기를 "우리 조정에서는 서북인[23]을 오백 년 동안 이적(夷狄)으로 대접하였습니다. 이적(夷狄)의 사람이 어찌 하루아침에 변하겠습니까."라고 하였다. 나는 이렇게 말하였다. "이는 스스로 수양함에 달려 있을 뿐이다. 어찌 자네는 조정을 원망하는가?" 여러 사람이 내가 행로에 피곤할 것이라 위로하며 취침을 권하고 각자 돌아갔다. 나는 사준(士濬)에게 말하기를 "세상의 변화가 이 같음을 알지 못하고 함부로 수천 리 행로를 잡아 이런 되먹지 못한 인간을 만나 승강이하였으니, 어찌 탄식하지 않겠는가."라고 하였다.

이튿날 출발하고자 하니 여러 종친이 애써 만류하며 말하기를 "비록 함께 조상의 계보(系譜)를 정리하여 책으로 만들지는 못했으나 종친의 정분이 있으니 어찌 이같이 가볍고 소홀하게 대접하겠습니까. 바

---

23 평안도와 함경도 사람

라옵건대 며칠 더 머물며 인정을 베풀어 주십시오."라고 하였다. 사준(士濬)이 행장을 꾸리며 대답하기를 "선조(先祖)를 알지 못하는 자들이 어찌 종족을 알겠습니까?"라고 하였다. 여러 종친은 책망을 듣고서도 억지로 만류하니 나는 차마 백대(百代)의 정의(情誼)를 가벼이 끊을 수 없어 마침내 억지로 머물렀다. 황혼에 한 사람이 방문하여 주인과 인사를 할 때 곁에서 그 말을 들으니 정주(定州)에 사는 김정업(金鼎業)이라고 하였다. 저녁을 먹은 뒤에 이 사람이 아랫방으로 들어와 만나보기를 청하였다. 각기 성명과 사는 곳을 소개하고 더불어 이야기를 나누는데 자못 식견이 있었다. 나의 행낭 속의 책자를 보기를 청하였으므로 경은실기(耕隱實記)를 내어 보여주니 간재(艮齋) 전우(田愚), 심석재(心石齋) 송병선(宋秉璿) 등 여러 학자의 발문을 보고 이 사람은 즐겨 완상하며 손에서 놓지 못하고 매우 흠앙하니 참으로 학문을 좋아하는 사람이다.

8일 돌아와 로하역(路下驛)에 도착하였다. 기차를 타고 가서 의주에 있는 오래된 벗을 방문하려고 하니 사준이 말하기를 "일이 여의치 않으니 여비가 결핍해질 염려가 있습니다. 종친 어르신은 바로 의주와 안동현에 이르러 먼 곳에 있는 친구를 찾아보십시오. 저는 양덕(陽德)·용강(龍岡)·정주(定州) 등 여러 고을을 두루 내려가며 종친들을 찾아보고, 다 마치지 못한 일을 마치고서 천천히 내려가겠습니다. 이것이 두 사람 모두에게 온전한 방책이 될 것입니다."라고 하였다. 나는 말하기를 "일은 비록 그러하나 이천 리 밖에서 어찌 차마 길을 나눌 수 있겠는가. 혹 걷거나 혹 차를 타고 천천히 고향으로 돌아가는 것이 진실로 타당하니 이런 말 하지 말게."라고 하였다. 서로 다투기를 한참 하다가 부득이 서로 헤어졌다. 이 어찌 인정으로 견딜 수 있는 일인가. 기차에 올라 절구 한 수를 읊었다.

바로 신의주에 도착하여 내렸다. 풍광을 두루 돌아보니 정거장의 건설은 매우 굉장(宏壯)하고 화려(華麗)하다. 여러 오랑캐 장수의 나열은 엄연한 규율이 있어, 여러 다른 고을과 비교하여 매우 엄숙하였다. 마침내 감동되어 시 한 구절을 짓고, 걸음을 옮겨 압록강(鴨綠江) 다리에 올랐다. 북쪽 다리는 넓이가 10여 장이고, 길이는 수삼리(數三里)였다. 세 갈래의 길을 만들었는데, 하나는 철륜(鐵輪)이 다니고, 좌우는 소나 말이 끄는 수레와 짐을 진 사람이 왕래하였다. 무지개다리 난간은 넉 줄로 되어 있었는데, 단청(丹靑)은 눈부시게 빛이 났다. 중앙에는 4개의 기둥이 있고 그 위에 지어놓은 1칸의 누각은 사람 한 명을 배치하여 강의 선박 왕래를 살피도록 했다. 높은 돛이 방해되어 다리 난간에 미칠 때는 누각 위에 있는 사람이 기계를 사용하여 끌어올려 다리의 1칸을 비워 선범(船帆)이 마음대로 출입하게 하였다. 이것은 인력으로 할 수 있는 일이 아니고, 또한 지혜로서 헤아리기도 어려웠다. 다리에 올라 남쪽으로 한 구역의 큰 평야를 바라보니, 옛 의주에서 서쪽으로 수백 리를 관통하며 한줄기 긴 강이 백두산에서부터 남쪽으로 천여 리를 흘러 바다로 들어간다. 산하가 견고하니 하늘이 남과 북을 나누어 두었기 때문이다. 무공(武功)을 사용할 만한 땅인데 도리어 섬나라 오랑캐의 정거장이 되었다. 어두운 밤의 왕래도 이웃 마을에 서로 상종하는 것 같으니, 참으로 감탄할 만하다.

마침내 다리에서 내려 안동부에 들어가니 배산임수(背山臨水) 속에 한 폭의 큰 구역을 만들었고, 청나라와 일본의 조계(租界)로 구분하여 각기 큰 고을의 웅장한 진영을 설립하였다. 서로의 장점을 비교하면 만년의 계획에서 나온 것이나, 누가 패권을 차지할 것인지 알 수 없다.

영남 객주 이병수(李炳秀)의 집을 방문하여 유숙하였다. 이 사람은 나와 평소 알고 있던 사람이다. 세상의 고난에 시달리며 살아와 비록 오랑캐의 행동에 물들었지만, 오직 옛정을 저버리지 않고 깜짝 놀라 기뻐하며 매우 환대하였다. 이튿날 주인과 더불어 청나라와 일본의 건물들을 두루 구경하였다. 금, 비단, 보배가 언덕과 산 같이 쌓여있고, 종류가 다른 기이한 꽃은 아름답게 별개의 세상을 만들었다. 집과 누각의 굉걸(宏傑)함은 청나라의 집이 더 낫고, 화려하고 공교(工巧)함은 일본의 집이 나았다. 그 인품(人品)을 보면 청나라 사람은 은연(隱然)하여 숲속의 호랑이의 모습이 있고, 항상 스스로 지킬 것을 염려하나, 백성들의 뜻은 확고하지 않았다. 일본 사람은 용맹하여 길거리의 표범 같은 모양을 하여 항상 물어뜯고자 하였으나, 윗사람과 아래 사람이 단결하였다. 그러므로 청나라 사람의 거친 행동과 더러운 습관은 일본 사람들에게 모욕을 받았으니, 개돼지와 다름없었다. 한인 또한 평소에 편벽되고 추한 행동을 하며 일본 사람의 보호를 믿고 함께 청나라 사람을 압제하지만, 스스로 함정(陷穽)을 만드는 줄 모르니 진실로 탄식할 만하다. 해가 저물어 여관으로 돌아와 유숙하였다. 덜커덕거리는 기차 소리가 밤이 깊도록 쉬지 않고, 삑삑 하는 호각소리는 추위 속에 더욱 애절하였다. 나그네의 회포가 뒤숭숭하여 잠을 이루지 못하니 회포를 드러낸 시를 지어 표현하였다. 이순백(李純白)이 봉천성(奉天省)에서 보낸 편지에서 고향으로 돌아간다는 기별을 들으니, 슬픈 탄식을 이기지 못해 시 한 수를 읊었다.

9일 밥을 먹은 뒤, 접리수촌(接梨樹村)의 수찬(修撰) 안효제(安孝濟)가 머무는 곳을 방문하였다. 우리 둘은 하늘 끝 멀리에 있던 친구로 놀라 넘어질 정도로 기뻐하였다. 정과 회포를 푼다고 해가 지는 것도 몰랐다.

이튿날 수파(守坡)와 더불어 정언(正言) 노상익(盧相益), 참봉(參奉) 이승희(李承熙) 및 안형원(安蘅遠)·정원도(鄭源度)·황규현(黃圭顯)·박상림(朴尙林)·이경일(李慶一) 등이 우거(寓居)하는 곳을 방문하였다. 이들은 모두 황무지에 몸을 숨기고 있는 사람들이다. 처음 고국 사람을 보고 자못 다투어 집으로 모셔 고향의 고을 소식을 묻고자 하였다. 함께 시사(時事)를 토론하였고, 개연히 눈물을 흘리며, 밤이 늦도록 잠자리에 들지 못했다.

이튿날 친구들과 더불어 동산(東山)에 올라 멀리 안동(安東) 지방을 바라보니 가히 삼사백 리에 이른다. 북쪽의 끝 서북간양도(西北間兩島)는 수천여 리의 안개 낀 나무숲이 아득하고 망망하며, 서남쪽은 요동(遼東)의 봉황성(鳳凰城)과 봉천(奉天)으로 수천 리 들판이며, 연이어 동쪽으로 조선(朝鮮)과 접한다. 이 땅은 비록 구석진 모퉁이라고 하지만, 산천은 밝고 환하며, 벌판은 넓고 땅은 비옥하고 사람은 적으니, 버려둘 수 없는 곳이라고 하였다. 나는 친구들을 돌아보며 말하기를 "이곳은 마원(馬援)24이 밭을 일구고 말을 키우기에 족한 땅이고, 또 장횡거(張橫渠)가 말한바 '토지 한쪽을 사서 자제들과 함께 정(井)으로 구획25하여 경작할 수 있다.'라는 곳이 바로 이 땅과 관계가 없겠는가. 중국에 관계 맺지 말고, 일본 사람에게 얽매이지 말며, 뜻을 같이하는 동지와 이 계획을 함께 세우고, 각각 자제들에게 주경야독(晝耕夜讀)하여, 예의(禮義)를 밝히고 신의(信義)를 드러낸다면, 어리석은 백성으로 사는 토착민들도 반드시 감화(感化)될 것이다. 어찌 난세의 일민(逸民)이 아니겠는가."라고 하였다. 강재(剛齋)가 말하기를 "이 말은 나의 뜻과 똑같다. 바라옵건대 그대가 도모해 보라."고 한다. 나는 말하기를 "이 또한 세력이 있는 자가 할 일이다. 세력이 없으니 어찌하겠는가?"라고 하였다. 강재(剛齋)가 말하기를 "뜻을 같이하는 사람들이 힘을 합하면 힘이 없은들 무슨 걱정이겠는가?"라고 하였다. 나는 말하기를 "그대가 먼저 착수하되 반드시 치삼(致三) 노형(盧兄)과 함께 먼저 도모해 보라. 나 또한 그 일을 따라 이곳에 와서 돕겠다."라고 하였다. 해가 기울어 산에서 내려와 수파(守坡)의 거처에서 잤다.

이튿날 억지로 작별하고 귀향하였다. 떠나는 사람과 머무는 사람 모두 슬퍼하고, 차마 헤어지지 못하였다. 한 연의 시를 지어 남기고 이별하였다. 수파(守坡) 혼자 안동부(安東府)로 따라 내려와 하룻밤의 뜻

---

24 마원(馬援) : 후한(後漢) 때의 이름난 장군이다.

25 정(井)으로 구획 : 정전법(井田法)을 시행하는 것을 의미한다. 여대림(呂大臨)이 지은 장횡거(張橫渠)에 대한 「행장(行狀)」을 보면 장횡거는 정전제에 대하여 큰 관심이 있었다고 한다. 그곳에 "공매전일방 화위삭정(共買田一方 畫爲數井)"이라는 말이 있다.

을 다시 펼쳤으니, 서로 헤어지는 동향(同鄉)의 정의(情誼)이다.

13일 아침밥을 먹은 뒤 대구로 바로 가는 차를 탔다. 강을 건너니 옆에 한 사람의 중국인이 타고 있었는데 자리를 마주하고 앉았다. 모습이 그다지 초라해 보이지 않는다. 나와 마주해 물어보는 바가 있는 것 같았으나 나는 이해하지 못해 손을 저으니, 그 사람은 붓으로 대신 말하기를 그대의 의관(衣冠)이 좋다고 하였다. 성함을 물어보니 말단(末端)에 봉천(奉天)에 사는 장자호(張子鎬)라고 썼다. 나 또한 성명과 거주지를 쓰고서 답하기를 "저의 옷차림은 본래 중국의 제도입니다. 어찌 좋은 것을 알면서도 입지 않습니까?"라고 하니, 그 사람은 웃으면서 다시 화답하기를 "중국이 망하여 사대부(士大夫)의 몸이 오랑캐가 된 지 오래되었고 지금의 왕의 제도에 구속되어 입지 못합니다."라고 하였다. 나는 대답하기를 "오늘날 원세개(袁世凱)가 중국을 통치하고 있는데, 어찌 명나라 제도로 되돌려서 300년의 치욕을 씻지 않습니까?"라고 하며 가만히 원세개를 개탄하였다. 그 사람이 대답하였다. "공의 말씀은 비록 상쾌한 맛은 있으나, 시사(時事)에서는 처사(處士)의 이야기를 면치 못하는 듯합니다. 바야흐로 이제 러시아와 서양이 북쪽에서 호랑이처럼 주시하고 있고, 일본 왜놈은 동쪽에서 좀먹어 들어오니, 본국의 인정은 조금도 부화뇌동(附和雷同)할 수 없습니다. 어찌 예의(禮義)를 행할 겨를이 있겠습니까? 그러나 바야흐로 공자의 가르침을 존숭하는 것에 대해 원세개가 마침내 뜻을 두고 있습니다." "그렇다면 어찌 내년을 기다릴 수 있겠습니까. 대저 시간은 다시 오지 않고, 지극한 일은 예측하기 어렵습니다. 필시 지금 원세개는 이미 60세의 나이가 되었으므로 아침저녁을 알 수 없습니다. 마땅히 지금 옛날의 좋지 못한 풍속을 시원하게 바꾸고, 백성의 뜻을 따라 정치를 고쳐 천하를 호령한다면, 명분이 바르고 말이 사리에 맞으니, 외국 오랑캐가 어찌 국내에 머리를 들이밀겠으며, 어찌 열복(悅服)하지 않겠습니까? 금일 이를 행하고 내일 죽더라도 오히려 만세의 공로가 될 것입니다. 이렇게 하지 않으면 도리어 오랑캐에게 제압되어, 묶은 머리칼을 강제로 자르게 됩니다. 또한, 황(黃)과 여(黎) 두 장군은 어루만져 순종시키지 않고 도리어 같은 집안의 싸움을 만들고, 이웃 나라에 동정을 빌어 안전을 도모하고자 하니, 이 어찌 구차한 계획이 아니겠습니까? 만약 이렇게 한다면 왕위는 백 세에 전해져도 끝내 참람하게 지위를 차지했다는 이름을 면치 못할 것이고, 특히 그 의리를 바르게 행하고 그 이익을 도모하지 않는다면 도리가 아닐 것입니다." 그 사람은 오랫동안 자리를 고쳐 앉아 정색하여 보며 탄식하기를 "나는 비록 불민하지만 50년 문자를 배운 사람입니다. 평생 의리를 강구한 것이 많지 않은 것은 아니나 오늘 비로소 고사(高士)의 견해를 듣게 되었습니다."라고 하였다. 나 또한 자리를 고쳐 앉아 겸손히 말하기를 "고사(高士)라는 칭호는 노중련(盧中連)의 절의(節義)[26]가 있으니 세상이 허락하지 않을 것입니다. 하물며 저는 망국의 백성이니 어찌 감당하겠습니까."라고 하였다. 그 사람 말하기를 "나라의 흥망은 유자(孺子)의 신분과 관계있는 것이 아닌데, 어찌 그렇게 겸사(謙辭)가 지나칩니까?"라고 하였다. "가령 제 말이 옳다고 하더라도 저는 어리석은 사람의 하나일 뿐이니 어찌 축하를 받겠습니까?" 이 사람은 선천(宣川)에 일이 있어 부득이 차에서 내렸다. 나 또한 사준(士濬)의 소식을 탐문하기 위해 잠시 내렸다. 그 사람과 나는 안타까워하며 서로 작별하였다, 비록 나중에 만리타향에서 서로 만나기를 기약하였으나, 어찌 꼭 그렇게 되리라고 기대할 수 있으리오. 잠시 머문 뒤 혜목동(惠睦洞)에 들러 사준(士濬)의 거취를 물으니, 모두 알지 못한다고 하여 몹시 서운하였다. 이미 찻길을 잃어 바로 출발하지 못하고 억지로 유숙하였다.

이튿날 로하역(路下驛)을 출발하여 다시 대구로 가는 기차를 탔다. 기차가 송경(松京) 밖 토성정거장(土城停車場)에 도착하여 내렸는데

---

26 노중련(盧中連)의 절의(節義) : 노중련은 전국 시대 제(齊)나라의 고사(高士)로 무도한 진(秦)나라 왕이 천하를 다스린다면 동해에 빠져 죽는 것이 낫다고 말하며 절의를 지켰다.

송경의 옛 유적을 한번 보고 싶었던 까닭이다. 해가 기울어 송경부 밖 친척이 운영하는 여관에서 잤다.

이튿날 이른바 두문동(杜門洞)을 찾아 지팡이를 끌고 들어가니, 다만 황폐한 산과 텅 빈 골짜기에는 풀 베는 아이와 목동만 보일 뿐이다. 오랫동안 감탄하다가 마침내 부내(府內)로 들어가니 고려 왕조의 누대(樓臺)와 궁궐(宮闕)은 하나도 볼 수 있는 것은 없고, 단지 한국과 일본의 가게들이 중첩하였다. 다만 초동에게 가서 물어서 그 가르치는 지점을 보며 상상하였다. 갑자기 비각 하나가 홀로 우뚝 솟아 서 있는 것이 보이는데, 선죽교(善竹橋)이다. 감동을 이기지 못해 눈물을 흘리며 사적(事蹟)을 찾아보았는데, 모두 두문록(杜門錄)에 실린 것이라 번거로이 기록할 필요가 없다. 뜻있는 토박이를 탐방하여 하루 저녁 담론하고자 하였으나 성안의 사람들은 노소(老少) 모두 매우 불편하게 여겼다. 그래서 드디어 저녁 기차에 올랐다. 느낀 바를 시 몇 구절로 읊으니 바로 한양 남문 밖에 도착하였다. 전에 잤던 여관 주인 차선달(車先達) 집에서 잤다.

이튿날 주인(主人)과 같이 성에 들어가 필요한 서책을 사고 두루 시정(市井)을 살펴보았다. 육조(六曹)와 각사(各司)는 쓰러져 남은 것이 없고, 소와 말이 다니던 거리는 자동차와 전선이 있는 길이 되었다. 이 모든 것이 유리(琉璃) 세계이고, 짐승 발자국으로 덮인 세상이며, 옛날에 보았던 것으로는 단지 두세 곳의 궁궐만 남아 있었다. 한 곳에 대한문(大漢門)이라고 쓰인 곳이 있었다. 동행한 여관 주인에게 물으니 황제께서 머물던 곳이라고 한다. 그 말을 듣고 나서 나도 모르게 속이 뜨거워지고 창자가 찢어질 듯하였고, 피눈물이 쏟아질 듯하였다. 슬프다! 오늘 군부(君父)를 배신한 도적의 무리는 도대체 무슨 심장을 가진 자인가? 사람의 심장은 한 치에 불과하나 그 선악의 흐름은 천 리 먼 곳으로 어긋난다. 옛사람이 이른바 마음은 조수(潮水)보다 험하다고 한 것은 진실로 이 때문이었다. 하늘을 우러러 오래도록 탄식하고 나서 다른 곳을 둘러볼 뜻이 없어졌다. 문을 나가 어정거리다가 마음이 움직여 시 한 수를 지었다.

16일 아침을 먹은 뒤 태전(太田) 가는 차에 올라 송약재(宋約齋)를 방문하고자 했다. 차표의 날짜를 계산하니 미치지 못할까 염려되어 마침내 실현하지 못했다. 한심하고 한심하다. 영동읍(永同邑)에 도착해서 내렸다. 활산(活山)으로 30리를 들어가 심석재(心石齋) 송병순(宋秉珣)의 영연(靈筵)에 곡하였다.

이튿날 영동을 돌아 나와 정오에 차를 타고 바로 대구부로 내려갔다. 이 대구부 역시 신세계이다. 그러나 한경(漢京)이나 안동(安東)과는 매우 달랐으니 바다를 본 사람에게는 큰물이 되기 어려웠다. 우연히 일족 사람을 만나 그 집에 들어가니, 그 집이 곤궁한 것 같지는 않았다. 그 온 곳을 물어보니 본래 의령(宜寧) 칠곡(七谷) 사람이었다. 세 살에 부친상을 당하고 아홉 살에 어머니를 잃어 의탁할 곳이 없어 각도로 구걸하며 전전하다가, 만년에 이곳에 이르렀다. 나이 58세이나 부모는 모르고, 단지 여섯 살 난 아들이 있을 뿐이다. 족보를 만든다는 것을 듣고 세대 계승을 청했다. 내가 말하기를 "옛날 주수창(朱壽昌)[27]은 일곱 살에 그 아비가 그 생모 유씨(劉氏)를 쫓아내니 모자는 50년을 서로 보지 못했다. 수창은 깊이 애통해하였다. 하루는 그 집안 사람을 결별하고 사방으로 두루 찾아 끝내 남은 해를 봉양하였던 까닭에 세상이 효자라 불렀다. 지금 자네는 고향을 알고 있고, 길은 수백 리가 못 되는데 어찌 찾아오지 않았는가? 성심으로 찾아 친족에게 가련함을 빌 것 같으면 차례를 이을 수 있지 않았겠는가?"라고 하였다. 그 사람은 부끄러워하며 "상리(商利)에 빠져 윤리와 기강을 저버렸으니 죽을죄를 지었습니다."라고 하였다. 정황을 듣고 나니 매우 불쌍하였으나 50년 전의 일이라 찾아내기 어려울 것 같으니 어찌하겠는가.

---

27 주수창(朱壽昌) : 송나라 때의 효자이다. 어머니가 아버지에게 쫓겨나 50년 동안 어머니와 헤어져 살았는데, 관직을 버리고 사방으로 어머니를 찾아다녀 결국 어머니와 두 동생을 찾았다.

18일 걸어서 상산점(商山店)에 도착하였으나, 발에 물집이 생겨 걸을 수가 없어 숙박하였다. 이튿날 앙진(仰津) 강변에 도착하였다. 날이 저물어 강변에 있는 여관에 투숙하였다. 이튿날 광암(廣巖) 안씨에게 시집간 딸의 집에 들어갔다. 그때 딸아이는 근행(勤行)을 가서 아직 돌아오지 않았다.

이튿날 말을 빌려 출발하였다. 신반(新反)에 도착하여 권상칙(權尙則) 형의 집에서 잠깐 쉬고, 저녁에 본가에 이르렀다. 그날이 21일이다. 이웃과 마을 사람들이 모두 모여 위로하고 보았던 장관(壯觀)을 물었다. 나는 말하기를 "수천 리를 둘러보았는데 70년 동안 보지도 못하고 듣지도 못했던 사물 아닌 것이 없었으니, 천당에 올라가고 지옥에 들어갔다가 온 것 같다."라고 하니 모인 사람들이 모두 웃으며 탄식하고 한탄하였다. 왕래한 거리를 계산하니 걸어간 것이 천 리이고, 차로 간 것이 삼천리였다. 그 사이 도부(道府) 11곳을 돌아보았고, 주군(州郡)을 70여 곳 지나왔다. 이웃 사람들이 비록 나에게 정정하다고 말했으나, 나의 근력(筋力)이 이번 일에서 다 소모되었다.

3. 「여신선유사(與申宣諭使)」

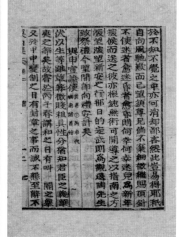

「여신선유사(與申宣諭使)」<small>(箕善 ○병신년 교남의 여러 의장을 대신하다)</small>

엎드려 생각건대 저희는 비록 초야의 미천(微賤)한 사람이지만 본성(本性)을 조금 갖추고 있으니 오히려 군신(君臣)의 의리(義理)와 화이(華夷)의 분별(分別)은 알고 있습니다. 그래서 일찍이 병자년 봄 강화조약을 체결하는 날 궁궐 앞에서 부르짖었고, 또 갑신년 변복제(變服制)를 선포하는 날도 상소를 올린 일이 있었습니다. 그러나 정성으로 간절하지 못했고 말도 분명치 못하여 능히 임금님의 뜻을 되돌리지 못하였습니다. 화란(禍亂)이 해마다 이어졌는데, 작년 8월의 변고에 이르러 지극하였습니다. 삭발 한 가지만 하더라도 천지(天地)의 끝부터 만고(萬古)에 걸쳐 듣지 못한 것이었습니다. 무릇 신하와 백성이 된 자가 어찌 소원(疏遠)하다고 해서 자신은 제외하고 오로지 귀중(貴重)하고 친근(親近)한 반열에 계신 분들에게 책임을 돌리고 대수롭지 않게 볼 수 있겠습니까?

또 춘추(春秋)의 의리(義理)에서 이미 난신적자(亂臣賊子)는 모든 사람이 그를 죽일 수 있다고 말했습니다. 그래서 감히 지위를 벗어나 거의(擧義)하여 기어이 토적(討賊)하여 복수(復讎)하고 양이(洋夷)와 척화(斥和)하고자 하였습니다. 비록 분골쇄신(粉骨碎身)하더라도 열성조(列聖朝)가 배양한 공덕 중에서 만에 하나라도 보답하고자 하였습니다.

어찌 다행이 아니겠습니까! 천명(天命)이 크게 밝아 적괴(賊魁)가 이미 섬멸되었고 나머지 무리는 자취를 감추었습니다. 성상(聖上)께서 특별히 내린 애통조(哀痛詔)를 엎드려 두세 번 읽고 저도 모르게 피눈물이 교차하여 흘렸습니다. 경기도 지역 일로(一路)가 순의군(殉義軍)이 된 상황에 이르러서는 저는 사직(社稷)의 명령에 마땅히 죽기로 하였고, 군인들도 감격하여 눈물을 삼키니 기운이 백배는 올랐습니다.

잇달아 듣자옵건대 선유사(宣諭使)가 임금의 명을 받들고 남하(南

下)한다고 하여 머리를 들고 날마다 기다려 장차 충심(衷心)을 드러내고자 하였습니다. 갑자기 경병(京兵)이 진양(晉陽)에 이르러 천둥 같은 위엄으로 공격하여 만나는 것은 모두 꺾어버리니 이 어찌 어진 사람이 차마 할 수 있는 일입니까? 저희가 의병이라고 칭하였으니, 어찌 강약과 승패를 미리 헤아려 군사를 거두어 돌아가 피하려 하였겠습니까? 생각건대, 경병(京兵)은 왕의 군사이고, 동시에 같은 왕의 적자(赤子)입니다. 같은 혈족으로 서로 다투고 죽이는 것은 본래의 뜻이 아니어서 일시 해산하도록 하였습니다. 비유하자면, 부모가 그 아들에게 노하여 장차 죽이고자 하면, 아들은 마땅히 잠깐 피하여 부모가 아들을 죽이지 못하도록 하는 것이 명분에 맞습니다. 그러나 저 병정들은 위로는 성상(聖上)의 애통해하는 은고(恩誥)를 헤아리지 않았고, 아래로는 해산하여 돌아가는 의병의 본의(本意)는 헤아리지 않았으니, 도륙(屠戮)하는 것으로 승리로 삼고, 토벌을 일이라 여기고 있습니다.

이것이 과연 우리 어진 전하께서 노숙(老宿)한 신하를 보내 선유(宣諭)하고자 하는 본뜻이겠습니까? 만약 이같이 하여 전날 의려(義旅)에 이름을 올린 군사들을 일일이 찾아내어 체포하면 그 화는 억지로 단발(斷髮)한 날보다 백배는 심할 것이니 장차 무엇으로 진정(鎭定)시킬 수 있겠습니까. 이는 백성을 그물질하는 것[28]입니다. 군사를 해산하도록 권유하고 군사를 해산한 뒤에는 뒤따라 추포(追捕) 엄살(掩殺)하니 백성을 속이는 것이 어찌 이보다 심하겠습니까. 엎드려 생각건대 합하(閤下)께서는 평소 태산북두(泰山北斗)와 같은 신망(信望)으로 말 한마디면 중민(衆民)에게 믿음을 보여줄 수 있습니다. 속히 이 지역으로 왕림하시어 칙명(勅命)의 본뜻을 선포(宣布)하시고, 병정들이 하지 말아야 할 것을 알게 하시어 민정(民情)이 의심하고 두려워하는 것을 풀어주십시오. 그런 연후에 특별히 의려(義旅)의 본뜻을 대략 이해하시

---

28 백성을 그물질하는 것 : 원문의 망민(罔民)은 『孟子』「梁惠王上」편에 나오는 말인데, 법망(法網)을 엄하게 하여 백성이 법의 그물에 걸리게 한다는 말이다.

어, 도망한 역당(逆黨)의 무리를 급히 체포하여 다시는 소리를 내지 못하도록 하십시오. 섬 오랑캐도 반역의 죄는 같으니, 또다시 역당을 보호하지 못하도록 하십시오. 억지로 단발(斷髮)한 자는 장발(長髮)을 하도록 하고, 제도를 변경한 것은 예전의 정령(政令)으로 복구하도록 하십시오. 관명(官名)을 오랑캐의 풍속으로 물들인 것을 하나같이 혁파(革罷)하신다면 국가와 백성들은 진실로 하루라도 수명을 더 연장할 것입니다. 만약 그렇게 하지 않으신다면, 저희는 차라리 만 번 엎어져 죽음의 형벌을 당하더라도 짐승 같은 오랑캐들에게 욕을 당하지는 않으려 합니다. 병사를 해산하고 고향에 돌아와 간절하게 소망하는 것은 이것뿐입니다. 엎드려 바라옵건대 밝게 통촉하여 주십시오.

4. 「여노의장응규(與盧義將應奎)」(병신)

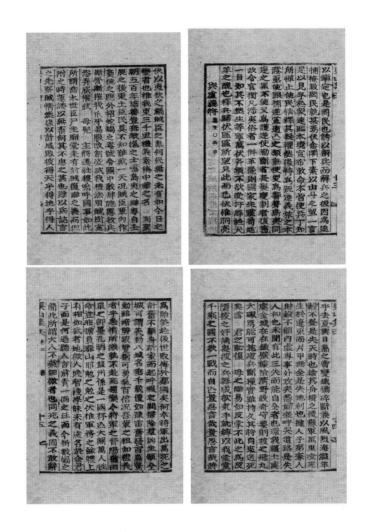

「여노의장응규(與盧義將應奎)」(병신)

엎드려 생각건대 이적(夷狄)의 재앙과 적신(賊臣)의 난리는 어느 시대엔들 없었겠습니까만 오늘의 변고(變故)와 같은 적은 없었습니다. 생각건대, 우리 동국(東國) 삼천리는 본디 예의(禮義)는 중화(中華)와 같다는 명성 있었는데, 열성조께서 500년 배양한 나라에 어찌 적과 싸울 선비가 없겠습니까. 아! 섬나라 오랑캐 원수라. 임진란 뒤 동쪽 나라 신민(臣民)들은 같은 하늘을 이고 살기 어렵다는 것을 알게 되었습니다. 하물며 저 적신(賊臣) 무리는 안으로는 효경(梟獍)의 응원을 만들고, 밖으로는 사갈(蛇蝎)의 독을 불러들여 나라를 호령하며, 감히 사특(邪慝)함을 펼쳐 병영(兵營)을 철수하여 점차 우리의 조아(爪牙)를 꺾고, 복제(服制)를 고쳐 우리의 예법(禮法)을 능멸하였으며, 적당(賊黨)을 끌어들여 위권(威權)을 마음대로 농락하고, 국모를 시해하고 임금의 머리를 깎았으며, 장차 사직(社稷)을 옮기게 하였습니다. 오호라! 국사(國事)가 이와 같은데, 이른바 교목세신(喬木世臣)이라는 자들은 묘당(廟堂)에 앉아 토적복수(討賊復讎)할 의논도 없고, 단지 시운(時運)에 부치고 어찌할 수 없다 하니, 생각이 없는 것이 이보다 심하다고 하겠습니다.

비록 병지(兵誌)에서 말한 바에 따르더라도 먼저 적정(賊情)을 살핀 뒤에 성패(成敗)를 헤아린다고 하였는데, 저들은 과연 천시(天時)를 얻었습니까? 지리(地利)를 얻었습니까? 인화(人和)를 얻었습니까? 지난여름에 일본 섬나라에 벼락이 떨어지는 변고와 철교(鐵橋)의 파괴, 아울러 폭풍(暴風)과 해일(海溢)로 해마다 곡물이 익지 않았으니, 이는 천시(天時)를 잃은 것입니다. 선박의 편리함을 버리고 군사를 만 리 땅에 보내 요동(遼東)에서 몰사(沒死)시켜 조금의 군사도 온전함이 없었으니, 이는 지리(地利)를 잃어버린 것입니다. 사람들의 자제(子弟)를 때리고 사람들의 재물과 곡식을 빼앗았으며, 안으로 허실을 돌아보지 않고 오로지 밖으로 공격만 일삼아 지아비는 원망하고 부인은 한탄하며 도로에서 울부짖었으니, 이는 인화(人和)를 잃은 것입니다. 이 세 가지를 잃고서도 능히 스스로를 보전한 자가 있었다는 것은 아직 듣지 못했습니다.

우리를 둘러싼 강토(疆土)는 곳곳이 금성(金城)이고 곳곳이 철벽(鐵壁)인데, 험한 곳에 웅거하고 평야를 깨끗이 비워서 장애물을 설치하고 요새를 지킨다면 저들이 비환(飛丸)과 대포(大礮)를 가졌더라도 능히 그 군사를 피로하게 하고 양식을 끊을 수 있으니 실로 오래 버티기 어려워 스스로 죽으러 올 것입니다. 임금의 치욕을 씻고 국모의 원수를 회복하기는 손바닥을 뒤집는 것처럼 쉬울 것입니다. 이렇게 하지 않으면 도리어 저들의 간흉(奸譎)한 계교에 빠져들고, 저들의 병기(兵器)를 두려워하여 모두 손을 놓고 결박을 받게 될 것입니다. 우리는 당당한 천승(千乘)의 나라로 한번 싸우려 하지도 않고 스스로 망하는 것을 어찌 차마 말하리오. 어찌 차마 말하리오. 장차 후세에 웃음거리가 되어 이웃 나라의 모욕을 받게 될 것입니다.

다행히 장군은 죽고자 하는 계책을 내어 떨쳐 일어나 몸을 돌아보지 않고 책상을 부수고 일어나 순식간에 여러 흉적을 쓸어 없애고 온전히 성을 지켰습니다. 가히 의리로써 나라를 움직이고 이름을 천세에 떨쳤으니 바로 어려움을 예상하여 분발한 것으로 백충(百蟲)이 놀라 요동친 것입니다. 비록 귀머거리와 절름발이들도 오히려 용기백배할 텐데, 하물며 우리 같이 예의를 조금이라도 알고 있는 무리는 충분(忠憤)이 격하여 어찌 즐겨 죽음으로 나아가지 않겠습니까. 지금 장군이 진양(晉陽)을 지키는 것은 제(濟)나라의 전단(田單)이 즉묵(卽墨)을 지키는 것과 같고, 공명(孔明)이 익주(益州)를 지키는 것과 같습니다. 이는 한 나라의 존망과 만백성의 생명에 관계되는 것이니 어찌 부담이 태산과 같지 않겠습니까. 힘쓰고 힘쓰십시오.

엎드려 생각건대 군무(軍務)의 체제(體制)에는 도와주는 사람이 있어야 합니다. 저는 지체가 한미한 사람으로 지혜와 학식이 얕고 어두워 여러 군자에게 이름이 나 있지 않았습니다. 그런데 어떻게 남의 말을 들으시고, 지난번에는 하나의 면(面)을 맡기시고, 이번에는 몇 폭의 편지를 보내셨습니다. 이것은 이른바 대인(大人)은 보잘것없는 자도 버리지 않는다는 것입니다. 함께 죽는 의리는 감히 사양할 수 없지만, 수어(守禦)의 책무는 실로 감당하기 어렵습니다. 이 읍의 형세가 기울어가는 때를 만나 관리는 도망하고 백성은 흩어졌습니다. 병장기는 하나도 없어 맨손으로 성을 지키고 있으니 부질없이 목숙(木叔)29의 탄식만 절실합니다. 또한, 일할 때는 이름을 뒤로 돌리는데, 먼저 이런 흉독(凶毒)을 만나 병에 걸려 돌아와 누웠으니, 장군의 깃발 아래에서 명령하시는 바를 받들지 못하여 황송하고 황송합니다. 오직 장군께서 널리 양해하여 주십시오.

---

29 목숙(木叔) : 춘추(春秋)시대 위(魏)나라의 유학자 단목숙(端木叔)을 말한다. 그는 원래 재산이 매우 많았는데, 모두 주변 사람에게 나누어 주었다. 그가 늙어 병이 드니 약을 구할 돈이 없었고, 죽음에 이르러서는 장사 지낼 돈이 없었다.

5. 「여노의장(與盧義將)」

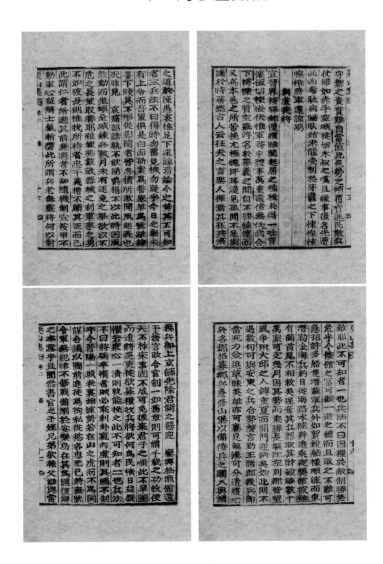

「여노의장(與盧義將)」

의령과 진주는 경계를 접하여 역우(驛郵)가 편리하게 이어져 있습니다. 비록 살면서 종종 할 말을 한 번도 토로하지 못했으나 가슴에 항상 송구하고 서운한 마음을 담아두고 있었습니다. 군무(軍務)의 중요한 일이 많으리라 생각합니다. 멀리서 그리워하는 마음 그지없습니다. 저는 원래 가죽나무 같은 쓸모없는 자질을 가진 사람으로 거의(擧義)에 참여하여 헛된 이름을 도적질했으니 송구하고 두려운 마음 이길 수 없습니다. 또 본 고을을 사양해도 굳이 맡기셨으니 더욱 부끄러워 땀이 납니다. 견문(見聞)이 부족한 저는 시무(時務)를 논의하기에 부족합니다. 옛사람이 이르기를 "광부(狂夫)의 말이라도 성인(聖人)은 택한다." 라고 했습니다. 힘을 합하는 길에서 감히 어리석은 마음을 털어놓으니 오직 그대는 널리 양해하십시오. 오늘의 정세로 말하자면 알 수 없는 것이 셋입니다.

병법에서 때를 만나거든 지체하지 말고, 기회가 있거든 의심하지 말라고 말하지 않았습니까? 금일의 의거는 아직 임금의 명령이 있지 않았으나 우리 백면서생(白面書生)들은 책상을 부수어 맹서(盟誓)하고 장대를 세워 이름으로 삼았습니다. 비록 노비와 천민이라도 따르지 않는 사람이 없으니, 모두 충분(忠憤)이 일어나 풍문을 듣고 기의(起義)하였습니다. 하물며 앞서 애통조(哀痛詔)의 가르침을 보고서 누가 눈물을 삼키고 손가락을 깨물지 않겠습니까. 이때 바람을 타고 북을 울리지 아니하고, 성안에 앉아 진을 치고 몇 달 동안 병사 훈련만 하면서 토끼를 쫓는 행위를 하지 아니하니, 위험하지 않은 방법으로 승리를 취하려고 하십니까? 비록 여러 해 동안 훈련하더라도 기계의 이로움과 군졸의 용맹함이 저들과 같지 않습니다. 오직 우리가 믿는 것은 충의(忠義)로 죽음을 돌아보지 않는 것입니다. 이것이 이른바 어진 자가 나아가면 그 앞에 대적할 자가 없다는 것입니다. 기회를 타서 적절히 제어하는 것을 알지 못하고 갑옷만 만지며 움직이지 않으면 군대의 마음이 더욱 해이해지고 사기는 점점 떨어집니다. 이것을 이른바 군사들이 늙어 영혼이 없다는 것이니 장차 어떻게 적과 마주하겠습니까. 이것이 알 수 없는 첫 번째입니다.

병법에서 적에게서 군량을 얻고, 위기에서 적을 제압한다고 말하지 않았습니까? 지금 왜관(倭館)의 재물은 한 도(道)의 넉넉함에 견줄 만합니다. 또 취하기 어렵지 않을 것 같습니다. 급한 대로 많은 배를 불러 가만히 군사를 싣고 밖으로는 곡물을 무역하는 배와 같이 꾸며 흐름을 따라 동쪽으로 잠입하고, 김해의 군사를 동원해 약속한 날 해로를 따라 수륙으로 함께 나아가 밤을 타 왜관을 습격하면, 저들이 비록 방비하지만, 수미(首尾)가 서로 도울 수 없을 것입니다. 마침내 그 병기(兵器)를 탈취하고 그 재물(財物)과 곡식(穀食)을 취득하면 비록 수십만의 사람이라도 몇 달은 지탱할 수 있을 것입니다. 그 기세로 승승장구하면 경상좌도(慶尙左道)의 여러 고을이 모두 앞을 다투어 따를 것이고, 대구 사람들도 이중하(李重夏)를 포박하고 문을 열어 맞아들일 것입니다. 이처럼 하면 불과 몇 달 만에 안동의 군사들과 합세할 수 있습니다. 근왕(勤王)을 표명하고 여러 고을의 의병들이 함께 사력을 다해 나아가면 초야의 영웅들이 또 발을 싸매고 몰려올 것입니다. 각 고을에 심복을 파견하여 향병(鄕兵)을 불러 모아 급히 산성을 수리하여 왜병(倭兵)의 진입에 대비하고, 여러 의병과 함께 즉시 서울로 올라가 먼저 임금 옆의 나쁜 무리를 제압하고, 러시아공사관에서 임금님이 타는 수레를 맞이하여 옛 궁궐로 돌아와 정령(政令)과 관제(官制)를 하나같이 옛 법대로 한다면, 가히 천세(千歲)의 공로라 할 것입니다. 설령 하늘이 돕지 않아 송사(宋事)30를 이루지 못한다고 할지라도 뒷날 군자들의 비웃음은 면할 수 있을 것입니다. 이 일을 빨리 도모하지 않으면

---

30 송사(宋事) : 여진족이 세운 금(金)나라와 대결하고, 몽골족이 세운 원(元)나라에 의해 멸망한 송(宋)나라가 추구하던 일을 의미한다. 즉 침입한 오랑캐를 물리치는 일을 의미한다.

장수를 파견하고 관리를 선발하여 양식을 모으고 군사를 뽑는 등 장차 무엇을 하고자 해도 백성들의 마음은 날로 의심하고 두려워할 것입니다. 만약 많은 사람의 마음이 한번 무너지면 누가 능히 붙잡을 수 있겠습니까? 이것이 알 수 없는 두 번째입니다.

병법에서 장수가 교만해지고 병사가 나태해지면 적은 반드시 승리한다고 말하지 않았습니까? 밖에서 안의 허점을 엿보게 되면 그 재난을 억제할 수 없습니다. 지금 진양성(晉陽城)은 겉과 속이 서로 의지하여 기세가 산속의 호랑이 같습니다. 그런데 함께 합의하여 전진(前進)하지 않고 부질없이 사사로운 욕심에 사로잡혀 각각 자기 배만 채울 생각을 하고 있습니다. 장군은 지휘하여 명령하는 것이 없으며, 군사는 기율(紀律)이 없으며, 싸울 준비도 없이 안락(安樂)에 빠져 있으니, 어찌 나라를 위해 복수(復讐)를 하겠다는 뜻이 있겠습니까? 또 들으니 참서관(參書官)의 자질(子姪)과 형제(兄弟)들이 아비의 원수를 보복하고자 정계의 간당(奸黨)과 더불어 백방으로 의병을 무너뜨리기 위해 일본군과 출병을 모의하고 세작(細作)을 파견하여 허실을 정탐한다고 합니다. 이것은 틀림없는 형세입니다. 족하(足下)께서는 전혀 의지(意志)도 없이 한갓 한 조각 성(城)과 한 줄기 강(江)만 믿고, 같은 배 안의 적국(敵國)은 알지 못하니, 이 어찌 장군의 도리라 하겠습니까. 이것이 알 수 없는 세 번째입니다.

지금 이 세 개의 기회를 잃고, 세 개의 기피(忌避)해야 할 것을 범하고 있습니다. 남몰래 장군을 위해 개탄합니다. 즉각 잘못을 뉘우치고 깨닫지 않을 것 같으면 한 달이 못 되어 당연히 예측하지 못한 걱정이 있을 것입니다. 오직 의장(義將)은 신중(愼重)하십시오. 신중(愼重)하십시오.

6. 「밀칙(密勅)」과 「어칙후발(御勅後跋)」

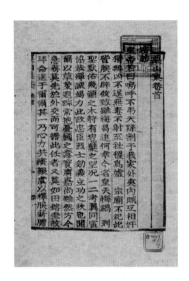

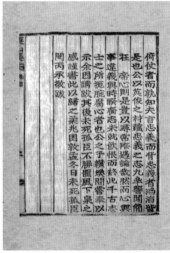

「밀칙(密勅)」

황제께서 말씀하셨다.

오호라! 하늘에게 가엾게 여김을 받지 못하여, 하늘이 우리나라에 해로움을 내리셨다. 외국 오랑캐와 국내 역적이 서로 간악한 짓을 하여 흉악한 일을 드러내지 않음이 없었고, 독을 쏘지 않음이 없었다. 사직이 빈터가 되고 종묘에 제사를 지내지 못하니 이것은 모두 짐의 탓이다. 비록 후회하지만, 어찌 추급하리오. 얼마나 다행인가? 지금 하늘이 재앙에 대해 후회하고, 열성조(列聖朝)께서 말없이 도우셔서, 거의 쓰러져 가던 나무가 장차 새싹이 나려는 희망이 있게 되었다. 더구나 한두 명의 노부(父老)[31]가 함께 협동하고, 정성과 힘을 다 기울이고 있으니, 지금은 바로 충신열사(忠臣烈士)가 의기를 드러내고 공을 세우는 때이다.

듣건대 그대는 초야에 사는 시골 사람으로 항상 나라를 걱정하는 마음을 가지고 있다고 하니 실로 가상하다. 그러나 지금의 급무(急務)는 외교(外交)보다 앞서는 것이 없는데, 이 임무를 맡을 사람으로 전용규(田鎔圭) 만한 사람이 없다. 그래서 너에게 명하노니, 너는 마음과 힘을 하나로 하여 함께 어려움과 근심을 해결하라. 짐의 와신상담(臥薪嘗膽)하는 한(恨)을 풀도록 하라.

갑인 2월 27일
덕수궁
전상무(田相武)가 열어보라.
(황색 종이에 마패를 찍음, 겉봉 전면과 후면 글)

---

31 부로(父老) : 원문의 '고익(考翼)'은 노성한 사람으로서 일을 공경히 하는 사람을 말한다. 『서경』「대고(大誥)」에 "노성한 사람으로 일을 공경히 하는 자들이 기꺼이 '내 후손이 있으니 기업(基業)을 버리지 않을 것이다.'라고 말하겠는가.[厥考翼, 其肯曰: 予有後, 弗棄基]"라는 말에서 유래하였다.

「어칙후발(御勅後跋)」

오호라!

홍릉(洪陵)32 말년에 국운이 막혀서 온갖 괴변이 생겼다. 황제께서 마음이 초조하여 자나 깨나 영웅과 준걸을 생각하시고, 무릇 초야에 있는 선비들에게도 두루 자문하셨다. 이때 전율산(田栗山) 같은 분이 계셨으니, 초야의 소원한 곳에 계셨지만, 황제의 알아주심을 받았다. 가까운 신하를 보내 밀지(密旨)를 내리셨는데, 글자마다 슬픔이 담기고 구절마다 아픔이 담겨 있어서 차마 읽을 수 없으니, 귀신을 울릴 만하였다.

아! 그 당시에 귀한 친척이나 대신으로 의지할 만한 사람이 없지 않았다. 그러나 충의(忠義)를 말하면서 충의(忠義)를 배신하는 자가 그렇게 많을 줄 누가 알았으리오. 공은 빼어난 재주를 가지고 있으면서도 충의(忠義)의 뜻을 간직하였으니, 온 세상에 소문이 나고 황제의 마음에 선택되었다. 이것을 어찌 평범한 일로 우연히 논할 수 있으랴. 그러나 마음과 일이 어긋나고, 의기(意氣)와 때가 어긋나서 한을 품은 채 돌아가셨다. 이것은 천고의 뜻있는 선비들이 주먹을 불끈 쥐고 마음 아파할 일이다.

공의 아들 찬환(纘煥)이 일찍이 황제의 밀칙(密勅)을 받들고 와서 나에게 보여주며 그 뒤에 발문(跋文)을 써 주기를 청하였다. 죽지 못한 외로운 신하가 시경(詩經)의 비풍(匪風) 편과 하천(下泉) 편33의 감회를 이기지 못하여 삼가 이렇게 써서 준다.

병자(丙子)년 1월, 죽지 못한 외로운 신하 민병승(閔丙承)은 삼가 발문을 쓰다.

---

32 홍릉(洪陵) ; 고종 황제와 명성황후(明成皇后) 민씨의 능호이다. 여기서는 광무황제를 지칭하는 말로 사용되었다.

33 비풍(匪風)편과 하천(下泉)편 : 모두 『詩經』의 편명으로 주(周)나라가 쇠미해짐을 근심하고 예전의 태평성세를 그리워하는 내용을 담고 있다.

7. 「유사(遺事)」

「유사(遺事)」

아들 찬환(纘煥) 씀

부군(府君)은 성이 전씨(田氏)이고, 휘는 상무(相武)이다. 자는 순도 (舜道)이고, 호는 우경(寓耕)이다. 만년에 율산(栗山)이라 한 뜻은 정 자에 잘 간직되어 있다.

부군은 어릴 때는 남다른 성품이 있었고, 장성하여서는 체격이 뛰어 나고 용모가 빼어나 남달랐다. 백씨 경운공(耕雲公) 상직(相稷)과 함 께 기격(器格)이 똑같이 우뚝하였으므로 선고(先考)께서 매우 사랑하 였다. 단성(丹城)의 단계(丹溪)에 살 터를 잡은 것은 맹모삼천지교(孟 母三遷之敎)를 따른 것이고, 뒤에 고향인 모의[慕義 : 의령군 대의면 신전리에 있었던 모아리(毛兒里)의 다른 이름이다]에 돌아와 살았는 데, 이곳은 도구(陶丘) 이제신(李濟臣)과 미수(眉叟) 허목(許穆)의 문 집 안에 나오는 이른바 모아리(毛兒里)이다. 동쪽으로 자굴산(闍崛山) 을 짊어지고 서쪽으로는 지리산(智異山)을 대하고 있는데, 난석(亂石) 과 유수(流水)는 자못 경치가 장관이다. 선고께서 일찍이 삼대에 걸쳐 형제가 적었던 일에 대해 슬퍼하였는데, 두 아들이 태어났으니 마음 가득 기뻐하며 날마다 불러 좌우에 두고 면려(勉勵)하기를 "누가 우애 (友愛)롭지 않은가. 너희들은 더욱 돈독히 서로 닦고 함께 힘써 우리 가문을 번성하고 성대하게 하라."고 이르니 부군(府君)은 이 가르침을 받들어 형을 섬기기를 오직 삼가서 한결같이 춘진(春津)34의 집안에 서 행하던 우애를 실천하였다.

부군은 두 부모를 받들어 모심에 효성과 공경으로 지극히 하였는데

---

34 춘진(春津) : 춘진(椿津)이라고도 쓰는데 우애가 돈독한 형제를 대유하는 말이다. 남 북조 시대 후위(後魏)의 양춘(楊椿)과 양진(楊津) 형제가 있었다. 두 사람은 우애가 매우 돈독하여 양진이 자사(刺史)로 있을 적에 사철의 좋은 음식이 있으면 매번 서 울에 있는 형인 양춘에게 인편을 통해 음식을 부쳤으며, 만약 보내지 못했으면 먼저 입에 넣지 않았다고 한다. (『北史』, 卷41, 列傳「楊播」)

앞뒤의 상례를 모두 예식대로 하였다. 매양 기일(忌日)에는 반드시 먼저 제계(齊戒)하고 술과 고기를 먹지 않으며 꿇어앉아 밤을 지새우며 "한 해 한 번 제사를 감히 정성을 다하지 않을 수 있으리오."라고 하였다.

백씨(伯氏)가 일찍이 고을의 일로 서울에서 3~4년 머물렀는데, 공의 사사로운 부채(負債)가 산더미 같아서 모두 감당할 길이 없었다. 마침내 읍영(邑營)의 불같은 독촉을 받게 되었다. 공은 곤란과 위험을 피하지 않고 영읍(營邑)에 호소하고 3년 넘도록 도(道)의 경계를 넘어 앙진(仰津)에 머물렀다. 탄식하는 한 구절의 시에 "전에 강을 건널 때 얼음 얼었는데 지금 봄이 와 물길 열렸네."라고 하였다. 그때 집안의 살림은 오로지 유인(孺人) 손씨(宋氏)에게 맡겼는데 살림이 풍부하지 않았다. 그러나 유인(孺人) 또한 농사와 길쌈을 규획(規畫)하여 부군의 경비를 대어주었고 일을 해결하도록 하였다. 심지어 집과 솥을 팔아도 한 번도 원망치 않으니 부군은 매우 편안하게 여겼다. 그래서 큰댁으로부터 모든 제사(祭祀)를 옮겨와 모셨으며, 큰댁의 땔감과 양식이 부족하면 부군이 힘을 다해 주선하였다. 백씨가 죽자 장사지내는 절차에 따라 부군이 전력(專力)하였는데, 산을 매입(買入)하여 학봉(鶴峯)의 북쪽에 백씨 내외를 장사지내고 쌍영(雙塋)을 만들었다.

계사년(癸巳年) 봄에 비류(匪類)가 난을 일으키자 촌락에 미칠까 두려워하여 세 동리의 동민과 더불어 봉암(蜂巖)의 율등(栗嶝) 위 마고성(麻姑城) 옛터에 민보(民堡)를 쌓고 약간의 조약(條約)을 설치하였다.

병신년(丙申年) 봄에 부군은 나라에 왕후가 시해되고 머리를 깎는 변고를 애통히 여기고 창의의 일로써 노백헌(老栢軒) 정재규(鄭載圭)를 방문하여 서로 뒷일을 약속하고 돌아왔다. 노응규(盧應奎) 등이 진주(晉州)에서 의병을 일으키고 부군을 본 고을을 지키는 군사(軍師)의 임무를 맡겼다. 부군은 일이 여의치 못하다는 것을 알고 고사(固辭)하였다. 그러나 충분(忠憤)이 격발하여 또한 좌시하기 불가하였던 까닭에 본 고을에 내려가 두루 주선하였으며, 주선하다가 병정에게 체포되었다. 비록 칼과 창, 그리고 포환으로 겁박하였으나 무시하고 끝내 굽히지 않았다. 저들은 의롭게 여겨 드디어 석방하니 무사(無事)하였다.

계묘년(癸卯年) 봄에 부군은 군수 김영기(金永基)가 다시 향약을 설립하여 오가작통(五家作統)과 야조(夜操)[35]의 법을 고을에 적용하여 권선징악으로 방비를 하니 매우 효력이 있었다.

을사년(乙巳年) 변고(變故)가 있고 난 뒤에 숨어 살기로 하였다. 병오년(丙午年) 봄에 동지 몇 사람과 더불어 자굴산(闍崛山) 정상에 허물어진 암자를 수리하여 "청명산실(淸明山室, 자굴산의 옛 이름)"이라 하고 경전(經典)과 예법(禮法)을 토론하였다. 또 계를 만들어 강회(講會)의 비용으로 썼다. 얼마 후에 이상한 무리가 가끔 정탐하여 편안히 지내는 심정을 더럽히는 바가 있었다. 드디어 암벽 사이에 "청명유지(淸明遺址)" 네 글자를 새겨 두고 집 가까이 한적한 곳으로 옮겨와서 산에는 밤나무를 심고 율산정(栗山亭)을 세웠으니, 실제로 도연명의 마을이라는 뜻에서 취한 것이다. 또 마을의 아이들과 여러 족손들과 더불어 규약을 엄히 하고 삭망(朔望)에는 반드시 강회를 베풀었고, 그 사이에 예를 공부하고 그 진취를 살폈다. 항상 어린 나이에 공부하지 못한 것을 한으로 여기고 촛불을 밝히고 열심히 공부하며 소장들이 매진토록 하였다. 간재(艮齋)가 지은 글[36]에서 "독방율(獨房栗)"[37]이라 하였으니, 그 인정해주는 의미를 대체로 상상할 수 있다.

부군은 국사에 통분하여 문을 닫고 뜻을 잃었다. 문충공(文忠公) 연재(淵齋) 송병선(宋秉璿)의 순국과 대부(大夫) 면암(勉庵) 최익현(崔益鉉)의 대마도에서 죽음을 듣고 제문을 지어 그 슬픔과 추모를 지극히 하였다.

---

35 야조(夜操) : 야간에 행하는 군사훈련.
36 간재(艮齋)가 지은 글 : 간재(艮齋) 전우(田愚)는 율산정(栗山亭)에 관해서 쓴 「題栗山亭額字後」에서 '독방율(獨房栗)'을 언급한 바 있다.(『艮齋先生文集』前編續, 卷之五)
37 독방율(獨房栗) : 하나의 밤송이에 하나만 들어 있는 외톨밤을 지칭한다. 혼탁한 세상에 물들지 않고 특립독행(特立獨行)하는 태도를 칭찬한 말이다.

기유년(己酉年) 봄 활산(活山) 선비들의 통문(通文)을 받고 여러 고을의 선비들과 존화계(尊華契)를 만들어 만동묘(萬東廟)의 향례(享禮)를 받들었다. 얼마 뒤에 다른 사람의 저지를 받고 향례를 폐지하게 되었으나 부군은 시암(是菴) 이직현(李直鉉), 백관형(白觀亨), 박태형(朴泰亨), 송주헌(宋柱憲), 최병심(崔秉心) 제공과 함께 향례의 회복을 맹서하였다. 괴산옥(槐山獄)에서 욕을 보게 되었으나 굽히지 않았으니 뒤에 간원(簡員)이 향례를 연 것도 그때 힘쓴 덕분이다.

경술년(庚戌年) 나라가 망한 뒤에 부군은 호적(戶籍)을 거부하였다. 은사금(恩賜金)을 물리쳤으며 묘적법(墓籍法)을 거부하여 여러 번 독촉을 받았으나 끝내 굽히지 않고 금문(金文)을 물리치며 "사람에게 나라는 빼앗기 쉬워도 사람의 뜻은 빼앗기 어렵다."라고 말하였다.

계축년(癸丑年) 가을 부군은 선대의 자취를 고증하기 위해 계화도(繼華島)에 가서 간재(艮齋) 선생을 배알하였다. 부안(扶安)의 문중 사람 희순(熙舜)과 함께 관서(關西)로 가는 데 대한 선생이 지어준 시가 있다. 지나간 곳은 운봉비전(雲峰碑殿)을 비롯하여 한양(漢陽), 송경(松京), 평양(平壤) 모두에 회고시(懷古詩)가 있다. 국경을 넘어 고향 친구 수찬(修撰) 안효제(安孝濟)를 접리수촌(接梨水村) 우소(寓所)로 방문하고, 정언(正言) 노상익(盧相益), 강재(剛齋) 이승희(李承熙)와 함께 여러 명승지를 찾아가 여러 날을 보내며 회포를 논하고 돌아왔다.

갑인년(甲寅年) 2월 27일 고종황제(高宗皇帝)가 부군(府君)이 충의(忠義)를 품고 있다는 것을 알고 옛날 별입시(別入侍) 전용규(田鎔圭)에게 명하여 밀칙(密勅)을 내렸다. 그 밀칙에 이르기를 "오호라! 하늘에게 가엾게 여김을 받지 못하여, 하늘이 우리나라에 해로움을 내리셨다. 외국 오랑캐와 국내 역적이 서로 간악한 짓을 하여 흉악한 일을 드러내지 않음이 없었고, 독을 쏘지 않음이 없었다. 사직이 빈터가 되고 종묘에 제사를 지내지 못하니 이것은 모두 짐의 탓이로다. 비록 후회하지만, 어찌 추급하리오. 얼마나 다행인가? 지금 하늘이 재앙에 대해 후회하고, 열성조(列聖朝)께서 말없이 도우셔서, 거의 쓰러져 가던 나무가 장차 새싹이 나려는 희망이 있게 되었다. 더구나 한두 명의 부로(父老)[38]가 함께 협동하고, 정성과 힘을 다 기울이고 있으니, 지금은 바로 충신열사(忠臣烈士)가 의기를 드러내고 공을 세우는 때이다. 듣건대 그대는 초야에 사는 시골 사람으로 항상 나라를 걱정하는 마음을 가지고 있다고 하니 실로 가상하다. 비록 그러하나 지금의 급무(急務)는 외교(外交)보다 앞서는 것이 없는데, 이 임무를 맡을 사람으로 전용규(田鎔圭) 만한 사람이 없다. 그래서 그대에게 명하노니, 그대는 마음과 힘을 한결같이 하여 함께 어려움과 근심을 해결하여 짐의 와신상담(臥薪嘗膽)하는 한(恨)을 풀도록 하라."고 하였다. 부군은 밀칙을 받들고 황공하여 더욱 보답하기를 생각하였으나 그물처럼 빽빽한 끝없는 틈이 생기고 몸 또한 늙고 병들어 감당할 힘이 없음을 한탄하여 마침내 문을 폐쇄하고 흐느껴 울면서 종신토록 헌정(獻靖)하였다.

부군은 간재(艮齋) 선생과 십수 년을 함께 지내고, 을묘년(乙卯年)에 비로소 팔회시(八悔詩)를 지어 제자의 예를 올리니 선생이 사양하였다. 또 족손 기진(璣鎭)을 매개로 간청하였는데, 기진(璣鎭)이 돌아와 간재의 말씀을 전하기를 "우경(寓耕)이라는 사람의 도량과 재능은 나보다 앞서는 것이 진실로 많으나 다만 학문과 지식이 조금 모자랄 뿐이므로 서로 처신함에 예를 다했고, 나의 마음도 미안하여 내가 사양하는 것이 좋겠다."라고 했다. 그러나 편지를 보내 말하기를 "종씨(宗氏)는 영남과 기호지방에서 노성(老成)한 선비이십니다. 사우(士友)들이 떠받들고, 다른 무리도 경탄(敬憚)합니다. 삼가 옛사람들처럼 이른바 스승과 벗을 겸하는 사람으로 대접하겠습니다."라고 하였다. 뒤에 매양 진현(進見) 하면, 말함에 공경함을 느슨하게 하지 않고, 절

---

38 부로(父老) : 원문의 '고익(考翼)'은 노성한 사람으로서 일을 공경히 하는 사람을 말한다. 『서경(書經)』「대고(大誥)」에 "노성한 사람으로 일을 공경히 하는 자들이 기꺼이 말하기를 '내 후손이 있으니 기업(基業)을 버리지 않을 것이다.'라고 하였다. [厥考翼, 其肯曰:子有後, 弗棄基.]"라는 말에서 유래하였다.

하면 반드시 예로써 답하니, 대체로 여러 제자와 달리 보았다. 이에 지역 안의 사우들이 모두 의춘(宜春)의 전우경(田寓耕)이 큰덕이 있는 것을 알았다. 지산(志山) 김복한(金福漢)이 말하기를 "평소에 존양지의(尊攘之義)를 강의하시더니, 간재가 노우(老友)로 대접하였으니 그 현명함을 가히 알겠더라."라고 하였다.

무오년(戊午年) 광무황제(高宗皇帝)가 붕어(崩御)하자 처음 향리에서 곡을 하고 상복을 입었다. 사람들이 상복을 입지 않으려 한다는 말을 듣고 문득 눈살을 찌푸리며 불쾌하게 말하기를 "저들이 진실로 무슨 마음으로 차마 우리 임금에게 그렇게 하는가? 선황제(先皇帝)를 이처럼 모신다면 후황제(後皇帝)는 그들을 난적(亂賊)으로 알 것이 분명하다."라고 하며 마침내 준엄한 말로 배척하였다.

부군은 어진 사람을 받들어 모시는 일과 조상을 위하는 일에 지극히 하지 않음이 없었다. 일찍이 퇴계 선생의 존덕재계(尊德齋契)를 만들었다. 그 일이 있기 전에 조정에서 서원을 철폐한 뒤에 명륜당 옆에 존덕재(尊德齋)를 세웠는데, 한 고을이 함께 수호했다. 뒤에 와서 수호하지 않으려는 논의가 있어 덕곡(德谷)에 사당을 분리하였으니 부군은 부득이 이렇게 하였다. 또 도구(陶丘) 이제신(李濟臣) 선생을 위하여 한천정(寒泉亭)을 세우고, 계안(契案)을 만들고, 실기(實記)를 간행하였다. 일찍이 세보(世譜)를 다시 닦고 선조 경은(耕隱) 전조생(田祖生)의 실기(實記)를 중간하였다. 또 담양향교 앞에 삼은선생유허비각(三隱先生遺墟碑閣)을 건립하였고, 또 문장과 학식이 뛰어난 사람을 찾아가 운암(雲菴) 전훈(田勳)과 죽림(竹林) 전시국(田蓍國) 같은 선조의 예묘문(禰墓文)을 청하여 받았다.

부군은 스스로 간재 선생을 찾아뵌 이후로 처(妻)를 손님 같이 대하였는데, 초하루와 보름날과 출입할 때에 반드시 서로 절하고 읍하였다.

부군은 스승에게 배운 성(性)과 사(師)의 뜻을 강구(講究)하였다. 일찍이 말씀하기를 "이것은 옛 현인(賢人)이 자기의 마음[己心]은 엄한 스승[嚴師]39이라고 한 것과 함께하니, 서로 밝혀내어 어긋남이 없다. 대개 심(心)은 성(性)에 있다. 심(心)으로 성(性)을 스승 삼는 것은 공(公)에 근원한 것이고, 자신의 심(心)으로 스스로 스승으로 삼는 것은 사(私)에서 생겨난 것이다. 심(心)을 스승 삼으면 쉽게 어긋나고, 성(性)을 스승 삼으면 어긋나지 않는다. 이러한 선생님의 말씀은 진실로 사문(斯文)에 공(功)이 있다. 이미 심(心)을 으뜸으로 삼는 것을 통렬하게 배척하여 말씀하였다. "저들이 심(心)을 이(理)라고 인식하여 우리 문파에서 말하는 '심(心)은 기(氣)에 속하며 일부분이다'라는 말을 배척한다. 기학(氣學)을 하면 나라를 망하게 한다고 하지만, 내가 보건대 아마도 그들 자신을 말한 것이다. 금계(金谿) 육구연(陸九淵)과 40 요강(姚江) 왕수인(王守仁)41은 심즉이(心卽理)를 인정하지 아니하였는데, 어찌하여 마침내 금(金)나라가 들어와 주인이 되는 일을 초래하였는가? 이것은 마땅히 거울삼아 경계하여야 하는데도 지난 잘못이 반복되었다. 스스로 이학(理學)을 한다고 하면서도 나라가 망함에 이르러서는 바쁘게 삶을 얻으려고 오랑캐에게 글을 쓰고 머리 깎는 일을 받아들임도 꺼리지 아니한다. 나라를 망친 명분을 다른 사람에게 돌리는 것은 괴이하지 아니한가? 양신(楊愼)42과 기균(紀勻)43 무리는 정

---

39 자기의 마음[己心]은 엄한 스승[嚴師] : 『心經附註』 권2에 "장재(張載)가 말하되 '마음을 바루는 초기에는 자신의 마음을 엄한 스승으로 삼아야 한다.[張子曰 正心之始 當以己心爲嚴師]"라는 말이 있다.

40 금계(金谿) : 강서(江西) 금계(金谿) 출신의 송대(宋代) 학자 육구연(陸九淵)을 지칭한다. 육구연(陸九淵)은 자가 자정(子靜), 호가 상산(象山)이다. 육구연은 전적으로 실천에 힘쓰고 강학(講學)을 전부 폐하며 돈오(頓悟)로서 종지(宗旨)로 삼았으니, 일찍이 주희(朱熹)가 "육씨의 종지는 본래 선학(禪學)에게서 나왔다."라고 말하였다.

41 요강(姚江) : 절강(浙江) 요강(姚江) 출신의 명(明)나라 유학자 왕수인(王守仁)을 지칭한다. 그는 호가 양명(陽明)이며, 지행합일설(知行合一說)과 치양지설(致良知說)을 주장하여 주자학파(朱子學派)와 서로 다투었는데, 세상에서는 그의 학파를 요강학파(姚江學派)라 불렀다.

42 양신(楊愼) : 명(明) 나라 학자. 자는 용수(用修), 호는 승암(升菴). 정주(程朱)의 이학(理學)과 육왕(陸王)의 심학(心學)을 반대하였다. 저서에는 승암집(升菴集) 81권이 있다.

43 기균(紀勻) : 청(淸)나라 학자 기윤(紀昀)을 지칭한다. 우리나라에서 기균(紀勻)이

주학(程朱學)을 배척하여 천하를 망친 자이다."

부군은 31세에 비로소 아들 하나가 있어 의(義)로써 가르쳤다. 바야
흐로 허물이 있으면 반드시 심히 책망하였고, 혹 스스로 잘못하였다
생각하여 스스로 매질하고 문을 닫고 음식을 끊었다. 아내가 놀라 사
죄하여 다시 그리하지 않겠다고 굴복한 연후에 바야흐로 문을 열고 식
사하러 갔다.

부군은 내외의 분별을 엄히 하여 일이 없으면 무상으로 출입하지 않
았다. 또 간편한 옷을 입고서 안으로 들어가지 않았다.

부군은 자질(子姪)들을 훈육함에 매양 한소열(漢昭烈)을 일컬어 "악
(惡)이 적다고 하지 말며, 선(善)이 적다고 하지 말라는 말은 진실로 성
인(聖人)의 말씀이다. 이 말씀은 일찍이 선고(先考)로부터 배운 것인
데 평생 면려(勉勵)하였으나 미치지 못했다. 너희들은 그것을 알아야
한다."라고 하였다.

부군은 어릴 때 문중 사람 초곡(初谷) 전은환(田殷煥)과 함께 과거
시험장에 들어갔는데 사람들이 모두 피하며 "두 사람의 큰 힘이 가히
두렵다."라고 하였다.

부군은 체구(體軀)가 크고 기량(器量)이 넓고 깊어 여러 사람이 모
인 곳에서는 우뚝하기가 산악(山嶽)과 같고 깊이가 하해(河海)와 같아
사람들이 모두 두렵게 생각하였다. 숨을 죽이고 있던 것이 풀리고, 기
운이 풀리기 시작하면, 큰 소리로 말하여 그치지 않는 것은 끝부분의
모습이다. "예 예"라고 말하고 곱게 복종하는 것이 먼저이고, 완강하게
다른 의견을 내놓는 것은 나중이다. 모임에서 의견이 일치하여 가만히
탄식하였으니 당세에 사람들이 필적하기 드문 인물이라고 하였다.

부군은 덕성(德性)이 혼전(渾全)하고 위의(威儀)가 정숙(整肅)하며
언어(言語)가 간묵(簡黙)하였다. 평생 일찍이 다른 사람의 과실(過失)

라고 기록하는 것은 경종(景宗)의 휘(諱)가 '윤(昀)'이므로 이를 피휘한 것이다. 기윤
(紀昀)은 『사고전서(四庫全書)』의 총 편찬을 맡았던 학자이다.

을 말하지 않았지만, 윤리와 고하의 질서를 잡는 것에 관련되지 않은 것은 대부분 용서하였다. 비록 완고한 악인이 일부러 부군에게 거슬리게 하더라도 담담하게 자제하여 얼굴빛을 바꾸지 아니하였으니 그 사람은 바로 뉘우치고 깊이 사죄하였다. 그리고 서로 말하기를 "지금 세상에 황숙도(黃叔度)**44**와 같이 천 이랑의 물결처럼 마음이 넓은 사람을 다시 볼 줄 몰랐다."라고 하였다.

부군은 철종 신해년(辛亥年) 2월 14일 묘시(卯時)에 의령(宜寧) 칠곡리(七谷里) 집에서 태어나 융희(隆熙) 갑자년(甲子年) 7월 9일 사시(巳時)에 행정(杏亭)의 잠자리에서 생을 마치니 향년 74세였다. 이날 홀연히 문 앞의 비자나무, 은행나무, 버드나무의 세 종류 나무가 부러졌다. 동네 사람들이 철인(哲人)의 죽음에는 알려주는 것이 있다고 하였다. 10월 사우들이 모여 학일봉(鶴翼峯) 동쪽 산기슭 유좌(酉坐)에 장사지냈다.

---

44 황숙도(黃叔度) : 후한(後漢) 낙양(洛陽) 사람인 황헌(黃憲)으로 인품이 훌륭하기로 소문이 났다.

8. 「행장(行狀)」

「행장(行狀)」

우리 간재 선생의 문하에 기록에 드러난 자는 수천 명이나 만년에 얻은 우경(寓耕) 전공(田公)은 가장 호걸스러운 사람으로 알려져 있다. 공의 이름은 상무(相武)이고, 자는 순도(舜道)이며, 우경(寓耕)은 그 호이다. 만년에 정자를 세우고 의리를 숨기기 위해 천 그루의 밤나무를 둘러 심고 호를 율산(栗山)이라 했는데, 선생은 청성산(淸城山)의 독방율(獨房栗)이라고 우뚝함을 칭찬하였다.

담양(潭陽) 전씨(田氏)는 고려 충원공(忠元公) 득시(得時)가 시적(始籍)하였고, 대대로 관료로 세상에 드러났다. 경은(耕隱) 문원공(文元公) 조생(祖生)에 이르러 또 학술(學術)로 드러났는데, 백씨와 중씨인 야은(野隱) 문명공(文明公) 녹생(祿生), 뢰은(耒隱) 문혜공(文惠公) 귀생(貴生)과 함께 춘추(春秋)의 큰 뜻과 유신(遺臣)의 곧은 절개로 삼은선생(三隱先生)이라 불리었다. 대제학(大提學) 자수(子壽)는 고려의 정치가 어지러워지자 평해(平海)로 물러나 은거하였다. 본조(本朝)가 일어나고 유(柔)는 헌납(獻納)이었는데 칠원(漆原)으로 이사하였다. 훈(勳)은 단종과 세조 때에 유일(遺逸)로 부사과(副司果)와 현감(縣監)으로 천거되었으나 모두 나아가지 않고 의령(宜寧)으로 이사하였는데 조손(祖孫)이 모두 이조판서(吏曹判書)에 추증되었다. 시국(蓍國)은 남성(南城)이 함락된 병자 이후 무재(茂才)로 천거되었으나 나아가지 않았다. 군자로서『주역(周易)』고괘(蠱卦) 상구(上九)[45]의 뜻을 따라 죽림정사(竹林精舍)에 거주하였는데, 오늘날에 이르러 우뚝하니 공의 7세조이다. 휘 맹우(孟雨), 덕록(德祿), 유경(有儆), 규봉(奎鳳)은 공의 고조, 증조, 조부, 부이다. 어머니는 안동권씨(安東權氏)로 그 부는 통덕랑 기하(箕夏)이다.

---

45 『주역(周易)』고괘(蠱卦) 상구(上九) : "왕후를 섬기지 않고 그 일을 고상히 한다. [不事王侯 高尙其事]"라는 말이 있다. 선비가 세상에 나가 임금을 섬기지 않고 자신의 몸을 깨끗이 하는 것을 말한다.

공은 철종황제(哲宗皇帝) 신해생(辛亥生)으로 어릴 때 재능과 지혜가 뛰어나 남달랐고, 점점 장성하며 가정의 교훈을 받아 형제가 특별히 사랑하였다. 이로부터 백씨와 더불어 우애가 더욱 돈독하여 평생정의(情誼)가 있어 춘진(春津)의 집안에서 행하던 우애가 있었다. 옛날 하던 대로 부모를 사랑과 공경으로 봉양할 집을 갖추었고, 상사의애도에 예를 다했다. 부모의 제삿날에는 미리 제계(齊戒)하고 주육(酒肉)을 금하며 앉아서 밤을 새웠다.

백씨가 일로 서울에 여러 해 머물렀는데, 거액의 부채로 송사를 만나게 되었다. 공은 재산을 던져 대신 부채를 갚아주었으며, 백씨를 모시고 이웃하여 살았다. 백씨가 살아있을 때는 제사를 돕고 살림을 경영하였고, 죽었을 때는 수의(襚衣)를 구비하고 무덤을 준비하는 데에 마음과 힘을 다하였다. 간옹(艮翁)을 만난 이후로는 부인을 손님처럼 공경하고, 출입할 때와 삭망(朔望)에는 반드시 배읍(拜揖)하였다. 일찍이 간편한 옷을 입고 내실에 들어가는 일이 없었고, 가정을 엄히 다스려 내외를 분명히 하였다. 자식이 올바른 길로 가게 가르쳐 바야흐로 허물이 있으면 용서하지 않고, 문을 닫고 목용(繆肜)의 고사46로 자책하니 부인이 황공하여 죄를 인정하면 비로소 문을 열고 음식을 올리도록 하였다. 매일 한나라 소열제(昭烈帝)47가 후제(後帝)48에게 내린 조칙의 어훈(語訓)을 자질(子姪)에게 가르쳐 오랑캐의 풍속을 엄히 금하였고, 조상을 모시고 옛 현인을 존숭하는데 성심을 다하도록 하였다. 선대의 정리하지 못한 대보(大譜)와 삼은(三隱)의 유허비각(遺墟

---

46 목용(繆肜)의 고사 : 한(漢)나라 여남(汝南) 사람 목용(繆肜)이 일찍이 부모를 여의고 형제 네 사람이 한집에서 살았다. 형제가 각각 장가듦에 여러 아내가 모두 각 살림을 나려 하고 또 자주 다투었다. 목용이 깊이 애달프게 여겨 이에 문을 닫고 스스로를 때리며 꾸짖어 말하기를, "목용아, 네가 몸을 닦고 행실을 조심하여 성인의 법을 배우는 것은 장차 풍속을 정제(整齊)하려 함이거늘, 어찌하여 능히 그 집을 바로잡지 못하느냐?" 하였다. 그러자 여러 아우와 아내들이 모두 머리를 조아려 사죄하고 드디어 서로 화목하게 지냈다는 고사.
47 중국 촉한의 시조인 유비(劉備)의 시호.
48 유비의 아들인 유선(劉禪)

碑閣)을 이루었고, 퇴계선생(退溪先生)의 존덕재(尊德齋)를 수호하고, 도구선생(陶丘先生)의 실기(實記)를 간행하였으니 그 행의의 돈독함이 이와 같았다.

공은 키가 크고 모습은 위엄이 있어 산악처럼 우뚝하였고, 국량(局量)은 넉넉하고 힘이 넘쳤다. 어릴 때 친족 은환(殷煥)과 함께 과거 시험장에 이르러 문을 열고 들어가니 여러 사람이 피하였다. 덕성(德性)은 근후(謹厚)하고 위의(威儀)가 정숙(整肅)하였으며 일찍이 다른 사람의 과실을 말하지 않았다. 그러나 윤상(倫常)과 화이(華夷)에 관련된 일에는 반드시 엄격한 말로 바로 잡았으니 여러 사람이 사랑하고 두려워하였다. 세상이 변한 뒤부터 충의로 격분하여 보국하고자 하였다.

계사년(癸巳年) 비류(匪類)가 창궐하자 사람들을 선도하여 민보(民堡)를 쌓고 조약(條約)을 설치하여 방어하였다. 을미년(乙未年) 왕후가 시해되고 머리를 깎는 변고에 비분강개(悲憤慷慨)하여 눈물을 뿌리며 복수(復讎)하고 설치(雪恥)하기 위해 창의를 모의할 때 노응규(盧應奎)가 먼저 진주(晉州)에서 의병을 일으켜 군사를 파견하여 의령을 지켰다. 공은 군사(軍師)로서 격문을 발하고 기다렸는데, 적군이 갑자기 들이닥치니 무리는 무너지고 흩어졌다. 공은 잡혀서 굽히지 않고 항의하며 진중에 묶여서 갇히게 되었는데, 갑자기 진주 의병부대가 도착하니 적군이 놀라 무너졌고, 공은 탈출하였다.

을사년(乙巳年) 강제조약의 변고가 있고 나서 자굴산(闍崛山)에 들어가 풀을 엮어 집을 짓고 가까운 사람들을 모아 수신(守身)의 법을 강의하였는데, 왜인들이 의심하여 정탐하기를 그치지 않았다. 마침내 자굴산을 나와 뒷산에 머물며 자손들과 고을 청년들을 가르치고, 강학과 예를 익힘에 규약을 엄히 하였으니, 그곳이 율산정(栗山亭)이다.

문충공(文忠公) 송병선(宋秉璿)이 순국하고 면암(勉菴) 최익현(崔益鉉)의 유해가 대마도에서 돌아오자 모두 제문을 지으니 그 슬픔이 지극하였다. 경술년 나라가 망하자 호적법(戶籍法)과 묘적법(墓籍法)

을 거부하고 은사금(恩賜金)을 물리쳐 받지 않아 여러 번 곤욕을 당했다. 왜에게 서신을 보내 "사람에게 나라는 빼앗기 쉬워도 사람의 뜻은 빼앗기 어렵다."라고 말하였다.

계축년(癸丑年)에 바다로 들어가 간재 전우를 배알하고 출처(出處), 은현(隱見), 수신(守身), 위학(爲學)의 설명을 자세히 들었다. 그리고 서쪽으로 천리 한양(漢陽), 송경(松京), 기성(箕城) 등지를 두루 방문하였는데 모두 풍천(風泉)49 맥서(麥黍)50의 시(詩)가 있다. 마침내 국경을 넘어 청나라 땅에서 수찬(修撰) 안효제(安孝濟), 정언(正言) 노상익(盧相益), 참봉(參奉) 이승희(李承熙)를 방문하여 나라를 떠난 나그네의 한을 위로하고 다소의 뜻 있는 일을 논의하고서 돌아왔다.

을묘년(乙卯年)에 간재(艮齋) 전우(田愚)를 스승으로 삼았다. 공은 젊은 시절 학문에 충실하지 못했던 것을 한스럽게 여기고, 나이가 들어 촛불을 밝히고 열심히 공부하였다. 한결같이 성인이 남긴 법도를 따르고 언제라도 열심히 노력하였고, 부지런히 공부하느라 자신의 늙음을 잊어버렸다.

무오년(戊午年) 가을 명나라 황제의 만동묘(萬東廟) 제향 철폐에 공은 여러 동지와 더불어 제향의 복구를 모의하다가 체포되어 왜의 감옥에 갇혀 오랫동안 왜에게 굽히지 않다가 향리로 송환되었다. 이해 겨울 임금의 상사(喪事)를 당해 고을 사람들에 앞서 곡을 하고 상복을 입기를 제창하였는데 이견을 말하는 자가 있다는 것을 듣고 모두 난적(亂賊)으로 배척하였다. 공은 뛰어난 큰 인물로 특히 충신(忠信)과 독후(篤厚)한 행동이 넘치고, 재간과 능력이 자신에게 많았으며, 신의(信義)는 다른 사람에게 믿음을 주었다. 원근의 평판이 한결같이 좋은 방

---

49 풍천(風泉) : 풍천(風泉)은 『시경』 「비풍(匪風)」과 「하천(下泉)」을 말하는데, 모두 망한 왕조를 탄식하는 내용이 담겨 있다.

50 맥서(麥黍) : 기자(箕子)가 은(殷)나라의 폐허를 보고 불렀다고 하는 노래인 「맥수가(麥秀歌)」와 주나라의 대부(大夫)가 폐허가 된 호경(鎬京)을 보고 불렀다는 『시경(詩經)』 「서리(黍離)」를 말한다.

향으로 귀결되어 위로 구중궁궐(九重宮闕)에 알려지게 되었다. 태상황제(太上皇帝)께서 일찍이 옛날 별입시(別入侍) 전용규(田鎔圭)에게 명하여 밀칙(密勅)을 내려, 자신의 잘못을 견책하고 공의 충의를 면려하여 함께 어려움을 구제하고 와신상담(臥薪嘗膽)의 한을 풀기 바란다고 하였다. 공은 칙명을 받고 황감하여 몸 둘 곳을 알지 못하고 있었다. 이때는 갑인년(甲寅年) 봄이었는데, 천지가 뒤집힌 지 이미 몇 년이 흘렀다. 전용규(田鎔圭)에 대해서는 또한 그의 평생의 본말(本末)에 대해 전혀 알지 못하였으니, 홀로 충성심을 가지고 계속 힘쓰고 있었지만, 감히 갑자기 승낙하지는 못하였다.

칙명을 받고 문을 닫고 밤낮으로 슬피 울고 있었는데, 홀연히 전씨의 피살 소식을 듣고 더욱 계책을 세울 수가 없었다. 아픔을 참고 원통함을 머금은 채 경전을 안고 깊은 산에 들어가 세상에서 숨었다. 슬프고 비통하다. 비록 그러하나 공은 사람으로서는 벼슬하지 않은 선비이고, 나이로서는 늙은이였으며, 일찍이 보잘것없는 권력도 없었으니, 사직을 수호할 책임을 맡기에는 마땅치 아니하였다. 천지가 단절되자 은의(隱義)로써 선왕에게 충성을 바치고자 몸을 깨끗이 하고 유문(儒門)에 귀의(歸依)하여 노년에 독학(篤學), 수신(守身), 수례(守禮)를 세도(世道)의 표준으로 삼고 사림(士林)에 밝은 빛을 더하였다. 이것은 세상을 유지하여 지키는 방법의 큰 본령(本領)이었다. 어찌 장부가 무기와 갑옷을 입고 죽을지라도 후회하지 않는다는 것과 같은 차원에서 말할 수 있으랴.

정자(程子)가 말하기를 "늙어서 학문을 좋아하니 더욱 사랑스럽다."라고 하였다. 후세의 선비가 그 말을 이어서 "어지러운 세상에 학문을 좋아하니 더욱 공경스럽다."라고 하였다. 공은 사람들이 사랑하고 공경하는 것을 실행함이 남보다 더 늦은 나이에 있었다. 공은 스승이 말한 성(性)을 스승으로 삼는다는 뜻에 열복(悅服)하여 속된 유생들이 심(心)을 으뜸으로 여기는 학문을 통렬히 배척하였다. 그래서 '심(心)

을 스승으로 삼으면 실수하기 쉽고, 성(性)을 스승으로 삼으면 도리에 어그러지지 않는다.'라는 스승의 한마디 말씀이 사문(斯文)에 큰 공적이 있다고 하였다.

융희(隆熙) 갑자년(甲子年) 7월 9일 죽으니 나이가 74세였다. 학봉(鶴峯) 유좌(酉坐)의 정서 쪽을 등지고 앉은 터에 장사지냈다. 유인(孺人) 송씨(宋氏)의 묘는 아래 있다. 송씨(宋氏)는 은진인(恩津人) 충환(忠煥)의 딸로 쌍청당(雙淸堂) 유(愉)의 후손이다. 태어나고 죽은 것은 모두 공(公)보다 앞선 6년과 7년이다. 아들 하나는 찬환(纘煥)이고, 딸 둘은 안영호(安永昊)와 정방석(鄭邦錫)에게 시집갔다. 손자는 남녀 5인으로 기진(麒鎭), 봉진(鳳鎭), 귀진(龜鎭), 용진(龍鎭)과 딸은 정병석(鄭秉晳)의 처이다. 기진(麒鎭)의 아들은 용오(溶隩)이고 나머지는 어리다. 찬환(纘煥)씨가 내가 공의 동문(同門)이고 평소에 공의 높은 절개를 인정하였다고 해서, 나를 찾아와 행장(行狀)을 부탁한 지가 여러 해 되었다. 또 기진(麒鎭)이 천 리나 되는 벽지의 산방(山房)을 찾게 하니, 옛날의 상처를 생각하며 지금 눈물을 닦고 붓을 휘둘러 글을 써서 입언(立言)해줄 사람을 기다린다. 공이 죽은 지 11년 갑술(1934) 7월 수양(首陽) 오진영(吳震泳)이 쓰다.

9.「묘갈명(墓碣銘)」

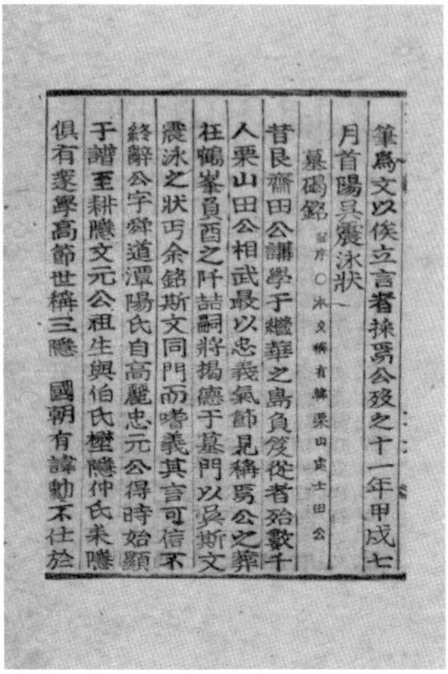
筆爲文以俟立言者拚焉公歿之十一年甲戌七
月首陽吳震泳狀
墓碣銘 幷序○本文稱有韓栗山處士田公
昔艮齋田公講學于繼華之島負笈從者殆數千
人栗山田公相武最以忠義氣節見稱焉公之葬
在鶴峯負酉之阡詰嗣將揭德于墓門以吳斯文
震泳之狀丐余銘斯文同門而嗜義其言可信不
終辭公字舜道潭陽氏自高麗忠元公得時始顯
于譜至耕隱文元公祖生與伯氏壄隱仲氏耒隱
俱有邃學高節世稱三隱 國朝有諱勳不仕於

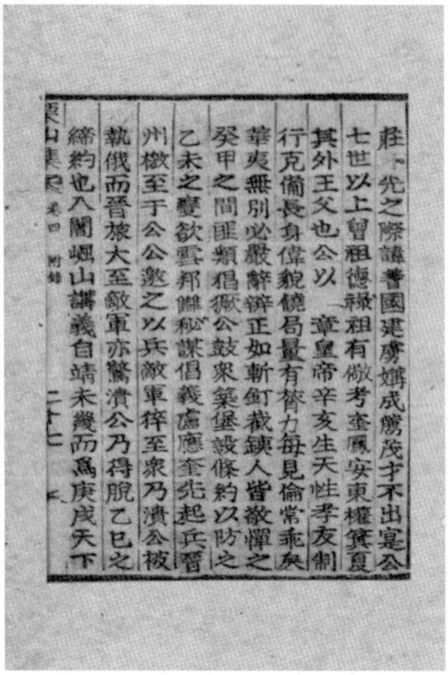
莊 先之際謹菴國建虜媾成廣茂才不出寔公
七世以上曾祖德祿祖有徹考奎鳳安東權寶夏
其外王父也公以 章皇帝辛亥生天性孝友制
行克備長身偉貌饒局量有膂力每見倫常乖棄
華夷無別必嚴辭辨正如斬釘截鐵人皆敬憚之
癸甲之間匪類倡獗公鼓衆築堡設條約以防之
乙未之變欲雪邦讎秘謀倡義慮應奎先起兵晉
州徼至于公公邀之以兵敵軍猝至衆乃潰公被
執俄而晉旅大至敵軍亦驚潰公乃得脫乙巳之
締約也入闍崛山講義自靖未幾而爲庚戌天下
艮山集 卷四 附錄 二十七

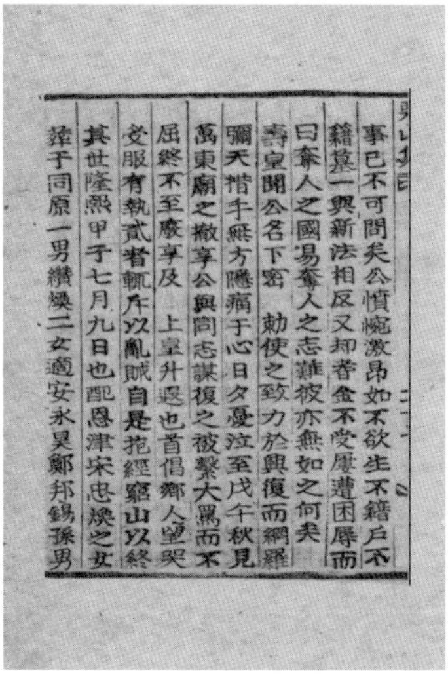
艮山集 卷四
事已不可問矣公憤惋激昂如不欲生不籍戶不
籍墓一與新法相反又抑沓金不受屢遭困辱而
曰奪人之國易奪人之志難彼亦無如之何矣
壽皇聞公名下密 勅使之致力於興復而網羅
彌天措手無方隱痛于心日夕憂泣至戊午秋見
爲東廟之撤享公與同志謀復之被繫大罵而不
屈終不至廢享及 上皇升遐也首倡鄉人望哭
受服有執貳者輒斥以亂賊自是抱經竆山以終
其世隆熙甲子七月九日也配恩津宋忠煥之女
葬于同原一男纘燮二女適安永昊鄭邦錫孫男

四人嗚呼公稟陽剛之性懷忠義之心而奉丁寧
惻怛之 詔思欲大酺經綸一洗氛祲而手無尺
寸之柄竟飮恨而歿知公者莫不蓋然而悲傷然
氣節之撑天者足以有辭於後世一時事功之成
與否不須論也艮翁嘗以青城獨房栗擬諸公栗
山之號蓋以此云銘曰
玉雖碎而不改其貞金雖鑠而反增其精瞻彼亙
古之日星莫曰天地之晦冥峨峨鶴峯風水淸淑
恨人奮筆昭揭萬目
丙子重陽通政大夫前秘書院丞金甯漢撰
艮山集 卷四 附錄 二十八

「묘갈명(墓碣銘)」

예전 간재(艮齋) 전공(田公)이 계화도(繼華島)에서 강학(講學)할 때, 책 상자를 짊어지고 가서 수학한 자가 수천 명에 달했다. 율산(栗山) 전공(田公) 상무(相武)는 가장 충의(忠義)와 기절(氣節)로 칭송을 받았다. 공의 장지(葬地)는 학봉(鶴峯) 유좌(酉坐)의 언덕에 있는데, 공의 맏아들이 장차 묘문(墓門)에 비석을 세우려 하면서 사문(斯文) 오진영(吳震泳)이 쓴 행장(行狀)을 가지고 와서 나에게 명(銘)을 지어 달라고 하였다. 사문(斯文)은 나와 동문으로 의리(義理)를 좋아하는 사람이고 그의 말은 믿을 만하여 끝내 사양할 수 없었다.

공의 자는 순도(舜道)이고 담양전씨(潭陽田氏)이다. 고려 때 충원공(忠元公) 득시(得時)가 처음 족보에 나타난다. 경은(耕隱) 문원공(文元公) 조생(祖生)과 백씨 야은(埜隱), 중씨 뢰은(未隱)이 모두 깊은 학문과 높은 절의가 있었는데, 세상에서는 삼은(三隱)이라고 일컫는다. 국조(國朝)에 휘 훈(勳)은 단종과 세조 때 벼슬을 하지 않았고, 휘 시국(蓍國)은 건로(建虜)[51]와의 화의가 성립되었을 때에 무재(茂才)[52]로 천거되었으나 출사하지 않았으니 이들이 공의 7세조 이상되는 분들이다. 증조부는 덕록(德祿)이고, 조부는 유경(有儆)이며, 아버지는 규봉(奎鳳)이다. 안동 권기하(權箕夏)는 그의 외조부(外祖父)이다.

공은 장황제(章皇帝)[53] 신해년(辛亥年)에 태어났다. 타고난 성품이 효성과 우애가 있었고, 덕행을 제대로 갖추었다. 체격은 크고 모습은 위엄이 있었고, 국량(局量)은 넉넉하고 힘이 넘쳤다. 매양 인륜과 도리를 허물어뜨리거나 화이(華夷)에 대해 분별이 없을 것 같으면 반드시 엄정한 말로 분변하여 바로잡기를 못을 박고 칼로 자르듯이 하니 사람

---

51 건로(建虜) : 건주위(建州衛)의 오랑캐라는 말로, 후금(後金)을 뜻한다.
52 한(漢)나라 때 관리 등용에 있어서 특별한 재능을 가져 나이에 제한 없이 천거된 자를 일컫던 말.
53 철종(哲宗) : 대한제국 수립 후 추존된 철종의 왕호.

들이 모두 경탄(敬憚)하였다.

계해년(癸亥年)과 갑오년(甲午年) 사이에 비류(匪類)가 창궐(猖獗)하자 공은 대중을 선도하여 민보(民堡)를 쌓고 조약(條約)을 설치하여 방어하였다. 을미년(乙未年)의 변고에 나라의 원수를 갚기 위해 비밀리에 창의(倡義)를 모의하였다. 노응규(盧應奎)가 먼저 진주(晉州)에서 의병을 일으킨 다음 공에게 격문을 보내왔으므로 공은 의병을 모집하여 대기하였다. 적군이 갑자기 닥쳐오자 많은 사람이 무너지고 공 또한 붙잡혔다. 이윽고 진주의 의려(義旅)가 대거 도착하자 적군 또한 놀라 도망하고 공도 이에 탈출할 수 있었다.

을사년 조약이 체결되자 자굴산(闍崛山)에 들어가 의리(義理)를 강론하며 자정(自靖)하였다. 얼마 지나지 않아 경술년(庚戌年)이 되어 세상의 일을 이미 물을 수 없게 되었다. 공은 분한 마음이 격렬하게 일어나 살고 싶은 마음이 없는 것 같았다. 호적(戶籍)과 묘적(墓籍)을 하지 않으니 하나같이 신법(新法)과는 상반되는 것이었고, 또 기금(耆金)을 물리치고 받지 않았으므로 여러 차례 곤욕을 치렀다. 이리하여 말하기를 "사람에게 나라는 빼앗기 쉬워도 사람의 뜻은 빼앗기 어렵다."라고 말하니 저들 역시 어찌하지 못하였다.

수황(壽皇)54이 공의 명성을 듣고 밀칙(密勅)을 내려 국권회복(國權恢復)에 힘쓰도록 하였다. 그러나 감시가 삼엄하여 손쓸 방도가 없었으므로 가슴속에 통한을 숨긴 채 밤낮으로 우국(憂國)의 눈물을 흘렸다. 무오년(戊午年) 가을에 이르러 만동묘(萬東廟)55의 향사(享祀)를 철폐(撤廢)하려는 것을 본 공은 동지(同志)들과 함께 복구를 모의하다가 붙잡혀 갔으나 크게 꾸짖고 뜻을 굽히지 않았으므로 끝내 향사(享祀)를 폐지하는데 이르지 않았다. 상황(上皇)이 승하(昇遐)하자 고을

---

54 고종(高宗)이 재위 중에 덕수궁(德壽宮)에 거주하였다고 하여 지칭한 것이다.

55 임진왜란 때 도와준 명(明)나라 신종(神宗)과 의종(毅宗)을 모신 사당이다. 우암(尤庵) 송시열(宋時烈)의 유명(遺命)으로 청주(淸州) 화양동(華陽洞)에 만동묘(萬東廟)를 짓고 제사를 지냈다.

사람들을 앞서 창도(唱導)하여 망곡(望哭)하고 상복(喪服)을 입었는데, 이견을 말하는 사람은 문득 난적(亂賊)으로 배척하였다. 이로부터 경전(經傳)을 품고 깊은 산에 들어가 여생을 마쳤으니 융희(隆熙) 갑자년(甲子年) 7월 9일이었다. 부인은 은진(恩津) 송충환(宋忠煥)의 따님이었고, 같은 곳에 장사지냈다. 아들은 찬환(纘煥)이며, 두 딸은 안영호(安永昊), 정방석(鄭邦錫)에게 시집을 갔고, 손자는 4인이 있다.

아! 슬프다. 공은 양강(陽剛)의 성질을 품고 충의(忠義)를 마음에 간직하였다. 간절하고 슬픈 조서(詔書)를 받아 크게 한번 경륜을 펼쳐 상서롭지 못한 기운을 말끔히 씻어내고자 하였다. 그러나 손에는 한 치의 권병(權柄)도 없어 끝내 한을 품고 죽었으니 공을 아는 자로 비통(悲痛)해하지 않는 자가 없었다. 그러나 하늘을 지탱(支撐)할 만한 그의 기절(氣節)은 족히 후세에 찬사(讚辭)가 있을 것이다. 일시적으로 성공의 여부는 모름지기 논할 바가 아니다. 간옹(艮翁)이 일찍이 "청성산(淸城山)에 우뚝 선 독방율(獨房栗)"이라고 공을 비유하였으니, 율산(栗山)이란 호는 대체로 이 때문에 붙여진 듯하다.

명(銘)에 이르기를 "옥은 부서져도 그 곧은 성질을 고치지 않으며, 금은 담금질할수록 오히려 그 정기를 더하도다. 만고에 변함없는 저 해와 별을 바라보고, 천지가 어둡고 아득하다고 말하지 말라. 우뚝 솟은 학봉이여! 바람과 물이 맑도다. 한 품은 사람의 격분한 붓으로 수많은 사람에게 밝게 제시하노라.

병자년(丙子年) 중양절(重陽節)에 통정대부(通政大夫) 전비서원승(前祕書院丞) 김영한(金甯漢)이 찬(撰)하다.

【부록 2】『이학수종정일록(李鶴叟從征日錄)』

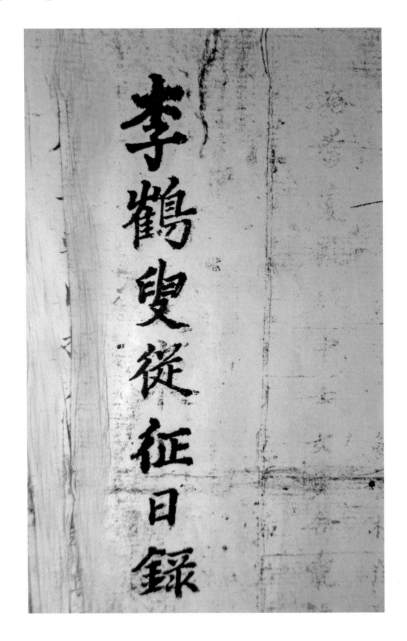

10. 「의령전부장이청로창의록(宜寧前部將李淸魯倡義錄)」

「의령전부장이청로창의록(宜寧前部將李淸魯倡義錄)」

청로(淸魯)는 전의(全義) 사람이다. 전산군(全山君) 부제학(副提學) 수남(壽男)의 후예이다. 대대로 시예(詩禮)를 공부하여 이름난 석학(碩學)이 많아 사족(士族)으로서 이름이 영남(嶺南) 지방에서 드러났다. 그는 문필 활동이 바른 뜻은 아니라고 생각하여 그만두었다. 성품이 강개(慷慨)하여 의기(義氣)를 숭상하였으며, 일을 처리하는 재간(才幹)과 국량(局量)이 있고 다른 사람을 평안하게 포용하였다.

갑오년 봄에 서울 전동(典洞)에 머물고 있었는데, 오랑캐가 횡횡하는 것을 보고 홀로 길게 탄식하였다. 수개월을 지내던 중 문득 변란을 당해 성안의 남녀들이 달아나 숨었다. 청로(淸魯)는 그 상황을 차마 그냥 볼 수 없었으나, 혼자 힘으로 어쩔 수 없었다. 며칠 동안 변고를 살피다가, 어느 날 마침내 장탄식하고 눈물을 흘리며 향리로 내려왔다.

을미년 가을 국모가 해를 입었다는 소식을 듣고 북망 통곡하며 분함을 이기지 못했다. 또 머리카락을 깎는다는 변고를 듣고 울분으로 안주하지 못하고 마침내 같은 향리의 사우(士友) 전상무(田相武)를 비롯하여 몇몇 동지들과 모여 의논하기를 "우리 성모(聖母)가 해를 입었으니 춘추토적(春秋討賊)의 의리에 있어서 벼슬을 하거나 하지 않거나 간에 우리는 마땅히 마음과 힘을 다해야 한다. 나라의 원수를 갚고 단발(斷髮)을 거부하는 것이 어찌 의리에 당연하지 않겠는가."라고 하였다. 마침내 창의를 약속하고 은밀히 원근의 충의지사(忠義之士)를 불러 모았다. 얼마 있지 않아 안동에서 먼저 창의(倡義)하고, 진양(晉陽)에서도 이어서 일어나 점점 진동하였다. 청로(淸魯)는 전상무(田相武) 등에게 말하기를 "국모의 원수는 섬나라 오랑캐인데, 어찌 텅 빈 성을 지키며 앉아서 바라보기만 하겠는가. 원컨대 여러분들은 의리를 떨쳐 충성을 다하라. 또 군사를 모아 김해부(金海府)로 달려가 동래(東萊)의 왜관(倭館)을 습격하여 저들의 두목을 무찔러 없애 불공대천지수(不共戴天之讎)를 설치(雪恥)하고자 하니 자신과 가문의 생사는 생각할 겨를이 없다."라고 하였다.

모두 좋다고 말하여, 드디어 청로를 추대하여 의장(義將)으로 삼았다. 사양하였으나 받아들여지지 않았으니, 모두 피를 마시고 맹세하였다. 드디어 병기를 약간 모아서 의도(義徒) 백여 명에게 주고, 군대의 진영을 가르치고, 그 행오(行伍)를 훈련하기를 한 달 가까이 하였다.

전상무(田相武) · 권은중(權殷重)을 선봉으로 삼아 진을 결성하여 출발하였으니 때는 병신년(丙申年) 2월 15일이었다. 이날 저녁 노점(路店)에서 유숙하고 지나가는 곳에서 백성을 침탈하지 말도록 영을 내리니 약속이 엄정하였다. 16일 저녁 본 군 남문 안에서 숙영하였다. (당시 곤양(昆陽) 사람 이규성(李奎成)이 진주(晉州)로부터 본 군에 왔다. 양군(兩軍)은 마침내 술을 마련하고 연회를 열었다. 나는 마침 성 안에 있었는데, 청로를 보고 "성(城)은 남쪽 고을의 인후(咽喉)이니 진실로 먼저 지킬 것입니다. 그렇지만 우리는 갓 조직된 군졸인데, 바로 호랑이 입으로 들어가는 것은 온당한 계책이 아닙니다. 원컨대 여러분들은 가벼이 나아가지 말고, 또 여러 고을에서 병사를 모아 천천히 입성하십시오. 그러면 나는 ○○를 권한 뒤에 동래의 왜관으로 내려가겠습니다. 이렇게 한다면 잘못되는 일은 없을 것이니 표리가 상응하는 방법입니다."라고 하였다. 청로는 마침내 고개를 끄덕여 응낙하였다.)

17일 비가 와 가지 않고 군마(軍馬)를 정돈하면서 하루를 유숙하였다. 이튿날 19일 함안(咸安) 파수역(巴水驛)에 도착하였다. 역졸 중 장건(壯健)한 자 15명을 선발하여 각기 몽둥이 하나씩을 지니게 하였다. 20일 창원(昌原) 근주역(近珠驛)에 도착하여 또 역졸 중 용감한 자 16명을 선발하여 각기 창 하나씩을 지니게 하였다. 21일 저녁에 창원부(昌原府)로 들어갔다. 군수 김철규(金哲奎)가 포군 50명, 장교 몇 명, 사령 몇 명, 가마 2좌, 군마 32필 등을 거창하게 내어 보냈다. 아침에는 무기와 식량 약간을 군용으로 지급하였다. 이청로(李淸魯)는 그 의로움에 감사하고 받았다. 22일 자여역(自如驛)에 도착하여 역졸 중 재빠른 자 20명을 선발하여 각기 칼 한 자루씩을 지니게 하였다.

23일 새벽에 출발하여 정오에 김해부(金海府)로 들어가니, 김해부는 빈 관아였다. 이서와 군교들이 그 소식을 듣고서 청로(淸魯)에 의탁했다. 남주(南州)의 여러 성이 모두 춤을 추고 기뻐하여 군복을 입고 관악(官樂)을 갖추어서 5리를 나와 맞아주었다. 백성들은 길에 가득히 기쁘게 보았고, 늙은이는 종종 눈물을 흘리기도 했다. 청로는 성사(城舍)로 들어가 있으면서 군령을 엄정히 하여 추호도 어기지 못하게 하였다. 고을의 포군 50명을 선발하여 거느리고 온 여러 병사와 함께 진세를 펼쳤다. 무기고를 열어 포, 창, 활, 칼, 몽둥이 등을 각각 재주에 따라 나누어 주고 날마다 훈련하여 허실(虛實)의 변화와 치고 찌르는 방법을 알게 하여, 아무 날에 동래(東萊)로 가서 일관(日館)을 습격하려고 하였다.

25일 척후병의 보고에 일본군 수백 명이 배를 타고 와서 이미 상륙했다고 한다. 온 김해부의 아전과 백성들이 모두 두려워 어찌할 바를 몰랐다. 청로가 웃으며 말하기를 "우리는 충성된 마음으로 떨쳐 일어난 병사로서 천만인이 막아도 나 홀로 가겠다는 뜻이 있다. 지금 죽으러 오는 좀도둑 소식을 듣고서 이렇게도 놀라는가?" 마침내 사나운 기세로 탁자에 버티고 있으면서 자신이 앞장설 뜻을 보이며 장졸들을 진무(鎭撫)하고 부대의 대오를 엄격히 단속하니 대중의 마음이 차츰 안정되었다.

26일 정오 무렵 저들 무리 몇 명이 나팔(喇叭)을 불며 장차 남문을 향해 들어오려 했다. 청로는 즉각 장졸에게 조용히 준비하도록 명령하고 곧 남문 위에 홀로 서서 사납게 소리 질렀다. "너희들은 무슨 까닭으로 여기 왔는가? 물러날 것 같으면 그만둘 것이나 그렇지 않으면 토벌하여 죽일 것이다."라고 하였다. 저들 우두머리는 말없이 살펴보고는 곧 성첩(城堞)을 돌아 달아났다. 청로는 진영을 돌려 시험 삼아 총을 쏘니 저들 또한 총으로 대응하고 물러갔다.

그믐날(2월 30일) 진시(辰時)에 정탐이 갑자기 일본군이 장차 이른다고 보고하였다. 청로는 "내 이미 헤아리고 있었다."라고 말하며, 진을 치고 기다리라고 명령하였다. 갑자기 저들 무리 수백 명이 수구문(水口門) 밖에 벌여 서 있었는데, 총포를 지니지 않은 자 한두 사람을 보내서로 보고 이야기해보자고 청하였다. 청로(淸魯)가 좌우를 돌아보며, "저들은 전날 갑자기 와서 형세를 엿보았는데, 오늘 청하는 것은 적이 유인(誘引)하는 것이다. 우리가 만약 허락하지 않을 것 같으면 약하다는 것을 보여주는 것이니 장차 계책이 없을 것이다. 또 저들 적의 용병술을 들으니 오로지 분진(分陣)만하고 합진(合陣)은 하지 않고, 잘하는 기술은 앉아서 총을 쏘는 것뿐이니, 이제 겉으로는 맞아들이고 안으로는 이길 수 있도록 대비하자. 싸울 때 진을 나누고 합하는 것을 저들이 추측하지 못하도록 하라. 또 서로 맞붙어 싸울 때는 쇠몽둥이

와 칼만 한 것이 없으니, 삼가 명을 어기지 말라."라고 하였다. 그리하여 여러 곳에 매복(埋伏)시키고 이리저리하라 밀령을 내리고, 날듯이 작전을 따르도록 약속을 정한 다음, 이에 저들 장수가 들어오도록 허락하였다.

저들은 말하기를 "귀국과 아국은 이미 개화를 약속했다. 우리가 온 것은 다만 만나서 따져보자는 것이지, 결단코 다른 뜻은 없다."라고 하였다. 청로는 말하기를 "그렇다. 이미 만나 이야기하고자 왔다면 지금 바로 들어오너라."라고 하였다. 조금 지나 저들 장수는 모든 부대를 데리고 무기를 갖추고 들어와 동서로 벌여서 서로 보고 섰다. 적장은 말하기를 "의장(義將)은 무슨 이유로 이곳에 머물고 있는가?"라고 하니, 청로는 말하기를 "나는 나라를 위해 복수하려고 하고, 삭발(削髮)도 변복(變服)도 하지 않은 사람이다."라고 하였다. 적장은 말하기를 "우리는 긴급한 사정이 있어 무기를 빌리고자 하여 왔다."라고 하니, 청로는 정색하여 말하기를 "나라의 병기를 어찌 사사로이 다른 나라 사람에게 줄 수 있겠는가."라고 하였다. 저들 적장이 노하여 일어나 총과 칼 몇 개를 탈취하려 하였다. 청로는 즉시 암호를 보내 북을 한 번 울려 일제히 열 명의 장수가 앞길을 막고 복병이 좌우에서 일어나 맞붙어 싸웠다. 잠깐 세 놈을 포살(砲殺)하고 두 놈을 추살(椎殺)하니 나머지 적병들은 모두 성을 넘어 도주하였다. 우리 군사 여덟 사람도 다치거나 넘어졌지만 끝내 생명은 보전하였다.

저들 도망하던 적들이 몸을 돌려 총을 쏘니 철환(鐵丸)이 청로의 가슴 옆구리로 날아들어 좌에서 우로 관통하였고, 옆구리가 부러지고 가슴을 다치니 피가 샘처럼 솟아올랐다. 청로는 안색을 태연자약하게 하고 진영으로 들어가, 협실의 탁상에 기대어 앉아 길게 탄식하고, 여러 장수에게 말하였다. "나는 비록 국명(國命)을 받지 않았으나 원수를 갚으려는 마음은 남 못지않아서 의병을 모집한 이래 가슴의 피가 날로 끓어올랐다. 몸이 이제 죽음에 이르렀으나, 죽더라도 또 달게 받아들이겠다. 다만 왜관의 적을 토벌하지 못하고 몸이 이 지경에 이르렀으니, 저승에 선들 내 어찌 눈을 감을 수 있으리오."라고 하며, 비분강개(悲憤慷慨)하여 눈물을 흘리니 장졸들도 모두 감격하여 눈물을 흘렸다.

잠시 뒤 정신을 차리고 가슴 옆구리를 만지니 철환(鐵丸) 한 조각이 옆구리 피부에 남아 있었다. 좌우에 말하기를 "누가 나를 위해 패도(佩刀)를 뽑아 피부를 갈라 그 탄환을 꺼내 주겠는가."라고 하니 여러 사람이 주저하며 감히 곁에 가지 못하였다. 어떤 사람이 칼을 뽑아 피부를 착착 가르니, 홍건하게 피가 흘렀다. 보는 사람들이 모두 전율(戰慄)하여 자세히 보지 못했는데 탄환 하나를 뽑아내었다. 청로는 가슴을 부여잡고 앉아서 태연히 있었다. 여러 사람이 모두 경탄하여 말하기를 "참으로 장사(壯士)다."라고 하였다. 수일을 머물러도 총알의 독이 심해져, 진중에 있었으나 불편하였다.

전상무(田相武), 권은중(權殷重) 등에게 말하기를 "내가 살기란 어렵고 죽기는 쉬울 것 같다. 나 때문에 진영을 거두지 말고 힘을 합쳐 왜관을 격파하고, 나라의 원수를 쾌히 복수하자고 맹세했던 처음의 뜻을 저버리지 말라. 나는 죽어도 오히려 영광일 것이다."라고 하였다. 그리하여 부대와 헤어져 가니 모든 이민(吏民)이 감읍(感泣)하고 또 비창(悲愴)함을 이기지 못하여 장성(長城)을 잃은 것 같았다. 돌아오는 길에 본군 유전(柳田)의 조경백(曺敬伯)을 만났다. 경백이 손을 잡고 울면서 그 집으로 안내하여 편히 음식을 대접하고 여러 번 의약을 썼다. 효험을 보지 못했으나 경백의 지극함이 시종 한결같았으니 또한 가히 의사(義士)라 할 수 있다.

청로는 이에 집으로 돌아갔다. 거의 한 달이 지나서 가슴에 난 상처가 찢어졌는데, 또 탄환 한 조각이 나왔다. 널리 약으로 가슴 옆구리를 치료하였으나 쇠붙이로 생긴 상처는 끝내 완전하게 붙지 않았지만, 죽음의 고비는 겨우 넘겼다. 거의 3년이 지나서 비로소 완전한 사람으로 소생하였으니, 모두가 하늘의 도움에 감사하였다.

상무(相武)는 군대에 종사하며 전말(顚末)을 목격하였다. 그래서 다만 실제 있었던 사실만 기록하고 감히 미화하지 않는다. 정의를 좋아하고 화려하게 꾸미지 않는 역사 기록자가 채택해 주기를 기다린다.

【부록 3】율산 전상무 연보

년도	나이	음력	양력	연보
1851	辛亥 1	2. 14	3.16	○본관 潭陽, 田奎鳳(1813~1867)과 安東權氏(1810~1869)의 2남 3녀 중 장남 相穆(1851~1905)에 이어 차남으로 1851년 2월 14일 의령군 칠곡면 외조리에서 태어나다. ○田相武(1851. 2. 14~1924. 7. 9), 자 舜道, 호 寅耕, 만년에 栗山을 사용하다. 묘는 薪田里 雜洞谷 鶴飛峰 酉坐에 있다.
1850 연대				○丹城 丹溪의 외가에서 형 상직과 함께 수학하다.
1860 연대	10대			○1859년 외조부 권기하가 사망하다. ○1867년 아버지 전규봉이 사망하다. ○향리 칠곡면 내조리로 돌아오다.
1870 연대	20대			○형 상직이 상경. 3~4년 만에 많은 부채를 지고 귀향하여 송사를 만나다. ○향리를 떠나 앙진으로 이거하다. ○앙진을 떠나 칠곡으로 돌아오다. ○1876년 강화도조약에 반대하는 상소에 참여하다. ○족질 전은환과 함께 과거시험에 응시하다.
1880 연대	30대			○1881. 5. 25, 아들 纘煥(1881~1942)이 태어나다. ○1884년 변복령 공포에 반대하는 상소에 참여하다. ○慕義里 杏亭으로 이거하다.
1893	癸巳 43			○봄 동학농민군의 활동에 대비하여 民堡軍을 조직하고, 栗㟙 위 麻姑城 옛터에 民堡를 수축하고, 條約을 설치하다.
1896	丙申 46	01.07	02.19	○愼菴 盧應奎가 진주를 공략하여 성을 점거하다.
		01.08	02.20	○居昌 墨洞, 老栢軒 鄭載圭와 창의를 논의하다. "대저 선비의 살신성인은 도의로 몸을 희생하는 아름다운 것"이라고 결의한 뒤 창의를 약속하다. ○노응규 진주성에 입성하다(주한일본공사관기록, 246쪽)
		01.10	02.22	○홍종성과 이청로를 진주로 보내 동정을 살피도록 하다.
		01.14	02.26	○의령향교에서 열린 鄕會에서 창의를 논의하다.
		01.15	02.27	○將臺에서 결속을 다지다. 대구병정이 의령에 들어오다. ○밤 진주의진 선봉장이 800여 명을 이끌고 의령읍을 향해 출병하다. (주한일본공사관기록, 246쪽)
		01.16	02.28	○창의를 논의하기 위해 진주으로 가다.
		01.17	02.29	○율산을 의령창의장으로 삼는다는 노응규의 통문을 받다.
		01.18	03.01	○대구 관군이 의령에 들어와 체포되다. ○(진주의진) 참서관 吳顯益을 효수하다(주한일본공사관기록, 249쪽)

년도	나이	음력	양력	연보
1896	丙申 46	01.20	03.03	○진주 의병이 진격하다. 대구 관군을 탈출하다. ○3월 4일(舊正 20일) 대구 관병 100명과 진주적이 교전, 관병 3명 전사, 패주하다(주한일본공사관기록, 230쪽)
		01.21	03.04	○향리 행정으로 돌아오다.
		02.01	03.14	○노응규로부터 진주로 와 달라는 편지를 받다.
		02.03	03.16	○의령을 지킬 방책을 논의하다.
		02.04	03.17	○晋州助防將 李奎成이 방책을 상의코자 청하다.
		02.06	03.19	○진주조방장 이규성을 만나 防守策을 상의하다.
		02.10	03.23	○진주에서 軍需錢 1만 냥을 분배하다.
		02.13	03.26	○향회를 열어 分排錢을 배정하다.
		02.14	03.27	○의령창의소의 임원을 임명하다.
		02.15	03.28	○이청로가 의병장에 추대되고, 군사(軍師)로 추대되다.
		02.16	03.29	○의령의진, 동래의 왜관을 향해 출정하다.
		02.17	03.30	○남문 안에 유숙하다.
		02.19	04.01	○의령 출발, 함안군 도착, 역졸 15명을 의병에 편입하다.
		02.20	04.02	○의령의진, 창원 근주역 역졸 16명을 의병에 편입하다.
		02.21	04.03	○의령의진, 창원부에서 포군 50명을 의병에 편입하다.
		02.22	04.04	○의령의진, 창원 자여역에서 역졸 20명을 의병에 편입하다.
		02.23	04.05	○의령의진, 김해부에 들어가다.
		02.29	04.11	○의령의진, 일본군과 비로소 조우하다. ○(4월 11일) 오전 7시 구포수비대 정찰병 4명 김해 방명으로 파견하다.(주한일본공사관기록, 265쪽) ○(4월 11일) 오전 10시 구포수비대 정찰병 1개 분대 김해 방면으로 파견하다.(주한일본공사관기록, 265쪽)
		02.30	04.12	○의령의진의 김해전투, 이청로 부상을 당하다. ○구포수비대 1개 분대와 원군이 합세하여 김해부를 공격하여 점령하다.(주한일본공사관기록, 266쪽)
		03.03	04.15	○의병장 노응규에게 軍務에 대한 세 가지 방책을 제시하는 편지를 보내다.
		03.05	04.17	○의병장 정한용, 진주에서 三嘉로 퇴거하였다
		03.06	04.18	○의병장 정한용, 의령의진의 군사 지원을 요청하다.

년도	나이	음력	양력	연보
1896	丙申 46	03.07	04.19	○진주성이 관군 700명의 공격을 받고 함락되다. ○의병장 노응규, 삼가의 정한용에게 가다. ○의병장 정한용, 의병을 해산하다.
		03.08	04.20	○3월 8일 이후, 의령의진 해산하다.
		03.	04.	○선유사 申箕善에게 「與申宣諭使」를 올려 해산한 의병의 토벌을 멈추라고 건의하다.
1898	戊戌 48			○장손 麒鎭(1898~1957, 호 荷堂, 간재문인)이 태어나다.
1902	壬寅 52			○군수 金永基의 부탁으로 향약을 설립하여 五家作統과 夜操의 법을 적용하고, 권선징악으로 방비하다. ○간재에게 편지로 蘆沙의 猥筆에 대해 문의하고, 耕隱實記 1부를 보내다.
1903	癸卯 53			○연재 송병선에게 집안 아우 極과 아들 纘煥을 문하에 보내고, 耕隱實記 1책을 보내다.
1905	乙巳 55			○간재에게 시국을 걱정하며 의리를 일깨우는 가르침을 청하다.
1906	丙午 56			○을사늑약에 반대, 동지들과 함께 구국의 방책을 모색하다. ○자굴산 신선암에 '淸明山室'을 짓고 경전과 예법을 토론하다. ○淵齋 宋秉璿과 勉菴 崔益鉉의 순국에 애도하다.
1907	丁未 57			○간재에게 陶丘 李濟臣의 實記 간행을 위한 序文을 청하다. 동시에 자굴산 신선암 '淸明山室'의 글씨를 청하다.
1908	戊申 58			○향리에 栗山亭을 짓고 강학과 예를 익힘에 규약을 엄히 한다.
1909	己酉 59			○칠곡리의 서당 60년을 맞아 요청한 改額을 받고 감사의 편지를 올리다.
1910	庚戌 60			○경술국치 이후 두 번에 걸쳐 「抵本郡駐在所」를 올려 恩賜金을 거절하고 일제의 식민통치를 반대하다. ○田氏 文獻錄의 校正을 간재에게 부탁하다.
1913	癸丑 63			○간재에게 문하에 들어가 의리를 배우기를 청하다. ○간재에게 그의 중용의 도와 존양의 공을 稱賀하다. ○9월 艮齋 田愚가 은거하고 있는 繼華島에 가서 배알하고 出處, 隱見, 修身, 爲學을 듣다. ○9월 담양전씨 족보 간행을 위해 關西地方을 여행하다. ○10월 중국 安東縣 接梨水村을 방문하여 安孝濟‧盧相益‧李承熙 등이 개척하고 있던 독립운동기지를 돌아보고 시사를 토론한 뒤, 자신도 참여하기로 약속하고 귀향하다.
1914	甲寅 64			○2월 17일 고종황제의 「密勅」을 받고 국권회복을 모색하였으나 불가하였으므로 은거 독서하다.

년도	나이	음력	양력	연보
1915	乙卯 65			○「抵總督府」를 올려 墓籍法 시행의 부당함을 비판하고 일제의 통치행위를 거부하다. ○艮齋에게 八悔詩를 바치고 제자의 예를 올리다. 간재는 스승과 벗을 겸하는 사람으로 대접하다. ○간재에게 묘적법에 대한 의견을 청하다.
1918	戊午 68			○萬東廟 毀撤에 반대하고 廟享을 시도하다가 체포되어 옥고를 치르다. ○광무황제가 붕어하자 곡을 하고 상복을 입다.
1919	己未 69			○3월 유림단의 파리장서운동에 참여하고자 하였다. ○曹在學에게 편지를 보내 파리장서운동에 참여하지 못함을 알리다. ○11월 의친왕 이하 33인의 독립선언서에 서명하다.
1921	辛酉 71			○간재에 족보와 관련된 사항을 문의하다.
1924	甲子 74			○1924년 7월 9일 忝亭에서 별세하니 향년 74세였다. ○1924년 7월 鶴翼峯 동쪽 산기슭 酉坐에 장사를 지내다.
1940	庚辰			○『栗山集』 3책이 간행되다.
2020			11.17	○2020년 건국훈장 애족장이 추서되다.

【부록 4】 울산 전상무 가계도

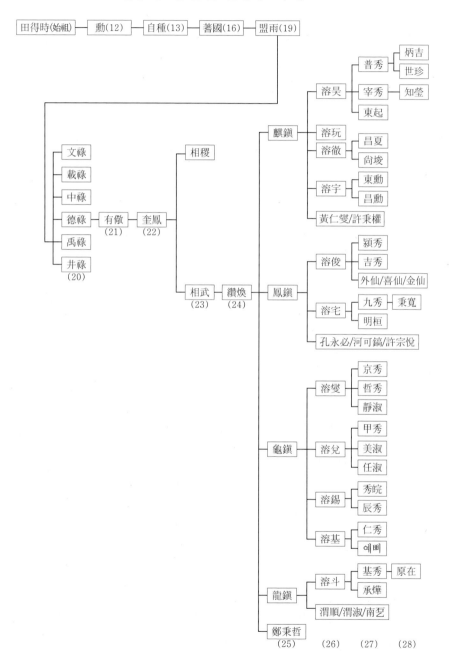

田得時(始祖) ─ 勳(12) ─ 自種(13) ─ 菁國(16) ─ 盟雨(19)

文祿
載祿
中祿
德祿 ─ 有徹(21) ─ 奎鳳(22)
禹祿
井祿(20)

相稷

相武(23) ─ 纘煥(24)

麒鎭

溶昊 ─ 普秀 ─ 炳吉 / 世珍
       宰秀 ─ 知瑩
       東起
溶玩
溶徹 ─ 昌夏 / 尙埈
溶宇 ─ 東勳 / 昌勳
黃仁燮/許秉權

鳳鎭

溶俊 ─ 穎秀 / 吉秀 / 外仙/喜仙/金仙
溶宅 ─ 九秀 ─ 秉寬 / 明桓
孔永必/河可鎬/許宗悅

龜鎭

溶燮 ─ 京秀 / 哲秀 / 靜淑
溶兌 ─ 甲秀 / 美淑 / 任淑
溶錫 ─ 秀阮 / 辰秀
溶基 ─ 仁秀 / 예삐

龍鎭

溶斗 ─ 基秀 ─ 原在 / 承燁
渭順/渭淑/南乭

鄭秉哲(25) (26) (27) (28)

참고문헌

[신문 및 잡지]

『獨立新聞』, 『皇城新聞』, 『大韓每日申報』, 『慶南日報』, 『每日申報』, 『開闢』第34號
(開闢社, 1923).

[자료 및 기록물]

『潭陽田氏松窩公派譜』(1998), 『安東權氏霜嵒先生派譜』(1994), 『承政院日記』, 『高
宗實錄』, 『高宗時代史』, 『續陰晴史』, 『民堡輯說』(申觀浩, 1867), 『東學亂記
錄』(下)(國史編纂委員會, 1959)『公文編案』(度支衙門), 『駐韓日本公使館記
錄』1~8(國史編纂委員會, 1993), 『朝鮮總督府官報』, 『韓民族獨立運動史
資料集』5, 大同團事件 I (국사편찬위원회, 1988), 『韓民族獨立運動史資料
集』19, 三一運動XI(국사편찬위원회, 1994), 『韓國民族獨立運動史資料』2,
3.1운동편2(國會圖書館, 1992).

[문집류]

『栗山集』(田相武, 1940), 『宜春誌』(1931), 『石梧集』(權鳳熙, 1928), 『守坡集』(安孝濟,
1927), 『松隱集』(安昌濟), 『老栢軒先生文集』(鄭載圭, 1936), 『華嶋淵源錄
(乾)』(1962); 『艮齋先生文人錄』(鄭碩謨編, 1934)『艮齋集』前篇(田愚, 1928),
『艮齋集』後篇(田愚, 1927)『秋潭別集』(田愚, 1869), (국역)『迂堂遺稿』(曺在
學, 2019), 『是菴文集』(李直鉉, 1933), 『南川先生文集』, 『陽園遺集』(申箕善),
《梧下記聞》(黃玹, 1910), 『南冥先生文集』(曺植), 『騎驢隨筆』(國史編纂委員會,
1955), 『大訥手卷續編』(盧相益), 『小訥先生文集』(盧相稷), 『蘆沙集』(奇正鎭,
1891), 『李鶴叟從征日錄』(전상무), 「倡義將愼菴盧應奎先生抗日鬪爭略傳」
(許善道, 1967).

[저술]

이현주, 『한국 사회주의 세력의 형성』, 일조각, 2003.

권대웅, 『1910년대 국내독립운동』, 독립기념관, 2008.

권대웅, 『한계 이승희의 생애와 독립운동』, 성주문화원, 2018.

이민홍, 『시암 이직현 평전』, 시암선생추모사업회, 2019.

조을제, 『日中處士 是菴 李直鉉선생의 항일행장』, 2019.

의령문화원, 『의령의 인물과 학문』, 화인, 2012.

의령문화원, 『의령의 인물과 학문』2, 화인, 2013.

의령문화원, 『의령의 인물과 학문』3, 화인, 2017.

의령문화원, 『의령의 인물과 학문』4, 화인, 2018.

의령문화원, 『의령의 인물과 학문』5, 화인, 2019.

의령문화원, 『의령의 인물과 학문』6, 화인, 2020.

의령문화원, 『의령의 인물과 학문』7, 화인, 2021.

의령문화원, 『의령 향약이야기』, 2019.

㈜고건축연구소, 『전율산제(田栗山祭) 조사보고서』, 2021.

[논문]

권영배, 「1896~1906 무장농민집단의 활동과 성격」, 『역사교육논집』6, 역사교육
학회, 1984.

권영배, 「한말 의장 이청노와 의령 의병의 김해전투」, 『조선사연구』3, 조선사연
구회, 1994.

장석흥, 「조선민족대동단 연구」, 『한국독립운동사연구』3, 한국독립운동사연구
소, 1989

성대경, 「보수유생의 '자정론'과 외세대응양식－艮齋 田愚의 사상과 행동을 중심
으로－」, 『국사관논총』15, 국사편찬위원회, 1990.

박민영, 「신암 노응규의 진주의병 항전 연구」, 백산박성수교수화갑기념논총『한국
독립운동사의 인식』, 1991.

김준형, 「서부경남지역의 동학군 봉기와 지배층의 대응」, 『경상사학』7·8합집,, 경상대학교 사학회, 1992.

김준형, 「구한말, 일제 강점기의 사회변화와 강루리 안동권씨의 대응」, 『남명학연구』34, 남명학회, 2012.

정병련, 「石梧 權鳳熙의 「猥筆」에 대한 변석」, 『퇴계학보』96, 퇴계학연구소, 1997.

구본욱, 「항일 유학자 是菴 李直鉉의 독립운동에 대하여」, 『조선사연구』15, 조선사연구회, 2006.

권대웅, 「경상도 유교지식인의 동학농민군 인식과 대응」, 『한국근현대사연구』51, 한국근현대사학회, 2009.

강정화, 「노백헌 정재규의 삶과 학문-강우지역에서의 노사학 계승 및 확산을 중심으로 -」, 『남명학연구』29, 남명학회, 2010.

나종선, 「간재 전우의 '서간문'에 나타난 의리정신과 항일의식 고찰」, 『동방한문학』43, 동방한문학회, 2010.

윤호진, 「石梧 權鳳熙의 生涯와 漢詩 : 韓末의 情勢와 벼슬살이의 榮辱으로 點綴된 詩世界를 중심으로」, 『남명학연구』33, 남명학회, 2012

윤호진, 「石梧 權鳳熙의 생애와 한시」, 『의령의 학문과 인물』, 의령문화원, 2012.

허권수, 「의령의 학문적 전통과 특징」, 『의령의 학문과 인물』, 의령문화원, 2012.

정경주, 「守坡 安孝濟의 경륜과 절의」, 『의령의 학문과 인물』, 의령문화원, 2012.

문정우, 「飛泉 田璣鎭의 생애와 시세계」, 『의령의 학문과 인물』, 의령문화원, 2012.

조동영, 「栗山 田相武의 시세계에 대한 일고찰」, 『의령의 인물과 학문』2, 의령문화원, 2013

김봉곤, 「경남서부지역의 동학농민혁명 확산과 향촌사회의 대응 -조성가의 『月皐日記』를 중심으로-」, 『남명학연구』6, 남명학연구소, 2014.

이성우, 「李學純·李來修 父子의 민족운동」, 『한국사연구』166, 한국사연구회, 2014.

색인

저자소개

권대웅(權大雄)

약력

영남대학교 국사학과 및 같은 대학교 대학원 졸업(한국근현대사 전공, 문학박사)
영남대학교 부설 민족문화연구소 상임연구원 및 간사
전 대경대학교 교수
경상북도 문화재위원회 전문위원
대구광역시 문화재위원회 전문위원
경상북도 독립운동기념관 운영위원
대구광역시 국가유공자 명예의 전당 인물선정위원회 위원장
제15회 의암대상(학술부문)

주요저서

『1910년대 국내 독립운동』(독립기념관, 2008)
『청도의 독립운동사』(청도군, 2010)
『경북독립운동사 I』(경상북도, 2012)
『희고 흰 저 천길 물속에, 김도현』(독립기념관, 2012)
『목숨바쳐 나라를 사랑한 선비, 왕산 허위』(경상북도독립운동기념관, 2014)
『달성의 독립운동가 열전』(달성문화재단, 2018)
『한계 이승희의 생애와 독립운동』(성주군, 2018)
『불굴의 의병장, 해운당 김하락』(경상북도독립운동기념관, 2020)
『알기쉬운 대구독립운동』(광복회 대구광역시지부, 2020, 공저)
『근대 대구의 애국계몽운동』(선인, 2021. 9) 등 다수